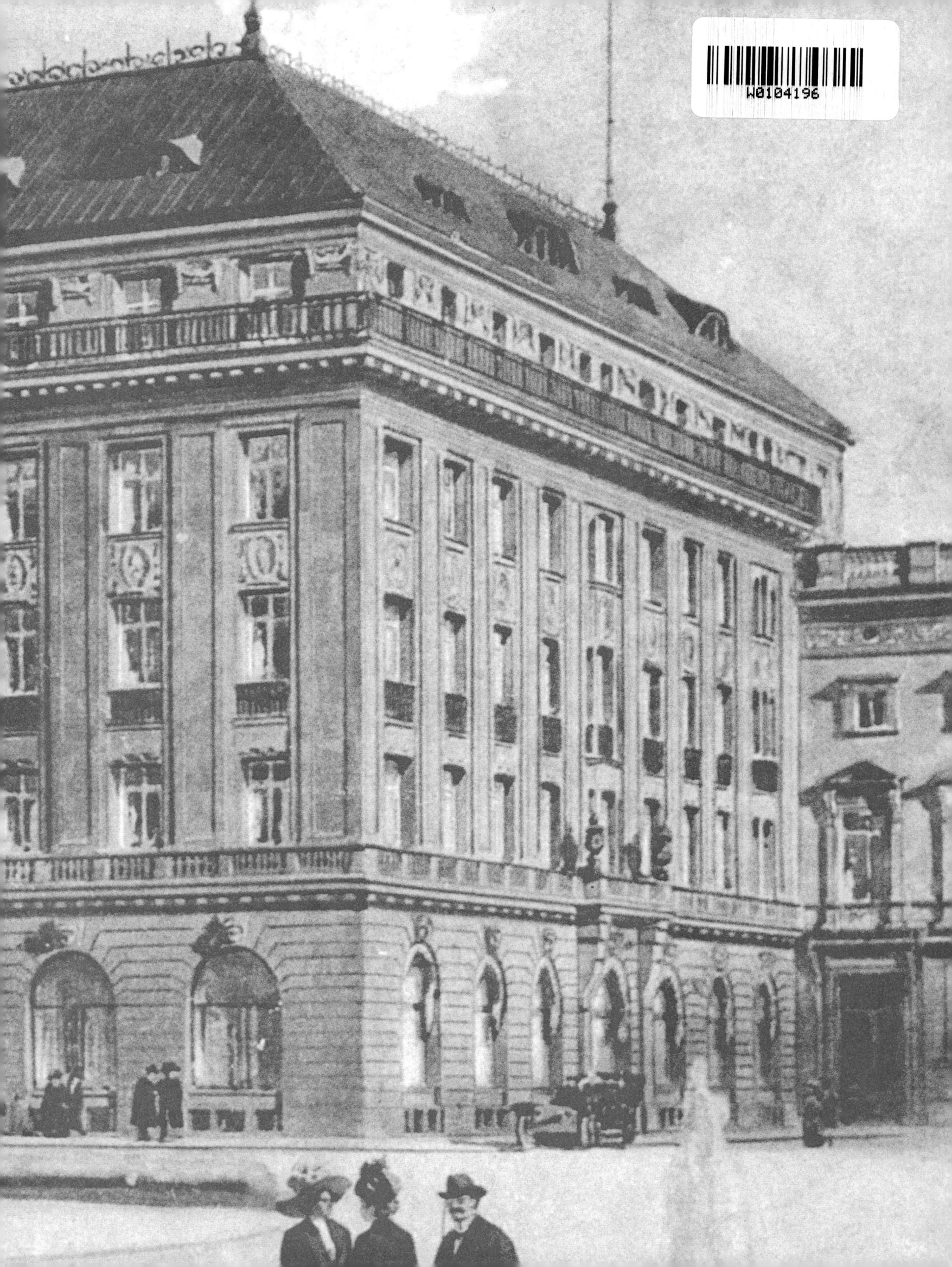

KOCHKUNST IM ADLON

Karlheinz Hauser

Stephan Franz
Diethelm Kaiser
Gregor M. Schmid

Kochkunst im Adlon

Raffinierte Rezepte
Exklusive Menüs
Besondere Geschichten

nicolai

© 1999 Nicolaische Verlagsbuchhandlung
GmbH, Berlin

Zweite und erweiterte Auflage: 2001
Idee: Dieter Beuermann
Konzept und Projektmanagement:
Marylea van Daalen
Lektorat: Antje Heer
Rezeptbearbeitung: Monika Kellermann, Aschheim
Rezepte: Karlheinz Hauser und Stephan Franz
(Patisserie)
Fotografie: Gregor M. Schmid, Gilching
Geschichte des Adlon: Diethelm Kaiser, Berlin
Styling: Bernhard Kube, Concept & Deco, Elze
(S. 26–29, 33, 55, 76, 85–89, 135, 137, 165)
Blumendekoration: Ute Finneiser, Art-Deko, Berlin
Gestaltungskonzept: Dorén + Köster, Berlin
Satz und Litho: Mega-Satz-Service, Berlin
Druck: Aumüller Druck KG, Regensburg
Bindung: Lüderitz & Bauer, Berlin
ISBN 3-87584-849-7

INHALT

Vorwort
10

Die Philosophie der Adlon-Küche
11

Morgens im Adlon
12

Mittags im Adlon
36

Nachmittags im Adlon
82

Abends im Adlon
100

Feste im Adlon
154

Das legendäre Hotel am Pariser Platz
174

Adressen der Adlon-Lieferanten
217

Weinempfehlungen des Adlon
219

Rezeptregister
220

Vorwort

Das Hotel Adlon blickt seit seiner Eröffnung des historischen Hauses im Jahr 1907 auf ein erfolgreiches Jahrhundert zurück. In den vergangenen Jahren wurde viel über die Hotellegende und ihre prominenten Gäste berichtet. Die kulinarische Geschichte wurde jedoch bisher nur am Rande erwähnt, daher haben wir uns entschlossen, mit diesem Kochbuch einen Streifzug durch die gastronomischen Epochen des Adlon – damals wie heute – zu unternehmen. Wir freuen uns, Ihnen mit diesem Band bereits die zweite Auflage der »Kochkunst« präsentieren zu können.

Der erfahrene Gastronom Lorenz Adlon erfüllte sich zu Beginn des vorigen Jahrhunderts den Traum von einem Luxushotel, das rasch zu den besten Häusern der Welt zählte. Die talentiertesten Küchenchefs und die neuesten Rezepte holte er sich in sein Hotel. Nur die allerbesten und frischesten Produkte wurden verarbeitet, alle Speisen mit äußerster Sorgfalt und Raffinesse zubereitet.

Das 1997 neu eröffnete Adlon knüpft an diese wertvolle Tradition an: Ein besonderer Akzent liegt auf der exzellenten und vielfältigen Küche und Gastronomie. So bietet das Restaurant im Erdgeschoß exquisite, international geprägte Gerichte; die »Adlon-Stube« wartet mit zünftigen, regionalen Speisen auf. Und das Gourmetrestaurant »Lorenz Adlon« zeichnet sich durch vollendete Haute Cuisine und klassische Gourmetschule aus. Kochkunst wird im Adlon täglich gelebt.

Der Name Adlon steht für Qualität und Luxus, Stil, Tradition und Beständigkeit. Neben seinem Ansehen und den hohen Standards der Kempinski-Gruppe sind wir auch den veränderten Anforderungen der heutigen Zeit verpflichtet, etwa der Nachfrage nach größeren Möglichkeiten für luxuriöse Bankette und Konferenzen. Und so erweitern wir unser Haus um ein angrenzendes Gebäude: das neue Adlon-Palais, das einer noch größeren Anzahl von Gästen bei Veranstaltungen Raum bietet und direkt mit dem Hotel und seiner Küche verbunden ist.

Das Adlon gehört zu Berlin und ist heute wieder ein wichtiger Treffpunkt der Stadt. Für viele, die Mauerbau und Teilung erlebt haben, war der Neuaufbau des Hotels am Brandenburger Tor ein Symbol der Hoffnung für die Zukunft. Die Mitte Berlins hat sich seither zum politischen und gesellschaftlichen Zentrum der Metropole entwickelt. War das Adlon 1997 noch das erste Gebäude am Pariser Platz, präsentiert sich heute ein geschlossenes Gebäudeensemble als würdiger Abschluß des Prachtboulevards »Unter den Linden« und als direkter Nachbar des Parlaments.

Die Berliner kommen in unser Hotel, um Bälle, Festlichkeiten und besondere Anlässe zu begehen. Wie einst schon Lorenz Adlon begrüßen wir internationale Gäste, Monarchen, Politiker und Unternehmer, Stars der Film- und Musikwelt. In unserer belebten und stimmungsvollen Lobby gehen renommierte Persönlichkeiten verschiedenster Branchen und Nationalitäten ein und aus. Das Hotel ist ein gesellschaftlicher, kultureller, wirtschaftlicher, touristischer – und kulinarischer – Mittelpunkt der Stadt. Wir sind stolz darauf, sagen zu können: »Die Legende lebt!«

Jean K. van Daalen
Geschäftsführender Direktor

Die Philosophie der Adlon-Küche

Nach vier Jahren ›Kochkunst im Adlon‹ möchten wir in diesem Buch die Vielfalt und Kreativität unserer Küche präsentieren. Es ist ein Rückblick auf die seit der Wiedereröffnung des Adlon vergangenen Jahre und zugleich ein Blick in die Zukunft auf neueste kulinarische Kreationen, die unsere Gäste demnächst erwarten.

Als mich vor über vier Jahren Jean K. van Daalen fragte, ob ich zur Wiedereröffnung des legendären Hotel Adlon dort Küchenchef sein wolle, gab es für mich kein Zögern. Es war und ist eine wundervolle und einzigartige Herausforderung für mich, an die Tradition des Lorenz Adlon anzuknüpfen, dem es zu Beginn des zwanzigsten Jahrhunderts gelungen ist, in Berlin eine großartige und außergewöhnliche Küche und Gastronomie zu zelebrieren.

Um einerseits diesem großen Vorbild zu folgen und andererseits den heutigen Ansprüchen zu genügen, sind Kenntnisse in verschiedensten Bereichen vonnöten. Die klassische Küche will genauso beherrscht sein wie die heutige leichte Küche. Exquisite Gourmetmenüs mit vielen Gängen werden serviert, aber auch leichtbekömmliche »Stakkato«-Gerichte für Kongresse und Tagungen. Aufwendige Büfetts werden kunstvoll angerichtet und dekoriert und große Bankette in besonderem Ambiente gefeiert. Die nötigen Erfahrungen hatte ich bei drei für mich überaus wichtigen Personen erworben, die Maßstäbe in der deutschen Gastronomie gesetzt haben. Mit Gerd Käfer, dem Partykönig aus München, richtete ich als Küchenchef wundervolle Parties und Feste rund um den Erdball aus, entwickelte ausgefallene Ideen für edelste Gerichte und aufsehenerregende Dekorationen. Roland Kuffler verdanke ich in erster Linie das Know-how, das zur wirtschaftlichen Organisation einer großen Küche gehört. Meinen Kochstil hat dann zweifelsohne Eckart Witzigmann im Aubergine perfektioniert. Er schärfte meinen Sinn für die Qualität der Produkte als wichtigste Voraussetzung für eine ausgezeichnete Küche und lehrte mich, kreativ, immer exakt und geschmackvoll zu kochen. Mit Stephan Franz, den ich im Aubergine kennenlernte, ging ich nach Berlin, und gemeinsam entwickelten wir das Konzept für die Küche im Adlon. Unser wichtigster Grundsatz ist: Nur beste Produkte und immer absolut frische Ware kommen ins Haus. Das gelingt dank unserer bewährten Lieferanten, die zu jeder Tages- und Nachtzeit und stets zuverlässig hochqualitative Zutaten ins Adlon bringen. Ohne sie könnten wir nichts bewegen, und deshalb sollen auch sie in diesem Kochbuch genannt und präsentiert werden. Ein weiterer entscheidender Grundsatz ist natürlich: Die Gerichte werden immer in Top-Qualität gekocht und ansprechend präsentiert, gleich ob für den Gast im Restaurant oder für große Bankette mit mehreren hundert Personen. Hier bin ich meinen hervorragenden Souschefs und meiner engagierten Küchenmannschaft überaus dankbar, auf die ich mich immer voll und ganz verlassen kann.

Die Rezeptauswahl für die »Kochkunst im Adlon«, die ich mit Stephan Franz vorgenommen habe, vermittelt einen Eindruck von der Vielfalt der Adlon-Küche, von den liebevoll zubereiteten und garnierten Speisen und von dem besonderen Ambiente des Adlon, das heute wie damals nur das Beste bietet.

Karlheinz Hauser
Küchendirektor und Leiter der Gastronomie

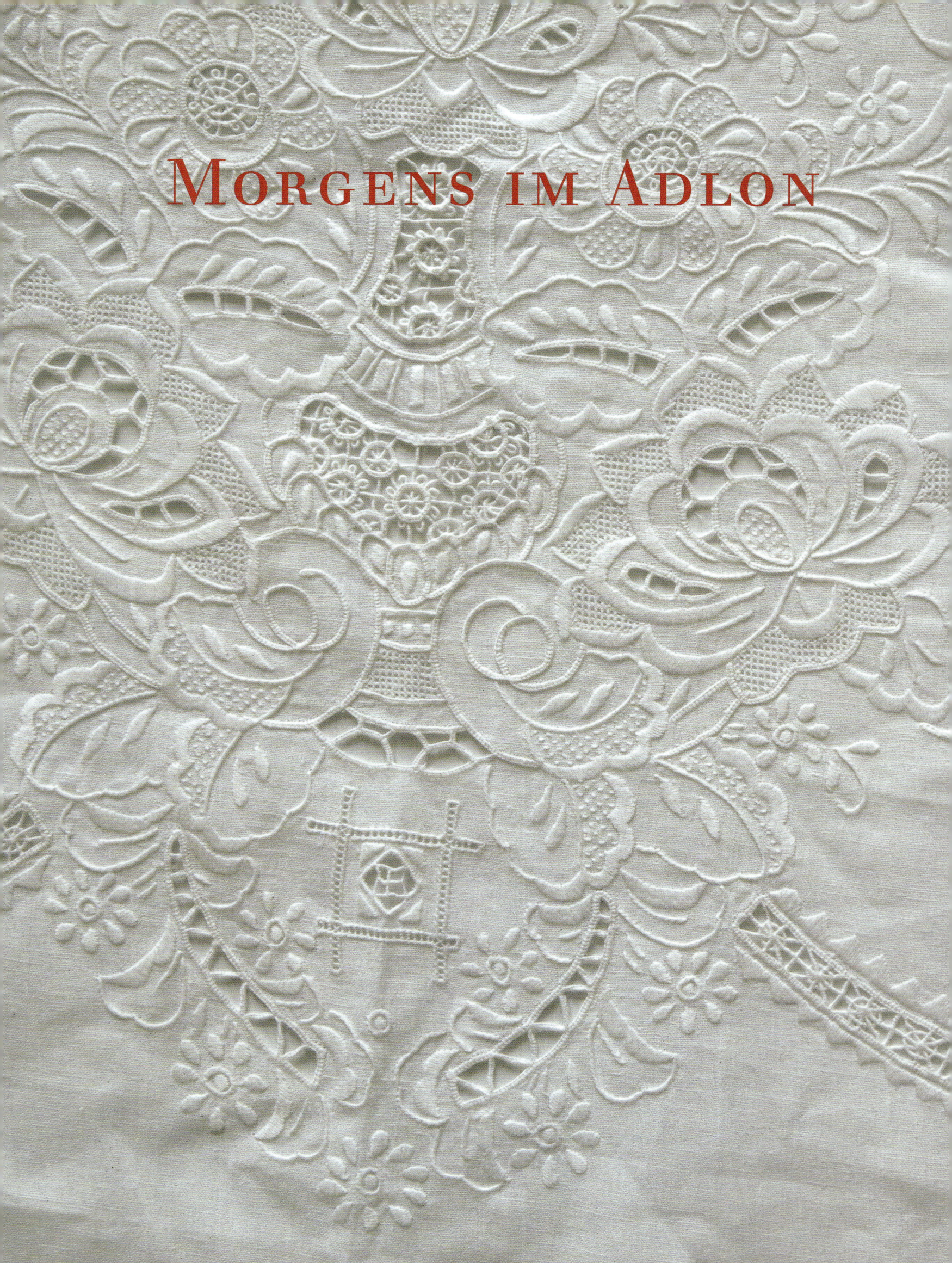

Morgens im Adlon

Das Frühstück von damals

Ein schön gedeckter Tisch ist nach geruhsamer Nacht der beste Auftakt für einen gelungenen Tag. Das wußte man auch zu Beginn des zwanzigsten Jahrhunderts. In einem Buch aus dem Jahr 1910, das sich ausschließlich dem Eindecken von Tisch und Tafel widmet, ist nachzulesen, worauf es damals ankam: In die Mitte des Frühstückstischs gehörte ein frischer Blumenstrauß. Um ihn herum wurden die Teller mit Gebäck und Kuchen, mit Weißbrot und mit Schwarzbrot, mit Butter und Käse und auch eine Schale mit Honig angeordnet. Dazu gehörte stets eine Flasche mit frischem Wasser. Was damals schon äußerst beliebt war und auch heute für viele zu einem gesunden Start in den Tag gehört, sind Früchte.

Sobald alle um den Tisch versammelt waren, und zwar erst, wenn auch der Hausherr Platz genommen hatte, wurde serviert. Als erstes aß man ein warmes Gericht, wie zum Beispiel gebratenen Fisch oder Beefsteak. Dies gehörte zum sogenannten Gabelfrühstück unbedingt dazu, das im Adlon übrigens Usus war. Erst nach den deftigen Speisen wurde Kaffee eingeschenkt.

Gab es kein warmes Gericht, sondern nur Käse, Schinken und Ei, so wurde auch im Anschluß hieran der Kaffee serviert. Dazu aß man Gebäck und Kuchen, und danach kamen die frischen Früchte an die Reihe.

Saßen Herren an der Tafel, reichte das Personal nach einem so opulenten Frühstück, das freilich der gehobenen Gesellschaft vorbehalten war, ein Kistchen mit Zigarren und ein Feuerzeug herum. Die Bedienung verließ daraufhin diskret den Frühstücksraum und kam erst nach einer halben Stunde zurück, um abzuräumen – so verlangte es die Etikette.

In den ganz feinen Kreisen bevorzugte man ein Frühstück englischer Art. Das einzige, was es von einem üppigen Dinner unterschied, war, daß die Weine fehlten.

Besonderer Wert wurde in den noblen Privathaushalten auf edle Tischwäsche gelegt. Der ganze Stolz der Hausfrau waren kostbare Tischtücher mit aufwendiger Stickerei, aber auch der edle weiße Damast mit passenden Servietten.

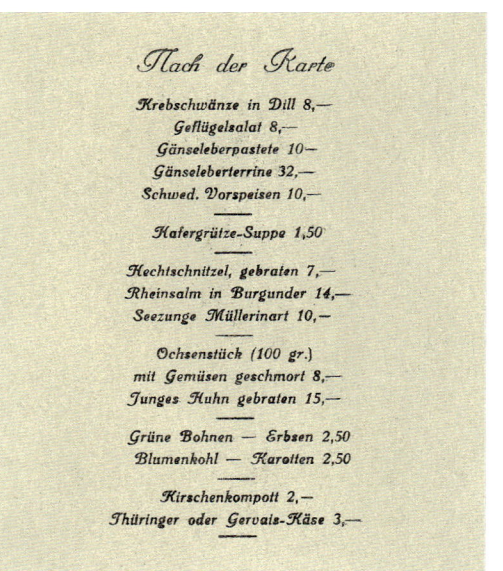

Menükarte für ein Gabelfrühstück im Adlon 1918

Während die einfache Bevölkerung das Frühstück, das meist nur aus Brot, Butter und Marmelade oder einer Haferschleimsuppe bestand, schon am frühen Morgen einnahm, frühstückte man in den höheren Kreisen im Laufe des Vormittags.

Für den Hotelgründer Lorenz Adlon waren Bett und Frühstück in einem Hotel das Wichtigste. Das Bett sollte Geborgenheit und absolute Ruhe bieten, das Frühstück schon allein durch den Duft von Kaffee und Tee die Sinne wecken. Hedda Adlon weiß zu diesem Thema von einem Gespräch ihres Schwiegervaters mit dem Kaiser zu berichten. Wilhelm II. meinte: »Ich dachte immer, ein gutes Mittag- oder Abendessen sei für ein Hotel viel wichtiger.« Lorenz Adlon widersprach: »Nein, Majestät. Hat der Gast gut geschlafen und gefrühstückt, dann kann beim Lunch oder beim Diner schon mal ein kleines Malheur passieren ... Er nimmt dann vieles nicht mehr so genau ... Nein, Majestät, ich bleib' dabei: Das Wichtigste sind Bett und Frühstück!«

Frühstücken im Adlon

Im Gegensatz zur Vergangenheit ist das Frühstück auch der ›besseren‹ Gesellschaft heute wochentags eher von Eile geprägt. Den meisten Gästen des Hotel Adlon fehlt wegen zahlreicher Geschäftstermine die Zeit, stundenlang – vielleicht noch mit einer Zigarre zum Abschluß – zu frühstücken. Dem modernen Zeitgeist entsprechend steht daher das Frühstücksbüfett im Adlon unter dem Motto »vital, schmackhaft und leicht bekömmlich«.

Dazu gehören unbedingt frische Säfte. Ein anstrengender Tag läßt sich viel besser meistern, wenn der Körper reichlich mit Vitaminen versorgt ist. Das Adlon bietet eine große Auswahl ausschließlich frisch gepreßter Obst- und Gemüsesäfte, wie Kiwi- und Orangen-, Karotten- und Stangenselleriesaft.

Vornehmes Frühstück im Bett

Auch diejenigen, die am Morgen ein Müsli schätzen, erwartet eine große Auswahl an unterschiedlichsten Körnern, die je nach Wunsch mit frischer Milch oder mit Joghurt, mit frischem oder gekochtem Obst kombiniert werden können. Wer lieber ein fertig zubereitetes Müsli, zum Beispiel ein Birchermüesli, möchte, dem wird es im Nu serviert.

Großen Wert legt der Küchenchef auf frisches Obst. Es wird aus allen Teilen der Welt importiert – immer vollreif und von allerbester Qualität – und steht mundgerecht gewürfelt auf dem Frühstücksbüfett.

Für die Liebhaber herzhafter Kost gibt es eine reiche Auswahl an Würsten aus dem Schwarzwald sowie reife Käse aus Bayern und aus Frankreich. Über zehn verschiedene Brotsorten, täglich frisch gebacken, werden dazu geboten.

Wer es gerne süßer hat, der kann zwischen ofenwarmen Croissants und diversem französischen Kleingebäck sowie frisch gebackenen Kuchen aus der Patisserie des Hotels wählen. Dazu gibt es ganz besonders aromatische Konfitüren, die das Adlon von Staud aus Österreich bezieht, weil sie im Ruf stehen, die besten zu sein. Angefangen bei Marillenkonfitüre, über Weichsel- und Erdbeer- bis hin zur Himbeerkonfitüre.

Karlheinz Hauser ist davon überzeugt, daß Eierspeisen allesamt besser schmecken, wenn sie nicht lange Zeit im Rechaud stehen, sondern à la minute in der Küche zubereitet werden. Nicht nur diese werden am Tisch serviert. Wenn Gäste nicht selbst am Büfett ihre Teller füllen, sondern lieber bedient werden möchten, ist es für das Servicepersonal selbstverständlich, je nach Wunsch etwas zusammenzustellen oder aus der Küche kommen zu lassen. So brauchen amerikanische Gäste nicht auf ihre Pancakes mit Ahornsirup zu verzichten, und japanische Gäste können Miso-Suppe oder Reis mit Noriblatt bestellen. Auch das klassische jüdische Frühstück, Bagels mit Graved Lachs oder Räucherlachs mit Frischkäse, gibt es auf Wunsch.

Am Wochenende, wenn genügend Zeit ist, ausgiebig und lange zu frühstücken, bevorzugen viele Gäste den Roomservice und die dazu gehörenden Spezial-Angebote, wie das »Frühstück im Bett«, ein verlockendes »Champagner-Frühstück« oder auch das Fitneß fördernde »Vital-Frühstück«. Was immer die Gäste wünschen – die Devise des Hotels lautet: »Im Adlon ist nichts unmöglich!«

CHAMPAGNER-FRÜHSTÜCK

*Wie könnte der Tag schöner beginnen
als mit einem Glas Champagner ...*

*Moët & Chandon Rosé
Brut Impérial
oder
Dom Pérignon Rosé*

Fingerobst
weiße Pfirsichspalten, Himbeeren, Melonenkugeln
Johannisbeeren, Babyananasspalten
thailändische Mangos, Blaubeeren

Kleine Kaviar-Bagels

Brioche mit Gänsestopfleber
(Rezept auf Seite 18)

Kaltes Champagnersüppchen
mit Kiwi und Erdbeeren
(Rezept auf Seite 19)

*Louisiana-Shrimps
und Hummer*
auf Chiffonade und Senf-Dill-Creme

Warme Trüffel-Quiche
(Rezept auf Seite 18)

Spanischer Schinken
Jambon Jabugo

MORGENS IM ADLON

Spanischer Schinken, Kaviar-Bagels, Fingerobst, Louisiana-Shrimps mit Hummer

BRIOCHE MIT GÄNSESTOPFLEBER

Für 20 Förmchen

FÜR DEN VORTEIG:
*75 g Weizenmehl
30 g Zucker, 30 g frische Hefe
75 ml lauwarme Milch*

FÜR DEN HAUPTTEIG:
*100 ml Milch
5 Eigelb (100 g), 300 g Mehl
90 g weiche Butter, 3 g Salz*

ZUM BESTREICHEN:
1 Eigelb, 2 EL Milch

AUSSERDEM:
*Gänsestopfleber-Parfait, je nach Gusto
Aspik, in Würfel geschnitten*

Für den Vorteig das Mehl in eine Schüssel geben. Zucker und Hefe in der Milch auflösen und unter das Mehl rühren. Mit Klarsichtfolie bedeckt an einem warmen Ort gehen lassen, bis sich das Volumen verdoppelt hat.

Für den Hauptteig Milch und Eigelbe verquirlen und mit dem Vorteig zum restlichen Mehl geben. Mit den Knethaken einer Küchenmaschine sorgfältig verkneten, dabei die weiche Butter und das Salz hinzufügen. Zugedeckt 20 bis 25 Minuten weiter gehen lassen. Den Backofen auf 220 °C vorheizen.

Den Teig erneut kräftig zusammenschlagen und noch einmal 20 bis 25 Minuten zugedeckt aufgehen lassen.

Dann den Teig in die gefetteten Brioche-Förmchen geben, dabei darauf achten, daß sie nur zu einem Viertel gefüllt sind. Erneut gehen lassen, bis sich das Volumen um drei Viertel vergrößert hat. Eigelb mit Milch verquirlen und die Oberfläche damit bestreichen. In den heißen Ofen auf die mittlere Schiene schieben, 40 ml kaltes Wasser auf den Ofenboden schütten, die Tür sofort verschließen, damit der Dampf nicht entweicht. Dann die Hitze auf 180 °C reduzieren und in etwa 20 Minuten goldgelb backen.

Sobald die Brioches abgekühlt sind, die Deckel abschneiden und die Brioches mit dem Gänsestopfleber-Parfait oder den Aspikwürfeln füllen.

Brioche mit Gänsestopfleber

WARME TRÜFFEL-QUICHE

Für 6 kleine Quiches

FÜR DEN TEIG:
*500 g Weizenmehl
175 g Schweineschmalz
2 Eier, Salz
150 ml lauwarmes Wasser
Fett für die Förmchen*

FÜR DEN BELAG:
*200 g Kartoffeln
1 dünne Lauchstange, Salz
50 g frische Périgord-Trüffel
(oder aus der Dose)
50 ml Crème double
100 ml Sahne, 5 Eigelb
frisch gemahlener Pfeffer*

Trüffel-Quiche

Kaltes Champagnersüppchen mit Kiwi und Erdbeeren

Für 4 Personen

625 ml Champagner
100 g Zucker, 5 weiße Gelatineblätter
ausgekratztes Mark von 1 Vanilleschote
2 große Kiwis, 100 g schöne große Erdbeeren
einige Minzezweige

250 ml Champagner und Zucker erhitzen, bis sich der Zucker auflöst. Die kalt eingeweichte Gelatine gut ausdrücken und darin auflösen. Das Vanillemark unterrühren und kalt stellen, bis die Gelatine fest zu werden beginnt. Den restlichen, gekühlten Cham-

Mehl, Schweineschmalz, Eier, Salz und Wasser in eine Küchenmaschine geben und mit den Knethaken zu einem glatten Teig verkneten. Auf einer bemehlten Arbeitsfläche dünn ausrollen und 6 gefettete Förmchen damit auskleiden. Kalt stellen.

Für den Belag die Kartoffeln schälen und den Lauch putzen und waschen. Beides in kleine Würfel schneiden und in kochendem Salzwasser blanchieren. Auf einem Sieb abtropfen lassen und mit der gesäuberten, in kleine Würfel geschnittenen Trüffel vermischen. Abgekühlt in die ausgekleideten Quicheförmchen verteilen. Den Backofen auf 200 °C vorheizen.

Crème double, Sahne und Eigelbe verquirlen, mit Salz und Pfeffer würzen und über der Füllung verteilen. Die Kartoffelmischung muß völlig bedeckt sein.

Auf der mittleren Schiene des heißen Ofens in etwa 15 bis 20 Minuten goldgelb backen. Lauwarm servieren.

Kaltes Champagnersüppchen

pagner langsam unter die zu gelieren beginnende Suppe rühren.

Kiwis schälen und in kleine Würfel schneiden, die Erdbeeren entkelchen und vierteln. Beides vorsichtig unter die Suppe mischen und in Suppentassen oder Champagnerschalen verteilen. Mit Minzezweigen garnieren.

FRÜHSTÜCKSBÜFETT

*Große Auswahl
frisch gepreßter
Frucht- und Gemüsesäfte*

Orange, Grapefruit, Banane, Guave,
Kiwi, Tomate, Karotte, Stangensellerie

*Beste österreichische
Marmeladen von Staud*

vom Klassiker Marille bis zu Weichsel,
Erdbeere, Himbeere und Heidelbeere

Feinste Honigsorten

wie ungarischer Akazien-,
kalifornischer Orangenblüten- und
schottischer Himbeerhonig

*Früchte
aus aller Welt*

mundgerecht geschnitten

*Vier verschiedene
original amerikanische
Granolas*

verschiedene Cornflakes, Birchermüesli,
Berberitzen-, Schoko-
und Knusper-Früchtemüsli

Feinste Leberpastete

aus der westfälischen
Wurstmanufaktur Gut Alteneichen

*Acht verschiedene
Wurstsorten vom
Metzger Winterhalter*

aus Elzach im Schwarzwald
sowie Parmaschinken,
Bündner Fleisch, Mailänder Salami,
Roastbeef mit Remoulade

*Gänserillette aus
Straßburg*

mit Waldorfsalat
und Backpflaumen

*Allerlei herzhafte
Käsesorten*

aus der bayerischen Käserei
Andechs

*Adlon-Rauch-
und Graved Lachs*

mit Senf-Dill-Sauce
und Sahnemeerrettich

Kleines Katerfrühstück

Matjes nach Hausfrauenart
sowie Bratheringe und Rollmöpse

*Alle Eierspeisen
Ihrer Wahl*

immer frisch zubereitet
auf Bestellung

Außerdem bieten wir viele weitere Spezialitäten…

Honig-Pinien-Brot

500 g Weizenmehl
30 g frische Hefe
½ l lauwarme Milch, 10 g Salz
3 EL Akazienhonig
100 g Pinienkerne
20 g grob gehackte Walnüsse

Das Mehl in eine Schüssel geben und in die Mitte eine Mulde drücken. Die Hefe zerbröseln und in der lauwarmen Milch auflösen. In die Mulde gießen und mit etwas Mehl zu einem Vorteig verrühren. Mit einem Tuch bedeckt an einem warmen Platz 30 Minuten gehen lassen. Salz hinzufügen und mit den Knethaken einer Küchenmaschine zu einem glatten, geschmeidigen Teig verkneten.

Auf einer bemehlten Arbeitsfläche zu einem Rechteck ausrollen und mit Honig bestreichen. Mit Pinienkernen und Walnüssen bestreuen und von der Längsseite her aufrollen. Die Enden fest zusammendrücken und in eine gefettete Kastenform legen. Mit einem Tuch bedeckt erneut 30 Minuten gehen lassen. Den Backofen auf 220 °C vorheizen.

Das Brot in den Ofen schieben und die Temperatur auf 180 °C zurückschalten. In 40 bis 45 Minuten goldbraun backen.

Karlheinz Hauser
Einige der Frühstücksbrotsorten, die wir täglich im Adlon anbieten, lassen wir von dem Backspezialisten Dr. Heberer backen.
Die meisten Brote stammen aus unserer eigenen Bäckerei. Auf dieser Doppelseite verraten wir ein paar Rezepte für jene, die ihre Brote und Brötchen gern selbst backen möchten.

Walnussbrötchen

Für 24 Brötchen

FÜR DEN VORTEIG:
200 g Mehl (Type 550)
50 g Mehl (Type 1050)
225 ml Wasser

FÜR DEN HAUPTTEIG:
20 g frische Hefe
50 ml Milch
260 g Mehl (Type 1050)
50 g Sauerteig
(vom Bäcker oder aus dem Reformhaus)
25 ml Walnußöl
20 g Honig
10 g Salz
90 g grob gehackte Walnüsse

Für den Vorteig die Mehle mit dem Wasser verrühren und mit einem Tuch bedeckt an einem warmen Platz (ca. 26 °C) über Nacht stehen lassen.

Für den Hauptteig die Hefe in der lauwarmen Milch auflösen. Das Mehl in eine Schüssel geben. Vorteig, aufgelöste Hefe, Sauerteig, Walnußöl, Honig und Salz dazugeben und mit den Knethaken einer Küchenmaschine zu einem glatten Teig verarbeiten. Zum Schluß die grob gehackten Walnüsse hinzufügen. Den Teig leicht mit Mehl bestäuben und mit einem Tuch bedeckt 30 Minuten an einem warmen Platz gehen lassen.

Dann erneut zusammenkneten, zu einer Kugel formen und noch einmal etwa 15 Minuten zugedeckt gehen lassen.

40 g schwere Stücke abstechen und mit der Hand zu runden Brötchen formen. Mit den Nahtstellen nach unten auf ein mit Backpapier ausgelegtes Backblech legen, mit einem Tuch bedecken und erneut 30 Minuten gehen lassen. In der Zwischenzeit den Ofen auf 250 °C vorheizen.

Das Backblech auf die unterste Schiene schieben, die Temperatur auf 200 °C zurückschalten und die Brötchen in etwa 15 Minuten kroß backen.

Baguettes und Brezeln, Misch- und Roggenbrote sowie Brötchen des Frühstücksbüfetts

CROISSANTS

Für 24 Stück

15 g frische Hefe
230 ml Milch
400 g Mehl (Type 550)
200 g Mehl (Type 405)
75 g Zucker
10 g Salz
40 g weiche, aber nicht flüssige Butter
2 Ziegel französische Butter von je 160 g
2 Eier (100 g), 1 Eigelb (20 g)

Die Hefe in der kalten Milch auflösen und mit den Mehlen, Zucker, Salz und weicher Butter zu einem festen Hefeteig verkneten. Mit einem Tuch bedeckt 1 bis 1½ Stunden bei etwa 22 °C gehen lassen. Anschließend mit der flachen Hand zusammendrücken und 1 bis 1½ Stunden bei 4 °C kalt stellen. Anschließend 30 Minuten in das Tiefkühlgerät legen.

160 g eiskalte Butter zu einem Ziegel formen. Den Teig doppelt so groß wie den Butterziegel ausrollen und die Butter damit umhüllen. Dann dem Teig eine einfache Tour und eine doppelte Tour geben. Erneut 30 Minuten in das Tiefkühlgerät legen, dann 1 Stunde in den Kühlschrank. Den gleichen Vorgang mit dem zweiten Butterziegel wiederholen und ebenfalls auf die gleiche Weise kühlen.

Nun den Teig 2,5 mm dick ausrollen und Dreiecke von 20 cm Höhe und 12 cm Basislänge schneiden. Die Dreiecke aufrollen und zu einem Hörnchen gebogen auf ein mit Backpapier ausgelegtes Backblech legen. Mit einem Tuch bedeckt etwa 2 Stunden bei Raumtemperatur ruhen lassen.

Den Backofen auf 220 °C vorheizen. Eier und Eigelb verquirlen und die Croissants damit bestreichen. Das Blech auf die mittlere Schiene des heißen Ofens schieben und die Hitze auf 180 °C reduzieren. In etwa 15 bis 20 Minuten goldbraun backen.

Seine Marmeladen bezieht das Adlon von Staud aus Österreich

ADLONS SPEZIAL-BIRCHERMÜESLI

Für 2 Personen

*75 g Haferflocken
50 ml frische Landmilch
25 ml gesüßte Kondensmilch
15 g Mandelstifte, 15 g Zucker
½ Apfel, 2 kleine Bananen
1 EL geschlagene Sahne
zum Garnieren einige Erdbeeren
oder Orangenfilets
(je nach Jahreszeit)
sowie einige Minzeblätter*

Die Haferflocken mit Wasser bedeckt 30 Minuten einweichen. Anschließend gut ausdrücken und in eine Schüssel geben.

Frischmilch, Kondensmilch, Mandelstifte und Zucker einrühren. Apfel entkernen und mit der Schale grob reiben. Die Bananen schälen und in Würfel schneiden. Mit den Haferflocken vermischen. Zuletzt die geschlagene Sahne unterziehen. In zwei Schälchen verteilen und mit frischen Erdbeeren oder Orangenfilets und frischer Minze garnieren.

KARLHEINZ HAUSER
Obwohl wir viele Müsli-Mischungen anbieten, schwören die meisten Gäste auf den Schweizer Klassiker. Das Besondere an unserem Birchermüesli: die süße Kondensmilch.

TROCKENFRÜCHTE-MÜSLI-MISCHUNG

(Foto siehe Seite 35)

Für 6–8 Personen

FÜR DIE
MÜSLI-MISCHUNG:
*50 g geschroteter Leinsamen
50 g gehackte Kürbiskerne
50 g geschrotete Roggenkörner
50 g geschrotete Hirse
100 g Haferflocken
50 g Weizenschrot
30 g getrocknete Ananasstücke
50 g getrocknete Feigen
50 g getrocknete Mangostücke
50 g getrocknete Papayawürfel
50 g Sultaninen*

AUSSERDEM:
*frische Landmilch
oder fettarme Milch
oder Joghurt
Lavendelhonig nach Geschmack*

Die geschroteten Körner, Samen und Kerne mit den getrockneten Früchten vermischen. Vor dem Servieren nach Belieben frische Landmilch, fettarme Milch oder Joghurt hinzugeben und je nach Geschmack mit Lavendelhonig süßen.

OSTER-BRUNCH

Zusätzlich zu dem ›klassischen‹ Frühstücksangebot gibt es im Adlon zu Ostern:

OSTERFLADEN & OSTERLÄMMER
Hefezopf, Gugelhupf, Danish Pastry, Baguette

DIVERSE FEINE SALATE
wie Geflügelsalat, Pilzsalat mit Kräutern, Kartoffel-Pesto-Salat

TERRINE UND MOUSSE VOM KANINCHEN
mit eingelegten Artischocken und Oliven

SPINATSAMTSÜPPCHEN
mit weißem Trüffelöl parfümiert

OSTERLAMMRÜCKEN MIT ROSMARINKRUSTE
Kartoffel-Artischocken-Gratin, Polenta und dreierlei Bohnen

PAPPARDELLE IN MORCHELRAHM
und Perlhuhn-Suprême

BADISCHEN SPARGEL MIT SAUCE HOLLANDAISE
und rosa gebratenem Kalbsrücken

CHARLOTTE VON EIERLIKÖR
mit marinierten Erdbeeren

OSTERFLADEN

Für 2 Fladen von je 500 g

360 g Sultaninen
20 g Zitronat, 20 g Orangeat
50 g ungeschälte, gehackte Mandeln
ausgekratztes Mark von 1 Vanilleschote
30 ml Rum, 30 ml Wasser

FÜR DEN VORTEIG:
200 g Mehl (Type 550)
40 g frische Hefe
120 ml Milch

FÜR DEN HAUPTTEIG:
400 g Mehl (Type 550)
60 g Zucker, 6 g Salz
2 Eier (100 g), 3 Eigelb (60 g)
150 g zimmerwarme Butter

AUSSERDEM:
1 Ei zum Bestreichen

Am Tag zuvor die Sultaninen mit dem kleingeschnittenen Zitronat und Orangeat und den Mandeln in eine Schüssel geben. Das Vanillemark untermischen und mit Rum und Wasser begießen. Zugedeckt über Nacht marinieren.

Am nächsten Tag das Mehl in eine Schüssel geben. Die Hefe in der Milch auflösen und mit dem Mehl verrühren. Den festen Vorteig

30 Minuten in lauwarmes Wasser (35 °C) legen und 20 bis 30 Minuten gehen lassen.

Für den Hauptteig das restliche Mehl mit dem Vorteig, Zucker, Salz, Eiern und Eigelb zu einem glatten Teig verkneten. Dann die zimmerwarme Butter nach und nach unterkneten. Zum Schluß die eingeweichten Früchte mit der Hand in den Teig einarbeiten. Zugedeckt 20 Minuten bei Zimmertemperatur gehen lassen. Dann mit der flachen Hand zusammendrücken, rund formen und erneut mit einem Tuch bedeckt gehen lassen.

Nun die Teigkugel halbieren und zwei runde Laibe daraus formen. Auf ein mit Backpapier ausgelegtes Backblech legen und mit dem verquirlten Ei bestreichen. Erneut 30 Minuten gehen lassen.

Inzwischen den Backofen auf 175 °C vorheizen. Dann die beiden aufgegangenen Teigkugeln mit dem Elektromesser etwa ½ cm tief gitterförmig einschneiden. Im heißen Backofen in etwa 40 bis 45 Minuten goldbraun backen.

Nach dem Backen kann man den Osterfladen entweder so belassen oder mit erwärmter Aprikosenkonfitüre bestreichen und mit Mandelblättchen bestreuen oder mit Zuckerguß glasieren.

OSTERLAMM

Für eine 400-ml-Form

70 g Butter
1 Msp. Vanillemark
etwas abgeriebene Zitronenschale
70 g Zucker
2 Eigelb (40 g), 2 Eiweiß (70 g)
1 Prise Salz
80 g gemahlene Mandeln, hell geröstet
60 g gemahlene Haselnüsse
Puderzucker zum Bestäuben

Den Backofen auf 200 °C vorheizen. Butter mit Vanillemark und Zitronenschale und 10 g Zucker cremig rühren und nach und nach die Eigelbe dazugeben.

In einer zweiten Schüssel die Eiweiße mit 20 g Zucker und der Prise Salz schaumig schlagen, dann langsam den restlichen Zucker einlaufen lassen. So lange weiterschlagen, bis ein fester, glänzender Schnee entstanden ist. Ein Drittel davon unter die Buttermasse rühren, den Rest vorsichtig unterziehen. Zum Schluß die gemahlenen Mandeln und Nüsse gleichmäßig unter die Masse ziehen.

In eine ausgefettete Osterlammform füllen und in den heißen Ofen schieben. Die Temperatur sofort auf 175 °C reduzieren und das Lamm in etwa 30 Minuten goldgelb backen. Mit Puderzucker bestäuben.

Adlons Spezial-Omelett, Ei im Glas und Eier Bénédictine à la Adlon

ADLONS SPEZIAL-OMELETT

Für 2 Personen

80 g sehr kleine Pfifferlinge
20 g Butter, 10 g Schalottenwürfel
50 g gekochte Schinkenwürfel
30 g Tomatenwürfel
50 g frisch geriebener Emmentaler Käse
je 1 EL frisch gehackte Petersilie und Kerbel
6 frische Eier
Salz, frisch gemahlener Pfeffer
einige Kirschtomaten zum Garnieren

Die Pfifferlinge putzen und, falls nötig, halbieren. In zwei Pfannen die Butter erhitzen, und die Pilze darin anschwitzen. Schalotten, Schinken und Tomaten dazugeben und kurz mit anbraten. Den Käse und die Kräuter darüberstreuen. Backofen auf 180 °C vorheizen.

Die Eier mit einer Gabel verquirlen, mit Salz und Pfeffer würzen und gleichmäßig über die Pilze gießen. Mit einem Gummispatel vorsichtig auf eine Seite schieben und zu einem Omelett formen, durch Klopfen auf den Pfannengriff den Teig lockern. Wenige Minuten im heißen Backofen garen lassen. Das Omelett darf jedoch nicht bräunen.

Die Omeletts auf zwei Teller gleiten lassen und mit Kirschtomaten garnieren.

KARLHEINZ HAUSER
Außerhalb der Pilzsaison kann man das Omelett auch mit Zuchtpilzen, wie Champignons, Shiitake-Pilzen oder Egerlingen, zubereiten. Wer's würziger mag, nimmt statt Kochschinken einen rohen Schinken und ersetzt den Emmentaler durch einen würzigen Gruyère.

EIER BÉNÉDICTINE À LA ADLON

Für 2 Personen

*2 Toastbrotscheiben
2 Scheiben gekochter Schinken
10 g Butter
100 g blanchierter Spinat
10 pochierte Wachteleier
1 Eigelb
1 EL Weinreduktion aus Weißwein,
Estragonessig und 1 TL Schalottenwürfel
50 g flüssige Butter
Salz, Cayennepfeffer
1 EL geschlagene Sahne*

Die Toastbrotscheiben und die Schinkenscheiben rund ausstechen. Toastbrot toasten, die Schinkenscheiben in der Butter kurz anbraten. Den Spinat in dem Bratfett kurz erwärmen. Für die Sauce mousseline das Eigelb mit der Weinreduktion über einem Wasserbad dickschaumig schlagen und dabei nach und nach die flüssige Butter unterschlagen. Mit Salz und Cayennepfeffer würzen und die Sahne locker unterziehen.

Die Toastbrotscheiben erst mit Schinken, dann mit Spinat belegen und die pochierten Wachteleier darauf anrichten. Mit der Sauce mousseline überziehen und unter dem heißen Grill kurz gratinieren.

EI IM GLAS

Für 2 Personen

*2 Eier
2 feuerfeste Eierkochgläser mit Deckel
Salz*

Die Eier aufschlagen, in die Eierkochgläser gleiten lassen, salzen und mit den Deckeln verschließen. Auf ein Gitter in ein Wasserbad stellen und im Dampf 6 Minuten garen lassen. Im Glas servieren.

SÜSS-SAUER EINGELEGTE BACHSAIBLINGE

Eine Spezialität für Fischliebhaber

Für 4 Personen

*500 g frische Bachsaiblingsfilets
mit Haut
Salz
frisch gemahlener Pfeffer
2 EL Öl
100 ml Essig
200 g Zucker
300 ml Wasser
1 Zwiebel
1 Lorbeerblatt
1 Nelke
6–8 schwarze Pfefferkörner
½ TL Senfkörner
1 Möhre
1 Lauchstange
1 kleine Knoblauchzehe*

AUSSERDEM:
*eingelegte Senfgurken
einige frische Kräuterzweige*

Die Saiblingsfilets waschen, trockentupfen und mit Salz und Pfeffer würzen. Öl in einer beschichteten Pfanne erhitzen und die Saiblinge auf der Hautseite kurz anbraten. Herausnehmen und übereinander in eine Form mit höherem Rand legen.

Essig, Zucker und Wasser zum Kochen bringen. Die Zwiebel mit dem Lorbeerblatt und der Nelke spicken und mit den Pfeffer- und Senfkörnern in das kochende Wasser geben. Möhre und Lauch waschen, putzen und in feine Scheiben schneiden. Mit der ungeschälten Knoblauchzehe in den Sud geben und bißfest köcheln lassen.

Die heiße Marinade über die Fischfilets gießen und 4 bis 8 Stunden, je nach Dicke der Filets, marinieren.

Die Saiblingsfilets herausnehmen, trockentupfen und mit Senfgurken und frischen Kräutern garniert servieren.

ADLONS LACHS-SUPRÊME

Für 2 Personen

*200 g dünne, gleichmäßige
Räucherlachsscheiben vom Mittelstück
100 g Crème fraîche
1 Bund Schnittlauch
2 Dillzweige
3 weiße Gelatineblätter
4 EL geschlagene Sahne
Salz
frisch gemahlener weißer Pfeffer
etwas Zitronensaft*

FÜR DIE GARNITUR:
*1–2 EL Crème fraîche
Osietra-Kaviar je nach Gusto
2 Dillzweige*

Die Lachsscheiben nebeneinander auf Pergamentpapier legen und die Seitenkanten geradeschneiden. Die Längsseite der Lachsscheiben sollte 6 bis 7 cm lang sein.

Die Abschnitte anschließend fein hacken, in eine Schüssel geben und mit der Crème fraîche verrühren.

Schnittlauch und die abgezupften Dillblätter fein schneiden und unter das Lachstatar mischen. Die Masse über einem Wasserbad auf etwa 25 °C erwärmen.

Die Gelatineblätter in kaltem Wasser einweichen, gut ausdrücken und unter Erwärmen auflösen. Langsam und gleichmäßig unter die Lachsmasse mischen und die geschlagene Sahne unterziehen. Mit Salz, Pfeffer und Zitronensaft abschmecken und kalt stellen.

Die Masse in einen Spritzbeutel mit großer Tülle füllen und quer auf die Lachsscheiben spritzen. Diese von der Schmalseite her aufrollen und die Enden gut festdrücken. Erneut kalt stellen.

Die Röllchen kurz vor dem Servieren mit einem scharfen, nassen Messer in Scheiben schneiden und mit Crème fraîche und Osietra-Kaviar anrichten. Mit einem Dillzweig garnieren.

KOMBUCHA-COCKTAIL

(Foto siehe Seite 35)

Für 2 Personen

*2 vollreife Aprikosen
2 cl Aprikosensirup
2 cl frisch gepreßter Zitronensaft
3 cl frisch gepreßter Orangensaft
8 cl Kombucha, 2 EL gestoßenes Eis
1 Aprikose mit Blatt für die Garnitur*

Alle Zutaten mit dem gestoßenen Eis in einen Mixer geben und rasch pürieren. In ein eisgekühltes schönes Glas füllen und je mit einer Aprikosenhälfte garnieren.

BANANEN-GUAVE-COCKTAIL

Für 2 Personen

*5 cl Bananenpüree aus vollreifen Bananen
3 cl frisch gepreßtes Guavenmark
8 cl Papayamark
8 cl Orangensaft*

Alle Zutaten separat frisch zerdrücken oder auspressen. Dann miteinander verquirlen und in eisgekühlte Gläser füllen.

ORIENTALISCHER SAFT – ORIENT-EXPRESS

Für 2 Personen

*je 5 cl Himbeer- und Brombeerpüree
3 cl Mangopüree
100 ml Orangensaft
3 cl Grapefruitsaft*

Alle Zutaten separat pürieren oder auspressen, dann mitander verquirlen und in eisgekühlte Gläser füllen.

Morgens im Adlon

Suite mit Blick auf das Brandenburger Tor

Frühstück im Bett

*ein besonders romantisches Vergnügen,
das im Adlon etwa so aussieht:*

*Nach einer erholsamen Nacht und dem angenehmen Erwachen
stehen folgende Köstlichkeiten auf Abruf bereit:*

Vitamin-Power-Saft
Gariguette-Erdbeeren in der Bananenschale
Brotkorb mit Croissants, Muffins,
Schokoplundergebäck und Baguette
feinste Konfitüren aus Marillen, Orangen
oder Erdbeeren
Adlon Lachs-Suprême und Lachsroulade
mit Osietra-Kaviar und Crème fraîche
und natürlich:
Champagner Dom Pérignon

POOL-VITAL-FRÜHSTÜCK

ERST EIN SPRUNG IN DEN POOL, EINE RUNDE SCHWIMMEN UND DANN EIN VITAL-FRÜHSTÜCK:

FRISCHE SÄFTE UND VITAL-COCKTAILS
wie Kombucha-Cocktail
(Rezept auf Seite 32)
Kiwi- oder Bananen-Guaven-Saft
Joghurt-Cocktail

GRÜNER TEE

EIN BROTKORB
mit Roggen-, Vollkorn- und Vitalbrot

FRÜCHTE-MÜSLI
mit diversen Trockenfrüchten
(Rezept auf Seite 24)

ARTISCHOCKE
mit Gemüsestiften und Dips

Und wer möchte, kann sich
frisch zubereitete Sushi bestellen.

GEMÜSESTIFTE MIT DIPS

Für 6–8 Personen

*nach Belieben Möhren, Kohlrabi,
Stangensellerie, gelbe und grüne Zucchini
rote und gelbe Paprikaschoten
pro Person 1 große Artischocke
Blätter vom Stangensellerie
etwas Zitronensaft*

FÜR DIE JOGHURT-COCKTAIL-SAUCE:
*100 g Mayonnaise, 40 g Magerjoghurt
60 ml saure Sahne, 50 ml Ketchup
1 EL Hot Ketchup, 2 EL Milch
1–2 EL geriebener Meerrettich
2 EL Cognac, 1 EL Zitronensaft, 1 TL Zucker
Salz, etwas Worcester- und Tabascosauce*

FÜR DIE CHILISAUCE:
*2 geschälte, geriebene Knoblauchzehen (5 g)
1 kleine, fein gehackte Chilischote (4 g)
60 g Zucker, 30 ml Essig, 20 ml Wasser*

FÜR DIE ROQUEFORTSAUCE:
*80 g Roquefort, 1 EL Frischkäse, 2 EL Kefir
2 EL Buttermilch, 4 EL Joghurt
einige Tropfen Kirschwasser*

Gemüse putzen, waschen, falls nötig schälen und in gleichmäßige Stifte schneiden. Gemüse in Eiswasser legen. Die Artischocken von oben her aushöhlen, das Heu herausschaben und sie dann in Zitronenwasser legen.

Die Zutaten für die Dips jeweils gründlich verrühren und gut durchziehen lassen.

Gemüsestifte und Artischocken abtropfen lassen und mit den Dips servieren.

KARLHEINZ HAUSER
Statt der Artischocke können Sie auch eine Melone aushöhlen und mit den Gemüsestiften füllen. Köstlich schmecken auch kleine Spießchen von Baby-Mozzarella und Kirschtomaten mit den Dips.

Mittags im Adlon

Die leichte Mittagsküche von einst

Das Mittagessen – hochdeutsch Diner genannt – ist eine der bei uns weniger beliebten Formen geselliger Vereinigungen. Der Grund hierfür mag in der unbequemen Stunde liegen, in welcher wir dieses Mahl einzunehmen pflegen.« So steht es in einem alten Koch- und Benimmbuch der Zeit um 1900.

Für die Wohlhabenden, die ein üppiges Frühstück liebten, spielte das Essen zur Mittagszeit verständlicherweise keine allzu große Rolle.

Für die einfachere Bevölkerung, die meist schon im Morgengrauen gefrühstückt hatte, war das Mittagessen dagegen ein wichtiges Ereignis. Es fand dann statt, wenn man etwa im Adlon gerade mit dem Frühstück fertig war. Insbesondere in der Landwirtschaft traf man sich, hungrig von der schweren Arbeit, gerne zum gemeinsamen Mittagessen mit dem Gesinde. Es gab vorweg eine kräftige Suppe und anschließend einen zumeist fleischlosen Hauptgang. Nur an einigen Tagen der Woche standen Fleisch oder Fisch auf dem Speiseplan. Vorwiegend kamen Eintöpfe, Aufläufe oder Mehlspeisen auf den Tisch.

An Sonn- und Feiertagen gestaltete man auch in den bürgerlichen Familien das Mittagsmahl üppig. Es wurde viel aufwendiger gekocht als während der Woche. Ein Braten mit Beilage, je nach Region Knödel, Kartoffeln oder Spätzle und dazu Gemüse aus dem Garten kamen auf den Tisch. Vorweg durfte auf keinen Fall die Suppe fehlen, und meist wurde hinterher noch ein Dessert oder Kuchen serviert. War man zu einem festlichen Mittagessen eingeladen, so war absolute Pünktlichkeit damals ein »Haupterfordernis des guten Tones«. »Die Damen, auch die Hausfrau, sind in Gesellschaftstoilette, und zwar die älteren in farbiger Seide mit mittelfarbigen Handschuhen, die jüngeren in heller Seide oder Wolle mit Blumen oder Bandschleifen im Haar und hellen Handschuhen. Die Herren, auch der Hausherr, sind, je nach dem Zuschnitte des Festes, im Oberrock oder Frack.«

Prächtiger Umschlag und Inhalt der Karte vom 2. Oktober 1908

Vorspeisen	
Beluga-Kaviar	4,–
Royal Natives	5,–
Austern Normandie	5,–
Matjeshering	1,50
Tages-Platten	
Geflügelsuppe mit Curry	0,75
Rotzunge gebacken	1,50
Rührei mit Gänseleber	1,50
Hasenkeule	2,–
1/2 Rebhuhn mit Sauerkohl	2,–
Grüne Spargelspitzen	2,–
Steinpilze Bordelaise	1,25
Dessert	
Schokoladen-Rahmspeise	0,75
Fruchttorte	0,75

Doch während der normalen Wochentage sah das Mittagessen ganz anders aus. Wer es sich leisten konnte und keiner schweren körperlichen Arbeit nachging, der beschränkte sich mittags auf eine Kleinigkeit, um den Hunger für das abendliche Diner aufzusparen.

Das abgebildete Adlon-Mittagsmenü vom Freitag, dem 2. Oktober 1908, zeigt, welch vielfältige und vor allem auch leicht bekömmliche Gerichte damals schon im Adlon zum Mittagessen angeboten wurden.

Die Karte könnte fast von heute sein – läßt man die Preise außer acht.

Lunch im Adlon heute

Die Ansprüche, die der Gast von heute an den Lunch stellt, weichen nicht so sehr von denen um die Jahrhundertwende ab. Der entscheidende Unterschied ist, daß man heute allgemein weniger Zeit zum ›Tafeln‹ hat.

Geschäftsessen, die sich noch vor etwa zehn Jahren über einige Stunden hinzogen und die aus mindestens vier bis sechs Gängen bestanden, sind heute eher die Ausnahme. Schnell eine Kleinigkeit, leicht bekömmlich und ohne das Budget allzu sehr zu belasten – so stellen sich die Geschäftsleute von heute ihre Mittagsmahlzeit vor.

Das Adlon hat sich voll und ganz auf die Wünsche seiner Gäste eingestellt und bietet mittags eine große Auswahl leckerer und dennoch leichter Gerichte.

Am gefragtesten sind die zahlreichen raffinierten Salatkompositionen aus verschiedenen knackig frischen Blattsalaten. Fein-aromatisch mariniert mit Adlon Spezial-Dressing, belegt je nach Saison oder nach Wunsch des Gastes mit Hummer oder mit Entenbrust, mit Taube oder Jakobsmuscheln und phantasievoll garniert.

Hoch im Kurs stehen auch Pasta-Gerichte. Sie passen optimal in die heutige Zeit, denn die leicht bekömmlichen Kohlenhydrate liefern schnell Energie, ohne den Organismus zu belasten, und sie schmecken – mit Gemüse-, Fisch- oder Käsesaucen – einfach köstlich.

Vegetarische Gerichte liegen nach wie vor im Trend. Neben Salaten, Pasta und Fisch sind auch Omeletts, Gemüsetartes oder ein saftig belegtes Sandwich beliebte Mittagssnacks.

Lachs-Kaviar-Terrine

Das Maximum für das Mittagsmenü von heute sind normalerweise drei Gänge, und selbst die größten ›Süßschnäbel‹ ziehen beim Dessert heute etwas Fruchtiges, etwas Erfrischendes vor. Es stillt das Verlangen nach Süßem und ist dennoch arm an Kalorien.

Bei den großen Meetings, die im Hotel Adlon sehr häufig stattfinden, wird mittags ein Lunchbüfett geboten, das ausschließlich aus leichteren warmen und kalten Gerichten besteht. Dabei gilt, wie bei allem, was die Küche Karlheinz Hausers verläßt: Topqualität und Frische sind ein absolutes Muß. Zubereitet wird perfekt und liebevoll von Hand. Auf Knoblauch – so köstlich damit gewürzte Speisen auch schmecken mögen – verzichtet man hier beim Lunch grundsätzlich. Das ›feine‹ Aroma bleibt besser der Freizeit vorbehalten – damit nicht bei anschließenden Besprechungen der eigenwillige Duft auf die Beteiligten störend wirkt.

Als Spezial-Arrangement bietet das Restaurant täglich einen Businesslunch oder einen Lunch für die Ehefrauen von Politikern, die sich gerne mit einem exzellenten, aber figurfreundlichen Menü verwöhnen lassen.

Am Wochenende sieht es dann ein wenig anders aus mit den Eßgewohnheiten zur Mittagszeit. Da darf es denn schon mal ein klassischer Sonntagsbraten sein – ein saftiger Kalbsrücken oder eine Lammkeule. Als kleinen Zwischengang läßt man sich zum Beispiel Trüffelnudeln schmecken, und bei den Desserts stehen auch Mehlspeisen auf dem Programm, wie Kaiserschmarren, Früchteknödel oder auch ein Strudel. Am Wochenende ist viel Zeit, alles in Ruhe zu genießen.

Ein Highlight: unsere Salate

*Eine große Vielfalt unterschiedlichster Salatsorten bezieht das
Adlon täglich frisch aus Frankreich, Italien und Deutschland.
Dazu unser phantastisches Dressing – eine Mischung
aus verschiedenen, internationalen Öl- und Essigsorten.*

Über zwanzig Salatsorten stehen zur Wahl

Aus Frankreich

*Rougette de Montpellier, Cordifole, Escariole, gelber Löwenzahn,
Eiskraut, Spinatsalat, Pourpier, Cousteline, Tetragone Cornue,
Sedum sowie je nach Jahreszeit verschiedenste eßbare Blüten*

Aus Italien und Deutschland

*Rucola, Lollo rosso, Lollo verde, Romana, Trevisana,
Eichblatt rot und grün, Batavia, Radicchio, Chicorée rot und grün*

Das Adlon Spezial-Dressing

Für ½ Liter Dressing

300 ml geschmacksneutrales Pflanzenöl
25 ml Walnußöl
50 ml Olivenöl, extra vergine
75 ml Aceto Balsamico (5 Jahre alt)
20 ml Himbeeressig
1 TL Dijon-Senf
ein Spritzer Worcestersauce
frisch gemahlener Pfeffer
15 g Zucker
20 g Akazienhonig
100 ml Geflügelfond, Salz

Alle Zutaten gründlich miteinander verquirlen und in eine Flasche füllen.
Bei Bedarf die Flasche gut durchschütteln und den Salat damit marinieren.

Auswahl des Spezial-Salat-Sortiments aus Frankreich

Verschiedene, zum Teil selbst angesetzte Essige und Öle

Salat von bretonischem Hummer und Kartoffeln mit Tomaten-Öl

Für 4 Personen

*4 bretonische Hummer, Salz
8 Kartoffeln, z. B. französische Grenaille*

Für das Tomatenöl:
*4 frische, gehäutete und
entkernte Tomaten
100 g getrocknete Tomaten, in Öl eingelegt
50 g schwarze Oliven
1 Bund Basilikum
20 g Pinienkerne
50 ml Olivenöl, extra vergine aus Ligurien
Salz, frisch gemahlener Pfeffer
1–2 EL Champagneressig*

Ausserdem:
*2 Handvoll gemischte Salatblätter aus
der großen Auswahl (Seite 40)
Adlon Spezial-Dressing
(Rezept auf Seite 40)
8 Blätter Thai-Basilikum*

Die Hummer in kochendes Salzwasser geben und 8 bis 10 Minuten kochen lassen. Dann auseinanderbrechen, dabei die Nasen für die Garnitur beiseite legen. Das Coraille (Rückenmark) herauslösen und im 160 °C heißen Ofen etwa 30 Minuten trocknen lassen. Anschließend fein zermahlen.

Die Kartoffeln in der Schale kochen, ausdampfen lassen und in Scheiben schneiden.

Für das Pesto alle Zutaten mit dem Wiegemesser fein hacken, mit Olivenöl verrühren und mit Salz, Pfeffer und Essig würzen.

Salatblätter mit Dressing marinieren und auf vier Tellern je in der Mitte ein Salatbouquet anrichten. Die noch warmen Kartoffelscheiben schuppenförmig um den Salat anrichten und mit Tomaten-Öl beträufeln. Das zerbröselte Coraille über den Salat streuen. Das Hummerfleisch dekorativ anrichten.

Basilikumblätter kurz fritieren und den Salat damit garnieren.

Salat von der Étouffé-Taube und Gänsestopfleber mit Pfifferlingen

Für 4 Personen

*4 Tauben, z. B. Étouffé-Tauben,
je etwa 450 g
Salz, frisch gemahlener Pfeffer
4 kleine Rosmarinzweige,
4 EL Olivenöl
200 g kleine Pfifferlinge
50 g Schalottenwürfel
1 EL gehackte Petersilie
4 Scheiben Gänsestopfleber
1 Kartoffel, 10 Petersilienblätter
3 Handvoll Rougette und Eichblattblätter
Adlon Spezial-Dressing
(Rezept Seite 40)
100 g Polentascheiben, in Würfel geschnitten
1 EL Champagneressig, 2 EL Öl
1 Msp. Honig
einige Kapuzinerblüten zum Garnieren*

Tauben waschen, salzen und pfeffern, einen Rosmarinzweig in die Bauchhöhle stecken, in 2 EL Olivenöl anbraten und im 210 °C heißen Ofen 7 Minuten braten.

Pfifferlinge putzen, im restlichen Öl anbraten, Schalotten und Petersilie dazugeben, salzen und pfeffern und beiseite stellen. Die Gänsestopfleber unter dem heißen Grill auf beiden Seiten kurz grillen und im heißen Ofen in wenigen Minuten fertig garen. Kartoffeln schälen, in dünne Scheiben oder Dreiecke schneiden und wie die Petersilie kurz fritieren.

Salatblätter mit Adlon Spezial-Dressing marinieren und auf vier Tellern jeweils ein Salatbouquet anrichten. Tauben tranchieren. Die Keulen auslösen und an das Salatbouquet legen, die Brüste am Knochen lassen, einmal anschneiden und mit dem entstandenen Bratensaft beträufeln. Polentawürfel darüberstreuen, die Gänsestopfleber anrichten und mit dem Dressing aus Champagneressig, Öl und Honig beträufeln. Mit Kartoffelchips, Petersilie und Kapuzinerblüten garnieren.

*Salat von marinierter Entenbrust
mit Parmaschinken*

Salat von bretonischem Hummer

Salat von der Étouffé-Taube

Salat von marinierter Entenbrust mit Parmaschinken und Basilikum-Pesto

Für 4 Personen

*4 schöne Barberie-Entenbrüste
2 EL Honig, 2 TL Salz
1 TL gehackte Rosmarin- und Thymianblätter
frisch gemahlener Pfeffer
1 EL Sojasauce, 3 EL Öl
8 Scheiben Parmaschinken
2 schöne Tomaten, 1 Chicorée
2 Handvoll gemischte Salatblätter aus
der großen Auswahl (Seite 40)
Adlon Spezial-Dressing (Rezept auf Seite 40)
Basilikumblätter und Kerbel zum Garnieren*

*Für das Pesto:
2 Bund Basilikum, 1 EL Pinienkerne
4 EL Olivenöl, extra vergine
30 g Parmesan
Salz, frisch gemahlener Pfeffer
etwas Champagneressig und Zitrone*

Die Entenbrüste waschen und trockentupfen. Honig, Salz, Kräuter, Pfeffer, Sojasauce und 2 EL Öl verrühren, und die Brüste damit bestreichen. 3 bis 4 Stunden marinieren, dann unter dem heißen Grill auf beiden Seiten kurz anbraten und im 80 °C warmen Ofen in etwa 40 Minuten garen. Herausnehmen und kurz ruhenlassen.

Parmaschinken im restlichen Öl kroß braten. Tomaten häuten, halbieren, entkernen und längs in dünne Streifen schneiden. Chicorée entblättern.

Salat mit dem Dressing marinieren und auf vier Tellern in der Mitte ein Salatbouquet anrichten. Die Chicoréeblätter rundherum in das Bouquet stecken, die Tomatenspalten und den Parmaschinken darauf verteilen. Mit Vinaigrette beträufeln.

Die Entenbrüste in Scheiben schneiden, auf dem Salat anrichten und etwas vom entstandenen Bratensaft darüberträufeln. Mit Basilikum und Kerbel garnieren.

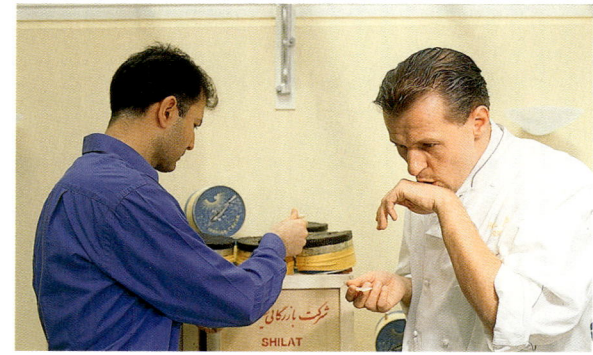

Karlheinz Hauser probiert Kaviar bei Imperial Berlin

Lachs-Kaviar-Terrine

Lachs-Kaviar-Terrine mit Thaispargel und feiner Kräutersauce

Für 10 – 12 Personen

Für das Weisswein-Fisch-Gelee:
*1 kg Seezungen- und Steinbuttkarkassen
200 g Wurzelgemüse, 100 g Fenchel
10 g Butter, 1/2 l Weißwein
100 ml Noilly Prat, 1 Zitrone, 1 Tomate
100 g Kräuterstiele, 20 g Meersalz
Essigessenz, 14 weiße Gelatineblätter pro Liter*

Für die Terrine:
*4 Bund Dill, 600 g Lachsfilet
200 g blanchierter Thaispargel
100 g Sevruga-Kaviar, 100 g Räucherlachs
100 ml fertige Champagnersauce
3 Gelatineblätter
Salz, frisch gemahlener Pfeffer
etwas Zitronensaft und Noilly Prat*

*150 g geschlagene Sahne, 2 Möhren
1 kleine Sellerieknolle, 1 Lauchstange*

Für die Kräutersauce:
*je 1 Bund Basilikum, Dill und Kerbel
200 ml Crème fraîche, 50 g Mayonnaise
Salz, frisch gemahlener Pfeffer
etwas Zitronensaft*

Für das Fischgelee die Fischkarkassen 1 Stunde wässern. Gemüse putzen, klein schneiden und in Butter anschwitzen. Mit Weißwein und Noilly Prat ablöschen. Zitrone, Tomate und Kräuterstiele dazugeben, mit Salz und Essigessenz würzen und mit Wasser bedecken. Etwa 2 Stunden köcheln lassen, dann durch ein Sieb gießen und pro Liter 14 eingeweichte Gelatineblätter unterrühren.

Den Dill fein hacken und auf ein mit Klarsichtfolie ausgelegtes Tablett verteilen. Mit etwa 2 bis 3 mm Fischgelee begießen und kalt stellen. Den frischen Lachs in 1 cm dicke Scheiben schneiden, über etwas Fischfond kurz dämpfen und kalt stellen.

Die Terrinenform mit dem Dillgelee auskleiden, mit Lachsscheiben belegen (eine Lachsschicht aufbewahren), den Spargel darauf verteilen und mit Gelee begießen. Sobald die Schicht fest ist, etwas Gelee mit Kaviar vermischen und 1 cm hoch darüber verteilen.

Räucherlachs mit Champagnersauce fein pürieren, durch ein Sieb streichen, über einem Wasserbad auf 30 °C erwärmen, abschmecken und die eingeweichte Gelatine und die Sahne unterheben. 1 cm dick auf der erstarrten Geleeschicht verteilen.

Das geputzte, in Würfel geschnittene und blanchierte Gemüse darüber streuen und wieder mit Gelee begießen. Mit dem restlichen pochierten Lachs bedecken und mit Dillgelee übergießen. 2 bis 3 Stunden im Kühlschrank erstarren lassen.

Für die Kräutersauce die Zutaten im Mixer pürieren und würzen.

KARLHEINZ HAUSER

Im Adlon wird ausschließlich iranischer Kaviar von Shilat serviert, den ich persönlich ein- bis zweimal pro Woche bei der Firma Imperial in Berlin auswähle.
Unsere Räucherlachsprodukte werden speziell für das Adlon von Ilana Kaplan geräuchert, einer Enkelin von Filip Kaplan, dem Hoflieferanten des russischen Zaren Nikolai, der damals als ›Lachskönig von Riga‹ berühmt war. Sie verwendet nur erstklassige Lachse aus Irland, die einen geringen Fettgehalt von lediglich 8 Prozent haben. Frau Kaplan räuchert ihre Produkte in einem in Lettland erfundenen Räucherofen, den sie mit einem speziellen Hartholz beheizt. Nur Wasser, Rauch und Salz kommen mit den Fischen in Berührung.

ADLON RÄUCHERLACHS

Die Räucherlachsrückenfilets werden in 1 cm dicke Scheiben geschnitten, mit Imperial-Kaviar, Crème fraîche, Schnittlauch und Dill, Rösti und Blini, wie auf dem Foto zu sehen, angerichtet.

Räucherlachs und Rückenfilet mit Rösti, Blini und Imperial-Kaviar

Doppelter Tea vom Kalb mit Osietra-Kaviar

Für 4 Personen

*1,8 kg Kalbswade,
250 g Suppengrün
1 mittelgroße Zwiebel
1 Bund glatte Petersilie
110 g schwarze Pfefferkörner
15 g Salz, 280 ml Wasser*

Für den zweiten Ansatz:
*500 g Kalbfleisch
2 EL gehacktes Suppengrün
2 Eiweiß, 1 Bund Petersilie*

Ausserdem:
*100 g Crème fraîche
100 g Osietra-Kaviar
einige Kräuterblüten zum Garnieren*

Das Kalbfleisch durch die große Scheibe eines Fleischwolfs drehen und mit dem gewaschenen und kleingeschnittenen Suppengrün, der geschälten und in Stücke geschnittenen Zwiebel, der feingehackten Petersilie, Pfefferkörnern, Salz und Wasser vermischen und in zwei Einmachgläser füllen.

In einen mit Wasser gefüllten Topf ein Gitter legen und die Gläser darauf stellen. Bei schwacher Hitze etwa 2 Stunden köcheln, dann 3 bis 4 Stunden durchziehen lassen. Den entstandenen Fleischsaft durch ein Sieb passieren und kühl stellen.

Das Fleisch für den zweiten Ansatz mit dem Suppengrün durch den Fleischwolf drehen, mit Eiweiß und gehackter Petersilie vermengen und in einen Topf geben. Den vorher eisgekühlten Kalbssaft darauf geben und unter Rühren bei schwacher Hitze etwa 30 Minuten damit klären. Dann etwa 2 bis 3 Stunden ziehen lassen, durch ein Sieb passieren. Den glasklaren Saft kühl gestellt in Tassen gelieren lassen und mit Crème fraîche und Kaviar servieren. Mit Kräuterblüten dekorieren.

Kalte Melonensuppe mit Ginger-Ale und Thunfischröllchen

Für 4 Personen

*4 schöne Charentais-Melonen
300 g Melonenfruchtfleisch
100 g weißes Pfirsichsorbet
100 ml Ginger-Ale
100 ml Tonic Water
100 ml frisch gepreßter
Möhrensaft
Salz
frisch gemahlener Pfeffer
etwas frisch gepreßter
Zitronensaft*

Für die Thunfischröllchen:
*200 g frisches Thunfischfilet
1 EL gelbe Currypaste
30 g schwarze Sesampaste
einige Basilikumstengel
1 Bund Schnittlauch*

Von den Melonen einen Deckel abschneiden. Die Kerne und das Fruchtfleisch herauslösen. 300 g Fruchtfleisch mit Pfirsichsorbet, Ginger-Ale, Tonic Water und Möhrensaft im Mixer rasch pürieren.

Mit Salz, Pfeffer und Zitronensaft würzig abschmecken und über einer Schüssel mit Eiswürfeln kalt rühren. Dann in die Melonen füllen und kalt stellen.

Für die Röllchen den Thunfisch in hauchdünne rechteckige Scheiben schneiden. Erst mit der Curry-, dann mit der Sesampaste bestreichen, mit abgezupften Basilikumblättern belegen und ein wenig salzen. Aufrollen und mit einem Schnittlauchröllchen zu einem Päckchen verschnüren.

Die Thunfischröllchen zu der eiskalten Melonensuppe servieren.

KARLHEINZ HAUSER
Diese Suppe schmeckt auch ausgezeichnet mit jungen, zarten Karotten zubereitet, die man anstelle der Melonen verwendet.

Weißer Tomatenschaum mit Krebsen, doppelter Tea vom Kalb und kalte Melonensuppe

Weisser Tomatenschaum mit Krebsen und Lavendelblüten

Für 4 Personen

20 vollreife Tomaten
1 Knoblauchzehe
2 EL Salz
frisch gemahlener weißer Pfeffer
100 g Tomaten aus der Dose
2 cl Gin
200 ml Hühnerbrühe
2 weiße Gelatineblätter
300 g Crème double
50 ml Crème fraîche
etwas Zitronensaft
1 Fleischtomate
16 ausgelöste, gegarte Krebsschwänze
4 Lavendelzweige mit Blüten

Tomaten waschen, in Stücke schneiden und mit der geschälten Knoblauchzehe, Salz, Pfeffer, Dosentomaten, Gin und Hühnerbrühe im Mixer fein pürieren. Ein Sieb mit einem Tuch auslegen und, am besten über Nacht, die abtropfende Flüssigkeit auffangen. Kurz aufkochen und die kalt eingeweichten Gelatineblätter darin auflösen.

Dann über einer Schüssel mit Eiswürfel kalt und schaumig schlagen. Crème fraîche und Crème double dazugeben und zu einer lockeren, schaumigen Suppe aufschlagen.

Noch einmal würzig mit Salz, Pfeffer und Zitronensaft abschmecken und auf vier tiefe Teller verteilen.

Die Tomaten blanchieren, häuten, halbieren und entkernen. Die Hälften in schmale Streifen schneiden.

Die Suppe mit den ausgelösten Krebsschwänzen, den Scheren, den Tomatenstreifen und den Lavendelblüten garnieren.

Aufgeschäumtes Krebssüppchen

AUFGESCHÄUMTES KREBSSÜPPCHEN AUF ERBSENROYALE

Für 8 Personen

*1 kg Krebskarkassen, 4 EL Öl
100 g Staudensellerie, 150 g Möhren
100 g Lauch, 6 Schalotten, 3 Tomaten
2 Knoblauchzehen, 20 g Butter
einige Basilikum- und Dillzweige
1 Lorbeerblatt, Salz, gemahlener Pfeffer
60 g Tomatenmark, 20 g Ketchup
4 cl Cognac, 1/4 l Weißwein, 1 cl Noilly Prat
1 1/2 l Fischfond, 1/2 l Sahne,
3 EL Crème fraîche, 200 g Butter; 100 g Mehl
Cayennepfeffer, etwas Zitronensaft*

*FÜR DIE ERBSENROYALE:
200 g frische Erbsen, 100 ml Sahne, 2 Eigelb
Salz, frisch gemahlener Pfeffer
Rosmarinzweige zum Garnieren*

Karkassen waschen und gut abgetropft im heißen Öl scharf anbraten. Gemüse putzen, klein schneiden und in Butter anschwitzen. Kräuter hinzufügen, salzen und pfeffern und Tomatenmark und Ketchup unterrühren. Die angebratenen Karkassen dazugeben, mit Cognac flambieren und einkochen lassen. Mit Weißwein und Noilly Prat ablöschen und erneut einkochen lassen. Mit Fischfond aufgießen und 3 bis 4 Stunden köcheln lassen. Von der Kochplatte ziehen und Sahne und Crème fraîche dazugeben. Kurz aufkochen lassen und durch ein feines Sieb passieren.

Butter und Mehl verkneten und mit dem Stabmixer unter die Suppe mischen. Aufkochen lassen und mit Cayennepfeffer und Zitrone würzig abschmecken.

Für die Royale die Erbsen fein pürieren, alle Zutaten mixen, in Tassen gießen und im 160 °C heißen Ofen 15 Minuten stocken lassen. Krebsschwänze auf Rosmarinzweige und in die Royale stecken. Krebssuppe mit dem Stabmixer aufschäumen und darübergießen.

Essenz von Stubenküken mit Zitronengras und Koriander

Für 4 Personen

4 Stubenküken
6 Zitronengrasstengel
1 Bund Suppengrün
Salz, frisch gemahlener Pfeffer
40 ml Chili-Chicken-Sauce
50 ml Sojasauce, Dayong
100 g Hähnchenbrustfleisch
4 Blätter Spring-Roll-Pastry
1 Bund Schnittlauch, 2 EL Öl
je 50 g Kohlrabi, Möhre und
gelbe und grüne Zucchini
1 kleine Dose asiatische Strohpilze
einige frische Korianderzweige
30 g fertige Geflügelfarce

Von den Stubenküken die Brüste und die Keulen auslösen. Die Knochen von Brust und Keulen herauslösen und mit dem restlichen Knochengerüst und 2 Zitronengrasstengeln, Suppengrün, Salz, Pfeffer und den Würzsaucen in einen Topf geben und zum Kochen bringen. Bei schwacher Hitze 3 bis 4 Stunden köcheln lassen, dann durch ein Sieb passieren und, falls nötig, klären.

Inzwischen das Hähnchenbrustfleisch fein pürieren, mit Salz, Pfeffer und Dayong würzen und in die ausgelösten Keulen füllen. Etwa 10 Minuten in kochendem Salzwasser pochieren. Dann den fehlenden Knochen durch einen Zitronengrasstengel ersetzen. Jede Keule mit einem mit der Geflügelfarce bestrichenen Teigblatt umhüllen und mit Schnittlauch zubinden. Keulen und Brüste im Öl kroß braten.

Gemüse blattförmig schneiden, blanchieren und mit den halbierten und ebenfalls erhitzten Strohpilzen in Suppentellern anrichten. Die Kükenbrüste dazugeben, mit der Hühneressenz begießen und mit frischem Koriander garnieren. Keulen getrennt dazu reichen.

Essenz von Stubenküken

LASAGNE MIT WILDLACHS UND JAKOBSMUSCHELN AUF ORANGENBUTTER

Für 4 Personen

FÜR DEN NUDELTEIG:
400 g Hartweizengrieß
600 g Mehl, 8 Eigelb
1/8 l Olivenöl, Salz
1 Packung fertige, bunte Nudelblätter

FÜR DIE FÜLLUNG:
600 g Wildlachsfilet
12 frische, ausgelöste Jakobsmuscheln
4 EL Olivenöl
Salz, frisch gemahlener weißer Pfeffer
500 g Spinatblätter
2 Fleischtomaten

FÜR DIE ORANGENBUTTER:
6 cl Weißwein, 2 cl Noilly Prat
400 ml Fischfond, 200 g Butter
Zitronensaft, Salz, 1 Orange
8 kleine Basilikumblätter
10 Pfefferkörner
Kräuterblätter zum Garnieren

Die Teigzutaten in eine Küchenmaschine geben und zu einem glatten, festen Nudelteig verkneten. Mit Öl bestreichen und etwa 15 Minuten ruhenlassen. Dann auf einer bemehlten Arbeitsfläche dünn ausrollen und Kreise von 12 cm Durchmesser ausschneiden.

Die Nudelblätter sowie die fertigen Nudelplatten etwa 3 Minuten in siedendem Salzwasser kochen, dann herausnehmen, kalt abschrecken und abtrocknen. Die bunten Nudelplatten ebenfalls rund mit einem Durchmesser von 12 cm ausstechen.

Den Lachs in gut 1/2 cm dicke Scheiben schneiden und wie die Nudelplatten rund ausstechen. Die Jakobsmuscheln quer halbieren. Olivenöl in einer beschichteten Pfanne erhitzen und erst die Lachsscheiben, dann die Jakobsmuscheln kurz anbraten. Beides muß innen noch roh sein. Die Spinatblätter verlesen, waschen und in einem Topf zusammenfallen lassen. Mit Salz und Pfeffer würzen.

Die Fleischtomaten kurz blanchieren, häuten, halbieren und entkernen. Die Hälften in kleine Würfel schneiden. Den Backofen auf 190 °C vorheizen.

Am besten schichtet man die Lasagne in einem Kunststoffring (12 cm Durchmesser) übereinander, damit nichts auseinanderfällt. Den Ring auf ein Backblech legen und als erstes ein Nudelblatt hineinlegen. Darauf kommt abwechselnd etwas Spinat, eine Lachsscheibe, wieder ein Nudelblatt und kreisförmig angeordnet 5 Jakobsmuschelhälften. Darüber legt man wieder ein Nudelblatt, Spinat und Lachs und bedeckt alles mit einem bunten Nudelblatt.

Nun den Ring abheben und das obere Nudelblatt mit etwas Olivenöl bestreichen. Das Backblech in den heißen Backofen schieben. 6 bis 8 Minuten garen lassen.

Für die Orangenbutter Weißwein, Noilly Prat und Fischfond auf ein Drittel einkochen lassen. Die Butter in kleinen Stückchen mit dem Stabmixer untermischen. Nicht mehr kochen lassen. Mit Zitronensaft und Salz würzen. Die Orange schälen, filetieren, und die Fruchtfilets in kleine Stücke schneiden. Die Basilikumblätter in feine Streifen schneiden und mit den Pfefferkörnern unter die Sauce rühren. Gut durchziehen lassen.

Die Tomatenwürfel und die restlichen Jakobsmuscheln erwärmen und um die Lasagne verteilen. Mit der Orangenbuttersauce beträufeln und mit Kräuterblättern garnieren.

KARLHEINZ HAUSER
Wir bereiten die farbigen Nudelblätter selbst zu. Dazu teilen wir den Teig in vier Teile und färben drei Teile mit Gemüsepüree und einen Teil mit der Sepiatinte.

Gratinierte Steinpilz-Cannelloni auf Rahmspinat

Für 4–6 Personen

Für den Nudelteig:
*600 g Mehl
200 g Hartweizengrieß
200 g Polenta (Maisgrieß)
10 Eigelb, 3 Eier
100 ml Olivenöl, Salz*

Für die Füllung:
*200 g Hähnchenbrustfleisch
500 g Steinpilze
2 Schalotten
1 kleine Knoblauchzehe
2 EL Olivenöl
2 Bund Petersilie
Salz, frisch gemahlener Pfeffer
Saft von ½ Zitrone
80 g Toastbrot, 50 g Butter
2–3 EL Sahne
100 ml Geflügelfond
20 g gemahlene getrocknete Steinpilze
3–4 EL frisch geriebener Parmesan*

Für den Rahmspinat:
*500 g Spinatblätter
1 mittelgroße Zwiebel
20 g Butter
Salz, frisch geriebene Muskatnuß
100 ml geschlagene Sahne*

Für die Sauce:
*300 ml Steinpilzfond
30 g Kerbel, 60 g Butter
Salz, frisch gemahlener Pfeffer
etwas Zitronensaft*

Für den Nudelteig Mehl, Grieß und Polenta mit den übrigen Zutaten mit den Knethaken eines Handrührgerätes zu einem glatten Teig verkneten. Mit einer Nudelmaschine in 12 cm lange und 8 cm breite Streifen ausrollen.

In reichlich kochendem Salzwasser in wenigen Minuten al dente kochen. Mit einem Schaumlöffel herausheben und auf Tüchern ausbreiten.

Für die Füllung das Hähnchenfleisch in einem elektrischen Zerhacker zu einer feinen Farce verarbeiten.

Die Steinpilze putzen und in Würfel schneiden. Schalotten und Knoblauch schälen, ebenfalls in kleine Würfel schneiden und in Olivenöl glasig braten. Dann die Pilze und die Hälfte der gehackten Petersilie dazugeben. Mit Salz, Pfeffer und Zitronensaft würzen.

Das Toastbrot in Würfel schneiden und in der aufgeschäumten Butter goldbraun braten. Abkühlen lassen, dann mit den Pilzen und der Geflügelfarce vermischen, noch mal würzen und, falls nötig, mit etwas Sahne verdünnen.

Den Backofen auf 200 °C vorheizen. Inzwischen die Farce auf die Nudelblätter streichen, aufrollen und nebeneinander in eine gefettete feuerfeste, halbhohe Auflaufform schichten. Geflügelfond mit Steinpilzpulver verquirlen und darübergießen. Mit Parmesan bestreuen und im heißen Backofen, wenn möglich mit Oberhitze, in 15 bis 20 Minuten überbacken.

Für den Rahmspinat die Spinatblätter verlesen, waschen und gut abgetropft in einem Topf zusammenfallen lassen. Kurz im Mixer nicht zu fein pürieren, dann ausdrücken. Die Zwiebel schälen, in kleine Würfel schneiden und in Butter anschwitzen. Den Spinat dazugeben, kurz durchschwenken, mit Salz und Muskat würzen und zum Schluß die geschlagene Sahne unterziehen.

Für die Sauce den Steinpilzfond auf ein Drittel einkochen lassen. Die Kerbelblätter hacken und mit der kalten Butter in kleinen Stückchen langsam unter die Flüssigkeit schlagen. Von der Kochplatte nehmen und mit Salz, Pfeffer und Zitronensaft würzig abschmecken.

Auf vorgewärmten Tellern in die Mitte etwas Rahmspinat geben, die Cannelloni darauf anrichten und mit der Sauce umgießen.

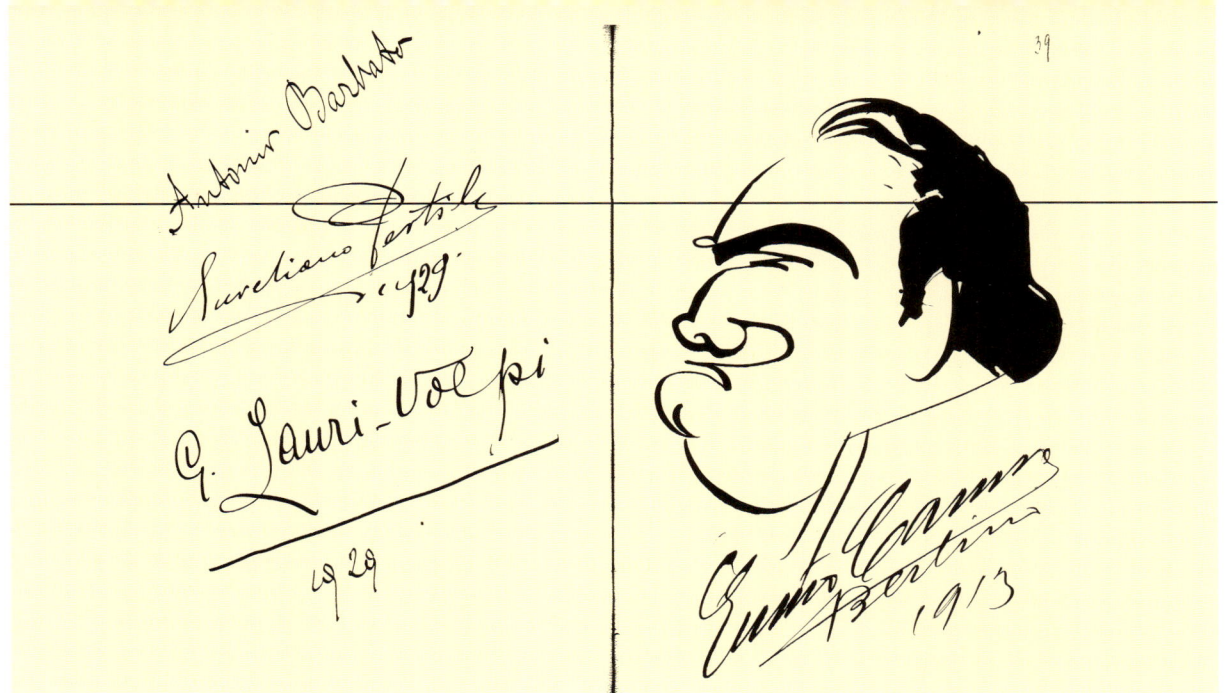

*Enrico Caruso reiste 1913 mit eigenem Pastakoch an.
Rechts sein Eintrag im Adlon-Gästebuch mit eigenhändiger Zeichnung*

Pappardelle mit Pfifferlingsgulasch

Für 4 Personen

FÜR DEN NUDELTEIG:
*400 g Hartweizengrieß
600 g Mehl
8 Eigelb, 4 Eier
1/8 l Olivenöl, Salz*

FÜR DAS PFIFFERLINGSGULASCH:
*500 g kleine Pfifferlinge
200 ml Hühnerbrühe
30 g Rosenpaprika
5 g Pfeffer
120 g in Scheiben geschnittene Zwiebeln
Salz, etwas Zitronensaft
50 g Butter
2 EL frisch gehackte Petersilie
30 g Mehl, 50 ml Sahne
1 EL feingehackte Kapern
2 EL Crème fraîche
1/2 Bund Kerbel
1 Fleischtomate (gehäutet, entkernt und
in Streifen geschnitten)*

Hartweizengrieß, Mehl, Eigelb, Eier, Olivenöl und Salz in eine Küchenmaschine geben und zu einem glatten Teig verkneten. Zu einer Kugel formen, mit etwas Öl bestreichen und ruhen lassen.

Anschließend mit Hilfe einer Nudelmaschine in dünne Platten ausrollen und mit einem gezackten Teigrädchen in 2 cm breite und 12 cm lange Streifen schneiden. Auf ein mit Hartweizengrieß ausgestreutes Blech legen und antrocknen lassen.

Inzwischen die Pilze putzen und, falls nötig, halbieren oder vierteln.

Hühnerbrühe mit Rosenpaprika, reichlich Pfeffer, Zwiebelscheiben, Salz und Zitronensaft auf die Hälfte einkochen lassen.

Die Pfifferlinge in 30 g aufgeschäumter Butter anschwitzen und mit Salz, Pfeffer und Zitronensaft würzen. Die Petersilie untermischen, dann den reduzierten Paprikafond durch ein Sieb dazugießen und kurz aufkochen lassen.

Mehl und Sahne verrühren, unter die Pilze rühren und gut durchkochen lassen. Zum Schluß mit den gehackten Kapern und Crème fraîche verfeinern.

Die Pappardelle in reichlich kochendem Salzwasser in wenigen Minuten al dente kochen. Auf einem Durchschlag abtropfen lassen und in der restlichen Butter kurz schwenken.

Das Pfifferlingsgulasch auf tiefe Teller verteilen, die Nudeln darübergeben und mit Kerbel und Tomatenfilets garnieren.

Asia-Nudeln

Für 4 Personen

FÜR DIE SAUCE:
150 ml Oystersauce
75 ml Chili-Chicken-Sauce
60 ml Pflaumensauce
4 g Dayong, 1 TL Sesamöl
150 ml Geflügelbrühe
1 EL Ketjap-Manis-Sojasauce, 1 EL Reisessig
Salz, 5 g gekörnte Brühe
50 g Möhren, 50 g Stangensellerie
60 g Schalotten, 50 g Zuckerschoten
60 g Champignons, 3 EL Öl

AUSSERDEM:
300 g japanische Eiernudeln
1/2 Bund frischer Koriander
10 g frisch geriebener Ingwer

Die Saucen und die Gewürze genau abwiegen und miteinander verrühren.

Die Gemüse putzen. Möhren und Sellerie in feine Streifen schneiden, die geschälten Schalotten und die Champignons vierteln, die Zuckerschoten ganz lassen. Das Öl in einer tiefen Pfanne erhitzen, und die Gemüsesorten darin scharf anbraten. Von der Kochplatte nehmen, das Bratfett abgießen und die vorbereitete Saucenmischung dazugießen. Kurz durchschwenken.

Salzwasser zum Kochen bringen, die Eiernudeln hineingeben und kurz aufkochen lassen. Auf ein Sieb schütten, kalt abbrausen und abtropfen lassen, unter die Sauce mischen und durchschwenken.

Koriander hacken und mit dem Ingwer unter das Nudelgericht mischen. Nicht mehr kochen lassen.

KARLHEINZ HAUSER

Im Adlon belege ich die Asia-Nudeln mit saftig gebratener Taubenbrust. Dazu bestreiche ich die Taubenbrüste mit Hoisin-Sauce, brate sie und belege damit das würzige Nudelgericht. Meistens kennt man Nudelgerichte aus Italien – aber weit gefehlt: Auch die Asiaten essen nicht nur Reis. Nudeln sind ein fester Bestandteil der asiatischen Küche.

Die Nudelvielfalt in Fernost ist groß, und mittlerweile gibt es einige Sorten auch bei uns zu kaufen.

Sie sehen nicht nur ein wenig anders aus als die europäischen Nudeln, sie schmecken auch etwas anders. Der Grund sind die Getreidearten, aus denen sie gemacht sind: Soja, Buchweizen und Reis. Manche Nudeln bestehen auch aus Mischungen dieser Mehle. Die japanischen Eiernudeln beispielsweise sind aus Buchweizenmehl und Weizenmehl oder einer Mischung aus Yamswurzel und Weizenmehl gemacht. Der Vorteil dieser Nudeln ist, daß sie im Nu gar sind.

Meine persönlichen Rezeptkreationen mit Asia-Nudeln sind im Adlon sehr beliebt. Probieren Sie es doch auch mal zu Hause – es geht ganz einfach. Aber beim Einkauf ist es wichtig, die richtigen Zutaten auszuwählen, so ist zum Beispiel die richtige Oystersauce für den Wohlgeschmack des Gerichts ausschlaggebend; ich verwende eine dicke Sauce. Und die Sojasauce sollte eher lieblich sein, wie z. B. die Ketjap Manis.

Wir beziehen unsere Asia-Zutaten ausschließlich bei Bos Food in Düsseldorf, die über ein Sortiment von 200 bis 300 verschiedenen Produkten verfügen.

Rechts auf dem Foto sehen Sie die Asia-Nudeln, angerichtet im fernöstlichen Ambiente der Präsidentensuite.

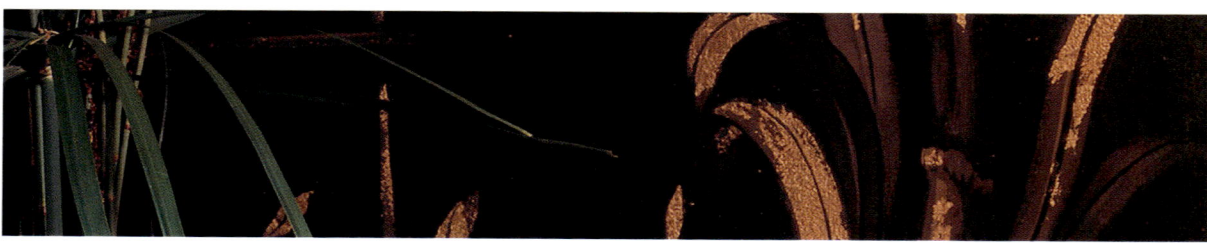

Provenzalische Gemüsetarte

Für 2 große Tartes (Durchmesser 28 cm)

3 gelbe Zucchini
3 grüne Zucchini
3 mittelgroße Auberginen
etwa 100 g Mehl zum Bestäuben
etwa 200 ml Olivenöl zum Braten
Salz
frisch gemahlener Pfeffer
3 frische Thymianzweige
5 große vollreife Tomaten
500 g Blätterteig
1 kg getrocknete Hülsenfrüchte
200 ml Tomatensauce
100 g Tomatenwürfel

FÜR DIE GARNITUR:
10 Kirschtomaten am Zweig
4 Zuckerschoten
4 kleine Artischocken
etwas Zitronensaft
4–6 grüne Pâtissons
2–3 EL Ratatouille
jeweils einige Salbei-, Rosmarin- und Thymianzweige

Zucchini und Auberginen waschen, abtrocknen und in gleichmäßig dicke Scheiben schneiden und in Mehl wenden.

In einer beschichteten Pfanne immer etwas Olivenöl erhitzen und nacheinander die Gemüsescheiben goldgelb braten. Dabei jeweils mit Salz und Pfeffer würzen und mit der Hälfte der abgezupften und fein gehackten Thymianblätter bestreuen. Die Gemüsescheiben auf ein Gitter legen und abtropfen lassen.

Den Backofen auf 180°C vorheizen. Die Tomaten in Scheiben schneiden, nebeneinander auf ein Backblech legen, mit etwas Olivenöl beträufeln und im heißen Backofen wenige Minuten erhitzen. Dann ebenfalls auf einem Gitter abtropfen lassen.

Die Backofentemperatur anschließend auf 210°C erhöhen.

Zwei runde Tarteformen (28 cm Durchmesser) mit Öl ausfetten.

Den Blätterteig ausrollen und zwei Kreise im Durchmesser von 32 cm ausschneiden. Die Teigplatten in die gefetteten Tarteformen legen, und die Hülsenfrüchte darauf verteilen.

Etwa 20 Minuten im Backofen blind backen. Dann herausnehmen, die Hülsenfrüchte wieder entfernen und die vorgebackene Tarte mit den Gemüsesorten belegen.

Als erstes die Böden dünn mit der Tomatensauce bestreichen. Dann von außen angefangen kreisförmig abwechselnd mit den gelben und grünen Zucchini- und den Auberginenscheiben belegen. Als nächstes folgt ein Ring mit Tomatenscheiben, dann wieder Zucchini und Auberginen. Zum Schluß die Tomatenwürfel darüber verteilen und mit dem restlichen fein gehackten Thymian bestreuen. Im heißen Backofen in 4 bis 5 Minuten fertigbacken.

Zum Garnieren die Kirschtomaten mit den Zweigen für einige Sekunden in heißes Fritieröl tauchen. Bei den Zuckerschoten die Enden abknipsen und ebenfalls im heißen Fett ausbacken.

Von den Artischocken die harten Blätter abschneiden, die Artischocken halbieren, das Heu entfernen und die Schnittflächen sofort mit Zitronensaft abreiben. Im heißen Fett goldgelb fritieren.

Die Pâtissons im ganzen blanchieren, mit einem Löffel aushöhlen und mit Ratatouille füllen. Die Tarte mit den Gemüsen und den Kräuterzweigen garniert servieren.

Karlheinz Hauser
Wir beziehen unsere Mini- und Spezialgemüse direkt aus den Markthallen in Frankreich über die Firma Nideco Halles. Diese Firma beliefert alle Feinkosthäuser Europas, wie Harrods, Feinkost-Käfer, Galeries Lafayette und KaDeWe.

Provenzalische Gemüsetarte

Minigemüse aus Frankreich

SEEZUNGE MIT GESCHMORTEM CHICORÉE UND SAUVIGNON-BLANC-SAUCE

Für 4 Personen

FÜR DEN GESCHMORTEN CHICORÉE:
4 schöne Chicorées
2 EL Portwein
Salz, frisch gemahlener Pfeffer
200 ml Geflügelfond
Saft von 1 Zitrone
40 g Butter
20 g Puderzucker
1 Thymianzweig
100 g Gemüsewürfel
(Möhre, Sellerie
und grüne Zucchini)

FÜR DIE SAUVIGNON-BLANC-SAUCE:
50 g Champignons
100 g Schalotten
10 Pfefferkörner
1 Thymianzweig
Meersalz, 20 g Butter
1/2 l kräftiger Sauvignon blanc
1/2 l Fischfond
1/4 l Crème double
100 ml Sahne
50 g Süßrahmbutter
Salz, frisch gemahlener weißer Pfeffer
Cayennepfeffer
Saft von 1/2 Zitrone

FÜR DIE GEBRATENE SEEZUNGE:
4 küchenfertige Seezungen (enthäutet
und pariert) von je 400–500 g
Salz, frisch gemahlener Pfeffer
Mehl zum Wenden
50 g geklärte Butter
20 g französische Butter
1 Zitrone
1 Bund glatte Petersilie

BEILAGE:
in Bierteig gebackene Spargelkörbchen,
gefüllt mit Polenta

Die Chicorée der Länge nach halbieren und mit Portwein beträufeln. Salzen und pfeffern und in einen kochfesten Plastikbeutel geben. Geflügelfond und Zitronensaft dazugießen, gut verschließen und in kochendem Wasser 6 bis 8 Minuten köcheln lassen. Anschließend in Eiswasser abschrecken, die Chicorées herausnehmen und den Strunk herausschneiden, die Flüssigkeit aufbewahren.

Butter mit Puderzucker in einem flachen Topf goldgelb karamelisieren lassen, Thymianzweig und Gemüsewürfel dazugeben und kurz anschwitzen. Die Chicoréehälften darauf legen und mit der Marinierflüssigkeit begießen. Zugedeckt im 220 °C heißen Backofen 20 bis 25 Minuten schmoren.

Für die Sauce die geputzten Champignons und die geschälten Schalotten in kleine Würfel schneiden und mit den Aromaten in der Butter anschwitzen. Mit Sauvignon ablöschen und völlig einkochen lassen. Dann mit Fischfond aufgießen und um die Hälfte einkochen lassen. Nun die Crème double und die Sahne dazugießen und kurz durchkochen lassen. Mit Hilfe eines Stabmixers kräftig durchmixen und dabei die Butter in kleinen Stücken dazugeben. Mit Salz, Pfeffer und Cayennepfeffer würzen. Je nach Säuregehalt des Weins eventuell noch mit Zitrone abrunden.

Die Seezungen waschen, trockentupfen, mit Salz und Pfeffer würzen und in Mehl wenden.

Die geklärte Butter in zwei beschichteten Pfannen erhitzen, und die Seezungen darin auf jeder Seite 5 Minuten anbraten. Dann in weiteren 5 Minuten im heißen Ofen fertiggaren.

Das Bratfett abgießen, die Butter dazugeben und kurz durchschwenken. Die Zitrone schälen, filetieren und die Filets mit den abgezupften Petersilienblättern über die Seezungen verteilen.

Die Seezungen mit der Sauvignonsauce beträufeln und mit geschmortem Chicorée anrichten.

Gefüllte Rotbarbe mit provenzalischem Gemüse, Olivenrelish und Pesto

Für 4 Personen

4 Rotbarben von je 300 g
8 Gambas (8/12)
6 Schalotten
je 2 gelbe und rote Paprikaschoten
3 kleine grüne Zucchini
1/2 l Olivenöl
60 g Tomatenmark
Salz
frisch gemahlener Pfeffer
etwas frisch geriebener Knoblauch
40 g schwarze Oliven

Für das Pesto:
100 g Basilikum
80 g frisch geriebener Parmesan
40 g Pinienkerne
10 g geschälte Knoblauchzehen
etwas Salz
1/4 l Olivenöl

Für die Garnitur:
80 g getrocknete in Öl eingelegte Tomaten

Die Rotbarben ausnehmen, schuppen und filetieren. Dabei darauf achten, daß die Filets am Schwanzende nicht durchgeschnitten werden. Die Bauchgräten mit einer Pinzette herausziehen.

Die Gambas aus der Schale brechen und mit Hilfe eines spitzen Messers den Darm herausziehen. Gambas und Fische kalt stellen.

Schalotten schälen, Paprikaschoten halbieren, die Stengelansätze und die Kerne entfernen und die Zucchini waschen. Alles in kleine Würfel schneiden.

Etwa die Hälfte des Olivenöls in einem Schmortopf erhitzen und die Gemüse darin anbraten. Das Tomatenmark unterrühren, kräftig anschwitzen, salzen und pfeffern und bei schwacher Hitze weich schmoren. Falls nötig, etwas Wasser hinzufügen.

Die Gambas mit Salz, Pfeffer und Knoblauch würzen und in 3 EL Olivenöl scharf anbraten. In kleine Stücke schneiden und unter das Ratatouille mischen. Abkühlen lassen.

Den Backofen auf 180 °C vorheizen. Die Rotbarben mit dem Ratatouille füllen und wieder zusammenklappen.

2 EL Olivenöl in eine längliche Form gießen, die Fische Kopf an Schwanz hineinlegen und im heißen Ofen garen.

Die Oliven entkernen und in kleine Würfel schneiden und mit dem restlichen Olivenöl im Mixer fein pürieren.

Für das Pesto die Basilikumblätter abzupfen. Einige schöne Blätter für die Garnitur beiseite legen. Die restlichen Blätter mit dem Parmesan, den Pinienkernen, den kleingeschnittenen Knoblauchzehen und Salz in einen Mörser geben. Mit dem Stößel zerreiben, dann unter Rühren mit einem Kochlöffel das Olivenöl dazugeben.

Die gegarten Rotbarben auf Tellern anrichten, die Olivencreme kreisförmig um die Fische verteilen, mit Pesto beträufeln und mit getrockneten Tomaten und Basilikumblättern garnieren.

Karlheinz Hauser

Rotbarben gibt es in großer Zahl im Mittelmeer, aber am aromatischsten sind sie aus dem Atlantik. Je größer die Fische sind, um so teurer sind sie, dafür sind sie aber auch ganz besonders schmackhaft.

Ich bereite Rotbarben immer mit provenzalischen Gemüsen wie Zucchini, Artischocken oder Paprika zu. Dazu paßt am besten Pesto jeglicher Art, aber auf keinen Fall eine Sahnesauce.

In Frankreich legt man Rotbarben häufig samt Innereien auf den Grill. Deshalb nennt man sie dort auch ›Schnepfen des Meeres‹.

Die Rotbarben kann man auch durch andere Fische ersetzen, zum Beispiel durch Doraden.

MITTAGS IM ADLON

Steinbutt auf Safran-Muschel-Ragout mit Auberginenröllchen

Für 4 Personen

*500 g Bouchot-Muscheln
oder Miesmuscheln
2 Schalotten
2 EL Olivenöl
1 Thymianzweig
1 Knoblauchzehe
3 Tomaten
1/2 l trockener, leichter Weißwein
5 g Safran, am besten persischer Red Gold
1/8 l gehaltvoller Weißwein
1 kleine Fenchelknolle
100 g französische Butter
Salz, frisch gemahlener Pfeffer
3 EL Olivenöl
1/2 Bund Dill
Saft von 1/2 Zitrone
4 schöne Steinbuttkoteletts von je 250 g*

FÜR DIE AUBERGINENRÖLLCHEN:
*2 große Auberginen, Salz
1 Bund Petersilie
1 Bund Basilikum
2 Knoblauchzehen
8 EL Olivenöl zum Braten
100 g frisch geriebener Parmesan
3–4 EL geriebenes, entrindetes Weißbrot
150 g Büffel-Mozzarella*

Die Muscheln unter fließendem Wasser säubern. Schalotten schälen, in Würfel schneiden und in Olivenöl glasig braten. Die Muscheln, Thymian und Knoblauch, Salz und 1 kleingeschnittene Tomate hinzufügen und mit Weißwein ablöschen. Zugedeckt 5 Minuten köcheln lassen, dann den Sud abgießen und aufbewahren, die Muscheln aus den Schalen lösen und beiseite legen.

Für die Sauce Safran mit dem Wein zum Kochen bringen und 10 Minuten ziehen lassen. Restliche Tomaten blanchieren, häuten, halbieren, entkernen und die Hälften in kleine Würfel schneiden. Fenchel putzen und ebenfalls in Würfel schneiden. Beides in 20 g Butter anschwitzen, die Muscheln dazugeben und mit Safranwein und Muschelfond aufgießen und etwas einkochen lassen.

In der Zwischenzeit die Steinbuttfilets mit Salz und Pfeffer würzen und in 40 g erhitzter Butter auf der Hautseite scharf anbraten. Dann wenden und im 160 °C heißen Ofen in etwa 10 bis 12 Minuten fertigbraten.

Das Olivenöl und die restliche Butter in kleinen Flöckchen unter das Muschelragout rühren und die Flüssigkeit damit binden. Auf keinen Fall mehr kochen lassen. Dann den feingeschnittenen Dill und den Zitronensaft unterrühren und, falls nötig, mit Salz und Pfeffer nachwürzen.

Für die Auberginenröllchen die Auberginen der Länge nach in etwa 1/2 cm dicke Scheiben schneiden, mit Salz bestreuen und übereinanderlegen. 30 Minuten ziehen lassen, dann mit Küchenpapier gut abtrocknen.

Petersilie, Basilikum und geschälte Knoblauchzehen fein hacken und in 2 EL Olivenöl andünsten, ohne Farbe nehmen zu lassen. Parmesan und Weißbrotbrösel unterrühren, vorsichtig salzen und die Paste gleichmäßig auf die Auberginenscheiben streichen.

Die Mozzarella in dünne Scheiben schneiden, auf die Paste legen und von der Querseite her zusammenrollen. Mit einem Zahnstocher feststecken.

Restliches Öl in einer beschichteten Pfanne erhitzen und die Röllchen darin rundherum goldbraun braten.

Das Ragout mit den gebratenen Steinbuttkoteletts auf Tellern anrichten und mit den Auberginenröllchen umlegen. Mit Fenchelgrün garnieren.

Die Röllchen sind nicht nur eine schmackhafte Beilage zu diesem Fischgericht, sondern schmecken auch solo als Antipasti oder als Snack zum Aperitif.

Pot-au-Feu von der Bresse-Poularde

Für 4 Personen

1 fleischige Bresse-Poularde, etwa 1,8 kg
1 Lauchstange, 4 Karotten
1 Petersilienwurzel, 100 g Knollensellerie
150 g Zwiebeln, 2 Safranfäden
2–3 l Wasser, Salz
100 g Maronen, 100 g Stangensellerie
150 g gekochte Kartoffeln
50 g Zuckerschoten, 50 g ausgepalte Erbsen
40 g schwarze, eingelegte Trüffel
4 Scheiben Gänsestopfleber, 2 EL Öl
frisch gemahlener Pfeffer
1/2 Bund gemischte Frühlingskräuter
2 kleine eingemachte schwarze Trüffeln

Die Poularde waschen und in einen großen Kochtopf legen. Lauch putzen, 2 Karotten, Petersilienwurzel und Knollensellerie schälen, und alles in kleine Stücke schneiden. Die Zwiebeln schälen und vierteln. Alles mit den Safranfäden in den Kochtopf geben und mit Wasser bedecken. Salzen und zum Kochen bringen. In 50 bis 60 Minuten weich kochen. Dann die Poularde aus dem Fond nehmen und vorsichtig Brust und Keulen auslösen. Diese enthäuten und entbeinen und mit den Knochen wieder zurück in die Brühe geben.

Maronen, Stangensellerie und restliche Karotten putzen, Kartoffeln schälen und im ganzen in die Brühe geben. Miteinander weich kochen.

Mit einem Schaumlöffel herausheben und die Gemüse in Scheiben schneiden. Von den Zuckerschoten die Enden abknipsen und gemeinsam mit den Erbsen in die Brühe geben. Ebenfalls bißfest garen. Erbsen und Zuckerschoten mit dem schon gegarten Gemüse in einen Topf geben.

Den Fond durch ein Sieb passieren und mit Trüffeljus und den feingehackten Trüffeln vermischen. Die Gänsestopfleber rasch auf beiden Seiten im heißen Öl braten und pfeffern.

Geflügelbrüste und Keulen halbieren und auf zwei Teller verteilen. Die Gemüse darübergeben und mit dem heißen Geflügelfond begießen. Mit der gebratenen Gänsestopfleber und den Trüffeln vollenden und mit den Kräutern garnieren.

Karlheinz Hauser
Dieser Geflügeltopf schmeckt nur dann so vorzüglich, wenn man die besten Zutaten nimmt. Wir beziehen unsere Geflügel über Rungis Express direkt aus der Bresse oder

Karlheinz Hauser und Stefan Burger bei der Auswahl von Trüffeln

Pot-au-Feu von der Bresse-Poularde

von der Firma Mieral im Elsaß. Gerade beim Geflügel ist es wichtig, sich auf den Lieferanten verlassen zu können, da die Fleischqualität einzig und allein von der Fütterung und der Aufzucht der Tiere abhängt.

Unsere Trüffeln kommen ausschließlich aus dem Périgord, und auch hier ist es wie bei allen exklusiven Zutaten, die wir im Adlon verwenden, notwendig, einen verläßlichen Lieferanten zu haben. Seit vielen Jahren beziehe ich deshalb die kostbaren schwarzen und weißen Schätze von meinem Freund Stefan Burger, der mit seiner Trüffelfirma La Bilancia in München viele Top-Restaurants Europas versorgt.

Damit wir auch in der trüffellosen Zeit dieses Spitzenprodukt verwenden können, kochen wir sie in der Hauptsaison, im Januar und Februar, in großen Mengen nach einer gründlichen Auswahl selbst ein.

Kalbsleber im Kräuternetz

Kalbsleber im Kräuternetz mit geschmorten Perlzwiebeln

Für 4 Personen

FÜR DIE LEBER IM KRÄUTERNETZ:
200 g Schweinenetz, 150 g Kalbfleisch
2–3 EL Sahne
Salz, frisch gemahlener weißer Pfeffer
Cayennepfeffer
100 g frisch gehackte Frühlingskräuter
8 Scheiben Kalbsleber
15 möglichst gleich große Perlzwiebeln
60 g Butter, etwas Zucker
1 EL roter Portwein, 200 ml Kalbsjus

FÜR DIE GEMÜSEBEILAGE:
8 kleine Kohlrabi
12 kleine Möhren (Fingermöhren)
16 junge Frühlingszwiebeln, Salz
30 g Butter

FÜR DAS KARTOFFELPÜREE:
4 mehligkochende Kartoffeln
100 ml Milch
50 g Butter
Salz, frisch gemahlener weißer Pfeffer
frisch geriebene Muskatnuß

FÜR DIE GEMÜSECHIPS:
1 kleine rote Bete
je 1 kleiner gelber und grüner Zucchino
1 kleine Möhre
4 Stangensellerieblätter
50 g Mehl
Öl zum Ausbacken

FÜR KARTOFFELKORB UND -GITTER:
4 festkochende Kartoffeln
3 EL geklärte Butter

Das Schweinenetz in reichlich kaltem Wasser einweichen.

Das Kalbfleisch durch den Fleischwolf drehen oder in einem Universalzerkleinerer mit der Sahne fein pürieren. Mit Salz, Pfeffer und Cayennepfeffer würzen und die Kräuter untermischen.

Das Schweinenetz aus dem Wasser nehmen, auf einem Tuch ausbreiten und trockentupfen. Dann so zurechtschneiden, daß man die Leberscheiben damit umhüllen kann. Jedes Schweinenetz dünn mit der Farce bestreichen, die Leberscheiben darauf legen und fest umhüllen. Kalt stellen.

Die Perlzwiebeln schälen. 30 g Butter in einer Sauteuse zerlassen, etwas Zucker hineinstreuen, karamelisieren lassen und die Zwiebeln darin anschwitzen. Mit Portwein ablöschen und mit Kalbsjus aufgießen. Zugedeckt im 180 °C heißen Backofen in wenigen Minuten weich schmoren.

Von den kleinen Kohlrabi den Deckel mit den zarten Blättern abschneiden, die Kohlrabi schälen und in kochendem Salzwasser blanchieren. In Eiswasser abschrecken und die Kohlrabi so aushöhlen, daß ein 1 cm dicker Rand übrigbleibt. Das ausgehöhlte Kohlrabifleisch in kleine Würfel schneiden und mit den gewürfelten Möhren und Frühlingszwiebeln in Salzwasser bißfest kochen. Herausnehmen und kurz vor dem Servieren in der aufgeschäumten Butter kurz durchschwenken und in die Kohlrabi füllen.

Für das Kartoffelpüree die Kartoffeln schälen, vierteln und in Salzwasser gar kochen. Das Kochwasser abschütten und die Kartoffeln etwa 5 Minuten ausdampfen lassen. Dann durch eine Presse drücken und die heiße Milch und die Butter in Flöckchen unterrühren. Mit Salz, Pfeffer und Muskat würzen.

Die rote Bete und die Möhre schälen, die Zucchini waschen und alles mit einer Aufschnittmaschine in dünne Scheiben schneiden. Diese und die Stangensellerieblätter leicht mit Mehl bestäuben. Reichlich Öl in einer Friteuse auf 170 °C erhitzen und die Gemüsescheiben darin kroß fritieren. Auf Küchenpapier abtropfen lassen und salzen.

Für den Kartoffelkorb 2 Kartoffeln schälen und in feine Streifen schneiden. In kaltes Wasser legen, dann fest ausdrücken und portionsweise in einen mit Butter ausgefetteten Netzbacklöffel füllen. In das 170 °C heiße Ausbackfett tauchen und knusprig backen. Dann auf ein Tuch stürzen und die weiteren Körbchen auf die gleiche Weise zubereiten.

Für das Kartoffelgitter die restlichen Kartoffeln schälen und in feine Julienne schneiden. Geklärte Butter in einer beschichteten Pfanne erhitzen, und die Kartoffelstreifen talerförmig flach in der Pfanne verteilen. Bei nicht zu großer Hitze goldbraun und knusprig braten. Dann auf ein Tuch stürzen und 1 bis 2 Stunden trocknen lassen. Auf diese Weise werden die Kartoffelgitter ganz steif.

Die Kalbsleberpäckchen in erhitzter Butter bei mäßiger Hitze auf beiden Seiten kurz braten. Auf Küchenpapier entfetten und auf vorgewärmten Tellern anrichten. Mit den Perlzwiebeln belegen und mit dem entstandenen Saft umgießen.

Die gefüllten Kohlrabi auf dem Teller mit anrichten. Das Kartoffelpüree mit Hilfe eines Spritzbeutels in die Kartoffelkörbchen spritzen, und das Gitter und die Gemüsechips hineinstecken.

Karlheinz Hauser
Um Kartoffeln oder auch andere Gemüse in feine Streifen zu schneiden, verwende ich am liebsten eine Julienne-Maschine (Le Roet), die man in gut geführten Fachgeschäften kaufen kann. Damit geht es natürlich wesentlich einfacher, und die Julienne werden auch gleichmäßiger als mit dem Messer.

ADLON-STUBE

Als Alternative zum Gourmetrestaurant »Lorenz Adlon«
und dem »Adlon-Restaurant« präsentiert sich seit Februar 2000
die »Adlon-Stube«, die die bürgerliche, bodenständige Küche pflegt.
Besonders beliebt bei den Gästen sind Klassiker wie »Eisbein mit
Spreewälder Sauerkraut« oder »Kalbsleber Berliner Art mit Röstzwiebeln«.
Die Atmosphäre des Restaurants ist komfortabel und familiär;
das Einrichtungsdesign knüpft mit Möbeln aus gekalkter Eiche
und dunkelroten Lederbezügen an das stilvolle Interieur
der legendären Adlon-Bar des historischen Hotels an.

Berliner Vorspeisenteller

Für 4 Personen

Gebeizter Havelzander auf Linsensalat

*100 g fangfrisches Zanderfilet
20 g Salz,
10 g Zucker
je 1 TL grob zerstoßene Koriander-,
Senf- und weiße Pfefferkörner
50 g fein geschnittene Kräuter
(Kerbel, Estragon, Dill)
100 g gegarte braune Linsen
1 EL blanchiertes, fein gewürfeltes Gemüse
(Karotte, Sellerie, Lauch)
1 TL Weinessig,
1 EL Öl
Salz, frisch gemahlener Pfeffer
mittelscharfer Senf (Bautzener Senf)*

Das Zanderfilet kalt abspülen und trocken tupfen.

Salz, Zucker, Gewürze und Kräuter miteinander vermischen. Das Fischfilet von beiden Seiten mit dieser Mischung einreiben. Auf einen flachen Teller legen, mit Klarsichtfolie abdecken und mindestens 12 Stunden im Kühlschrank marinieren.

Die Linsen mit den Gemüsewürfeln vermischen. Mit Essig und Öl, Salz und Pfeffer würzen und nach Geschmack mit Senf abrunden.

Das Zanderfilet mit einem scharfen Messer in hauchdünne Scheiben schneiden und auf dem Linsensalat anrichten.

Geräucherter Aal auf Dillgurken

*100 g Räucheraal, 1/2 Salatgurke
50 g Sauerrahm
Salz, frisch gemahlener weißer Pfeffer
1 EL Zitronensaft
20 g fein geschnittener Dill*

Den Aal abziehen und in acht Scheiben schneiden. Die Salatgurke längs halbieren und mit einem Löffel die Kerne herausschaben. Die Gurkenhälften in dünne Scheiben schneiden. Den Sauerrahm mit Salz, Pfeffer und Zitronensaft verrühren und den Dill unterheben. Die Gurkenscheiben in dieser Marinade wenden.

Die Aalscheiben auf den Dillgurken anrichten.

Berliner Vorspeisenteller

Eisbeinsülzchen auf Spreewälder Kohlsalat

200 g mageres Eisbein, gekocht und ausgelöst
100 ml flüssiger Aspik
100 g Weißkohl
Salz, frisch gemahlener Pfeffer,
1 Prise Kümmel, 1 TL Essig, 1 EL Öl
1 EL fein geschnittener Schnittlauch

Das Eisbein in kleine Würfel schneiden und mit dem flüssigen, gut gewürzten Aspik vermischen. In 4 kleine Portionsformen füllen. Die Masse mit einem Löffel festdrücken, damit sich keine Hohlräume bilden, und im Kühlschrank fest werden lassen.

Den Weißkohl in feine Streifen schneiden. Mit einer aus Essig und Öl, Salz, Pfeffer und einer Prise Kümmel gerührten Marinade vermischen. Erst kurz vor dem Servieren den Schnittlauch unterheben

Die Sülzchen aus den Formen lösen und auf dem Krautsalat anrichten.

Marinierte Kalbszunge

½ gekochte Kalbszunge
je 50 g Karotte, Lauch und Sellerie
1 TL Essig, 1 EL Öl
Salz, frisch gemahlener Pfeffer
1 EL fein geschnittene Blattpetersilie
4 zarte Blätter Kopfsalat

Die Kalbszunge und das Gemüse in dünne Streifen schneiden. Die Gemüsestreifen blanchieren, eiskalt abschrecken und gründlich abtropfen lassen. Danach mit den Zungenstreifen vermischen. Eine Vinaigrette aus Essig und Öl, Salz und frisch gemahlenem Pfeffer anrühren, die Mischung darin wenden und abgedeckt einige Zeit durchziehen lassen. Kurz vor dem Servieren die fein geschnittene Petersilie unterheben. Auf zarten Salatblättern anrichten.

Gebratene Blutwurst auf Kartoffelsalat

100 g gekochte Kartoffeln
1 Schalotte
1 Gewürzgurke
2 EL Mayonnaise
Salz, frisch gemahlener Pfeffer
1 kleine Blutwurst
1 EL Öl

Die Pellkartoffeln in dünne Scheiben schneiden. Die Schalotte und die Gewürzgurke fein würfeln. Mit den Kartoffelscheiben vorsichtig vermischen und die Mayonnaise unterziehen. Mit Salz und Pfeffer abschmecken.

Die Blutwurst in 4 dicke oder 8 dünnere Scheiben schneiden und in heißem Öl von beiden Seiten kurz anbraten. Auf dem Kartoffelsalat anrichten.

Kasselerröllchen mit Beelitzer Spargel

8 Spargelstangen
1 Prise Zucker
einige Spritzer Zitronensaft
1 TL Essig, 1 EL Öl
Salz, frisch gemahlener Pfeffer
80 g Kasseler
8 Schnittlauchhalme

Wasser mit Salz, einer Prise Zucker und einigen Spritzern Zitronensaft zum Kochen bringen. Darin die geschälten Spargelstangen bißfest garen. Herausheben und gründlich abtropfen lassen. Noch warm mit einer Vinaigrette aus Essig, Öl, Salz und Pfeffer überziehen und abkühlen lassen.

Danach das Kasseler mit der Aufschnittmaschine in 8 dünne Scheiben schneiden. Je eine Spargelstange mit einer Scheibe Kasseler umhüllen und mit einem Schnittlauchhalm binden.

Entenbuletten auf Grünkohl mit Nudeltäschchen

Für 4 Personen

FÜR DIE BULETTEN:
*4 Entenkeulen
1 Brötchen vom Vortag, 100 ml Milch
100 g Schalottenwürfel
1 fein gehackte Knoblauchzehe
80 g fein geschnittene Blattpetersilie
1 EL Entenschmalz
1 EL mittelscharfer Senf, 1 Ei
je 1 Prise fein gehackter frischer Rosmarin
und Thymian, Salz, frisch gemahlener Pfeffer*

FÜR DIE NUDELTÄSCHCHEN:
*100 g Mehl (Type 405), 3 Eigelbe
1 Prise Salz, je 1 TL Olivenöl und Wasser*

FÜR DEN GRÜNKOHL:
*etwa 250 g entstielter Grünkohl
3 Schalotten
100 g Räucherspeck
2 EL Entenschmalz, 100 ml Geflügelfond
Salz, frisch gemahlener Pfeffer
frisch geriebene Muskatnuß*

Für die Buletten von den Entenkeulen die Haut abziehen und das Fleisch von den Knochen lösen. Das Brötchen in der Milch einweichen. Die Schalottenwürfel und den fein gehackten Knoblauch zusammen mit der Petersilie im Entenschmalz andünsten. Danach abkühlen lassen. Die abgezogene Haut in kleine Würfel schneiden. In einer heißen Pfanne im eigenen Fett kroß braten, auf ein Sieb schütten und das Fett abtropfen lassen.

Das Keulenfleisch zusammen mit dem ausgedrückten Brötchen und der Schalotten-Petersilienmischung durch die feine Scheibe des Fleischwolfs geben. Das Ei einarbeiten und die Masse mit Salz, Pfeffer und etwas fein gehacktem Rosmarin und Thymian würzen. Zuletzt die krossen Hautwürfel in die Masse mischen. Etwa 4 Esslöffel von der Masse abnehmen und zum Füllen der Nudeltäschchen bereithalten. Acht Buletten formen und kühl stellen.

Für den Nudelteig das Mehl mit den Eigelben, dem Salz, Wasser und Olivenöl zu einem elastischen Teig kneten. Den Teig zur Kugel formen, in Klarsichtfolie hüllen und mindestens 30 Minuten ruhen lassen.

Inzwischen den Grünkohl in Streifen schneiden. Die Schalotten und den Räucherspeck würfeln und im Entenschmalz anbraten. Den Grünkohl zufügen und kurz andünsten. Mit dem Geflügelfond ablöschen und mit Salz und Pfeffer würzen. Zugedeckt im 180 °C heißen Ofen in etwa 25 Minuten weich schmoren.

Inzwischen den Nudelteig zu einem länglichen, möglichst dünnen Rechteck ausrollen. Aus der bereitgehaltenen Entenfarce 12 kleine Portionen abstechen und auf die eine Hälfte des Teigrechtecks setzen. Die andere Hälfte darüber schlagen. Mit einem runden Ausstecher 12 kleine gefüllte Nudeltaschen ausstechen und in siedendem Salzwasser etwa 3 Minuten garen. Herausheben und abtropfen lassen.

Die Entenbuletten im heißen Schmalz braun ausbraten.

Den Grünkohl in der Mitte von 4 Tellern anrichten. Je 2 Entenbuletten darauf setzen und mit je 3 Nudeltäschchen umlegen.

Sushi in verschiedenen Variationen

Die asiatische Küche ist bekannt dafür, besonders bekömmlich zu sein. Deshalb bevorzugen gerade Geschäftsleute mittags immer häufiger die leicht verdaulichen asiatischen Köstlichkeiten, die sättigen, ohne zu belasten.

Sushi, der natürliche Genuß mit japanischer Tradition, wird auch im Adlon immer beliebter. Daher gibt es einen Spezialisten aus Asien, der täglich frische Sushi zubereitet.

Grundzutat bei allen Sushi ist gedämpfter Reis. Und hier gibt es natürlich große Qualitätsunterschiede. Im Adlon wird ein 1 Jahr alter Sushireis verwendet.

Grundrezept für Sushireis

Für etwa 80–100 Sushi

Zum Einweichen:
1 kg Sushireis (1 Jahr alt)
1 Liter Wasser

Zum Dämpfen:
1/2 l Wasser
200 ml Sake
80 g Zucker, 45 g Salz
200 ml Reisessig
Wasabi (grüner Meerrettich) zum Bestreichen

Reis in eine Schüssel geben, mit Wasser begießen und 3 Stunden einweichen. Abgetropft auf ein Küchentuch schütten und abtrocknen. Dann in einen Kochtopf geben, mit kaltem Wasser und Sake begießen und zum Kochen bringen. Zugedeckt bei schwacher Hitze etwa 35 Minuten quellen lassen.

Den gegarten Reis auf ein Holzbrett schütten, mit einem Holzspatel auseinanderstreichen und auf etwa 30 °C abkühlen lassen.

Zucker, Salz und Essig aufkochen lassen, bis sich Zucker und Salz aufgelöst haben, unter den Reis rühren und je nach Sushi-Typ weiterverarbeiten.

Tamago

3 Eier mit 3 EL Fond von getrockneten Sardellen, Zucker, Salz verquirlen, und die Hälfte der Masse in einer gefetteten Pfanne mit 20 cm Durchmesser stocken lassen. Zur Hälfte einrollen, die restlichen verquirlten Eier in die Pfanne gießen und ebenfalls stocken lassen. Dann den bereits eingerollten Eierkuchen mit Hilfe einer Gabel weiter aufrollen, so daß eine dicke Rolle entsteht. Ein wenig zusammendrücken und in etwa 20 g schwere Scheiben schneiden. Auf den geformten Sushireis legen und mit einem Lauchring garnieren.

Glasierter Aal mit Schnittlauch

10 g schwere frische Aalstücke kurz braten und dann mehrmals mit Malzsirup-Sojasauce dünn glasieren.

Gebeizter Lachs mit Ingwer

1 kg Lachsfilet mit 100 g Zucker und 100 g Salz an einem kühlen Platz etwa 1 Tag marinieren. Mit 10prozentigem Essigwasser abwaschen und in 20 g schwere Stücke schneiden. Auf dem geformten Sushireis anrichten und mit Ingwer garnieren.

Sushimeister Han Sang Oh bei der Zubereitung von verschiedensten Sushi

ADLON SUSHI CANAPÉS

Tamago mit Lauch

Ama Ebi im Noriblatt

Hawaii-Thunfisch mit gelbem Rettich

Gebeizter Lachs mit Ingwer

Glasierter Aal mit Schnittlauch

Polyp-Fisch

Politikergattinen im Restaurant des Adlon. Durch seine Nähe zum Reichstag und Bundesrat, zur Amerikanischen, zur Französischen und zur Britischen Botschaft wird das Adlon zum Treffpunkt für Politiker. Häufig kommen auch ihre Ehefrauen zum Lunch ins Restaurant

DAMEN-LUNCH

Zu diesem besonderen Angebot des Restaurants gehört zum Beispiel folgendes Menü:

Bachsaibling mit Kartoffelschuppen mit Salat und süß-sauren Linsen

Klare Kürbisessenz mit Asia-Garnelen und Kräuteröl

Französische Stubenküken, pochiert auf Bärlauchrisotto und geröstetem Serranoschinken

Gratin von exotischen Früchten mit Zitronengraseis

Bachsaibling mit Kartoffelschuppen

Für 6 Personen

*6 Bachsaiblingfilets, ohne Haut
2 EL Sahne
Salz, frisch gemahlener weißer Pfeffer
einige Tropfen Pernod
5 große, mehligkochende Kartoffeln
etwa 100 ml Olivenöl, extra vergine
150 g grüne Berglinsen
10 g Butter
1 Schalotte, 1 kleine Knoblauchzehe
50 ml Aceto Balsamico
$1/2$ l Hühnerbrühe
50 g geschälte Möhren
50 g geputzter Lauch
50 g Stangensellerie
50 g geschälte Kartoffeln
1 Bund Petersilie, $1/2$ Bund Kerbel
100 g braune Butter, 1 Prise Zucker
1 Handvoll Feldsalat und Friséespitzen
2 EL Adlon Spezial-Dressing
(Rezept auf Seite 40)
100 g magere Räucherspeckscheiben
einige Dillzweige*

Die Bachsaiblingfilets waschen, trockentupfen und mit Hilfe einer Pinzette alle kleinen Gräten herausziehen. Von jedem Filet die Endstücke abschneiden und beiseite legen, das restliche Filet jeweils in zwei gleich große Teile schneiden. Die Endstücke in einem Universalzerhacker mit der Sahne fein pürieren und mit Salz, Pfeffer und Pernod abschmecken. Die Saiblingstücke damit bestreichen.

Die Kartoffeln schälen und in hauchdünne Scheiben hobeln. Diese gleichmäßig rund (2 cm Durchmesser) ausstechen und schuppenförmig auf die bestrichenen Filets legen. Mit Olivenöl bepinseln und kalt stellen.

Die Linsen 1 Stunde in kaltem Wasser einweichen, dann kurz unter fließendem kalten Wasser abbrausen und abtropfen lassen. 2 EL Olivenöl und die Butter erhitzen und die geschälte und in kleine Würfel geschnittene Schalotte sowie die Knoblauchzehe darin glasig braten. Die Linsen dazugeben und mit anschwitzen. Mit Aceto Balsamico ablöschen und einkochen lassen. Mit der Brühe aufgießen, salzen und pfeffern und zugedeckt bei mittlerer Hitze etwa 30 Minuten köcheln lassen.

Das geputzte Gemüse in sehr kleine Würfel schneiden. Petersilie und Kerbel fein hacken, dabei einige Zweige für die Garnitur beiseite legen.

Die Gemüsewürfel in kochendem Salzwasser bißfest blanchieren. Auf einem Sieb gut abtropfen lassen und mit den fein geschnittenen Kräutern unter die Linsen mischen.

Zum Schluß die braune Butter unter die Linsen ziehen und, falls nötig, mit Aceto Balsamico und Zucker abschmecken.

Die Salatblätter verlesen, putzen, waschen und gut abtropfen lassen. Mit Adlon Spezial-Dressing anmachen.

Reichlich Olivenöl in einer beschichteten Pfanne erhitzen und die Saiblingfilets mit der Kartoffelschuppenseite in das heiße Fett legen. Bei nicht zu starker Hitze goldbraun braten. Dann herausnehmen und kurz ruhenlassen. Den in schmale Streifen geschnittenen Speck in der Pfanne knusprig braten.

Die Linsen jeweils in die Mitte der Teller geben, die Fischfilets darauf anrichten und mit den marinierten Salatblättern umkränzen. Mit dem Speck bestreuen und mit Kerbel-, Petersilie- und Dillzweigen garnieren.

KARLHEINZ HAUSER

*Anstelle der Bachsaiblinge kann man auch Loup-de-mer- oder Doradenfilets auf diese Weise zubereiten.
Beim Anbraten der Kartoffelschuppen ist es wichtig, eine beschichtete Pfanne zu nehmen, da sich darin die Temperatur gleichmäßiger verteilt. Das Fett sollte zwar heiß sein, die Hitze muß dann aber sofort reduziert werden, damit die Kartoffelschuppen langsam gar und zugleich kroß werden können.*

Walderdbeer-Charlotte

Mara-des-Bois-Erdbeeren

Vanille-Polenta mit Mandeleis

WALDERDBEER-CHARLOTTE

Für 5 Personen

je 5 Ringe, Durchmesser 8 und 4 cm
1 gebackene Biskuitplatte
300 g Walderdbeeren

FÜR DAS GELEE:
4 Gelatineblätter
100 ml Läuterzucker
2,5 cl Orangensaft
3 cl Orangenlikör
100 ml Champagner
50 ml Waldmeistersirup

FÜR DIE ERDBEERMOUSSE:
4 Gelatineblätter
250 ml Erdbeermark
1 cl Orangenlikör
2 cl Zitronensaft
100 ml Sahne
1 EL Crème fraîche
1 Eiweiß (45 g)
20 g Zucker
1 Prise Salz

Charlottenringe mit einem Durchmesser von 8 cm mit Pergamentpapierstreifen auslegen. Den Boden mit einer dünnen Biskuitscheibe bedecken. In die Mitte einen zweiten Ring mit einem Durchmesser von 4 cm setzen. Die Zwischenräume dicht mit den Walderdbeeren belegen und kühl stellen.

Für das Gelee die Gelatine im kalten Wasser einweichen. Den Läuterzucker, Orangensaft, Orangenlikör und Champagner miteinander verrühren.

Den Waldmeistersirup leicht erwärmen und darin die gut ausgedrückte Gelatine auflösen. Mit den anderen Zutaten verrühren.

Über einer Schüssel mit Eiswürfeln kalt stellen, gelegentlich rühren, bis das Gelee fast stockt. Dann das Gelee über die Walderdbeeren in die Zwischenräume gießen und erneut etwa 1 Stunde kalt stellen.

Für die Erdbeermousse die Gelatineblätter in reichlich kaltem Wasser einweichen.

Das Erdbeermark mit Orangenlikör und Zitronensaft vermischen. Einen Teil davon erwärmen und darin die gut ausgedrückte Gelatine auflösen. Wieder zurückgeben und auf Eis öfters umrühren, bis die Mousse fast stockt.

Währenddessen die Sahne mit der Crème fraîche verrühren und mit einem Schneebesen halbsteif schlagen. Das Eiweiß in einer zweiten Schüssel mit Zucker und Salz zu steifem Schnee schlagen. Zuerst das Sahnegemisch und zum Schluß den Eischnee vorsichtig unterrühren.

Den inneren Ring vorsichtig vom Gelee lösen und die fertige Mousse hineinfüllen.

Zum Anrichten die Charlotte-Törtchen umdrehen und vorsichtig aus dem Ring lösen. Das Pergamentpapier vom Rand entfernen und ein kleines Stück herausschneiden. Auf dem Teller mit ein paar Walderdbeeren anrichten. Als Dekor kann man auf einer Tellerseite etwas Goldstaub mit dem Pinsel auftragen.

Vanille-Polenta mit Erdbeeren und Mandeleis

Für 5 Personen

FÜR DAS MANDELEIS:
100 ml Sahne
400 ml Milch
50 ml Mandelmilch
50 g Mandelblätter, leicht geröstet
4 Eigelb (80 g), 1 Ei (50 g)
30 g Zucker, 15 g Glucose
2 cl Amaretto, einige Tropfen Rum

FÜR DIE VANILLE-POLENTA:
1 l Milch, 60 g Zucker
40 g Butter
Mark von 3 Vanilleschoten
1 Prise Salz, 200 g Polentagrieß
abgeriebene Schale von
je 1/2 unbehandelten Orange und Zitrone
100 ml geschlagene Sahne, 5 Minzezweige
250 g Erdbeeren (Mara de Bois)

Am Tag zuvor für das Mandeleis Milch, Sahne und Mandelmilch mit den leicht gerösteten Mandelblättern zum Kochen bringen.

Eigelb, Ei und Zucker mit einem Schneebesen schaumig aufschlagen.

Sobald die Milch-Sahne-Mischung kocht, die Eier unter ständigem Rühren mit einem Schneebesen hinzugeben und bis zur Rose abziehen. Dann die Glucose hinzufügen. Anschließend über einer Schüssel mit Eiswasser unter gelegentlichem Rühren erkalten lassen. Amaretto und Rum hinzufügen. Nach dem Abkühlen durch ein feines Sieb passieren und für 24 Stunden bei etwa 4 °C in den Kühlschrank stellen. Am nächsten Tag mit einem Stabmixer emulgieren und in der Eismaschine gefrieren lassen.

Für die Polenta die Milch mit Zucker, Vanillemark und Salz zum Kochen bringen. Den Polentagrieß in dünnem Strahl unter ständigem Rühren mit dem Schneebesen einlaufen lassen. Einmal kurz aufkochen und dabei ständig kräftig weiterrühren. Bei schwacher Hitze in etwa 15 bis 20 Minuten ausquellen lassen. Am besten legt man dazu ein feuerfestes Gitter auf die Kochplatte, damit die Hitze nicht zu stark wird. Die Polenta darf auf keinen Fall mehr kochen. Die abgeriebenen Zitrusschalen sowie die Butter unterrühren.

Die Polenta sollte eine breiige, zähflüssige Konsistenz haben. Ist sie zu fest, gibt man einfach noch etwas Milch hinzu.

Mit einem Schöpflöffel die Polenta in kleine Schälchen oder Suppenteller verteilen und obenauf einen Löffel geschlagene Sahne geben. Die Polenta mit einem Minzezweig dekorieren.

Die Erdbeeren entkelchen, die größeren halbieren. Auf der Polenta verteilen und mit einem Eßlöffel Nocken vom Mandeleis abstechen und auf der Polenta jeweils eine Nocke anrichten.

STEPHAN FRANZ
Im Hotel Adlon servieren wir die marinierten Erdbeeren separat in einem kleinen Zuckerkorb.

Gratinierte Zitronencreme mit Orangenbutter und Honigeis

Für 10–12 Portionen

10 Metallringe
10 dünne Biskuitböden (6 cm Durchmesser)
brauner Zucker zum Bestreuen

FÜR DIE ZITRONENCREME:
4 Gelatineblätter
200 ml Zitronensaft, 140 ml Sahne
30 g Mehl, 190 g Zucker
8 Eigelb (160 g), 30 g Glucose
8 Eiweiß (240 g)
1 Handvoll Johannisbeeren

FÜR DAS HONIGEIS:
700 ml Milch
300 ml Crème fraîche
2 Vanilleschoten, 270 g Akazienhonig
4 Eier (200 g), 8 Eigelb (160 g)
1 Msp. Zimt, 8 cl Rum
Saft von 2 Orangen (etwa 100 ml)

FÜR DIE ORANGENBUTTER:
1 Zitrone, 4–5 Orangen
100 g Würfelzucker, 100 g Butter
200 ml Orangensaft, 2 cl Zitronensaft
4 cl Grand Marnier
2 cl Cointreau

Die Ringe nebeneinander auf ein Backblech legen und mit den Biskuitscheiben auslegen. Für die Zitronencreme die Gelatine in kaltem Wasser einweichen. Den Zitronensaft mit der Sahne aufkochen. Das Mehl mit 50 g Zucker und den Eigelben glattrühren. In die Zitronensaft-Sahne-Mischung einlaufen lassen und kurz aufkochen. Die gut ausgedrückte Gelatine hinzufügen.

Den restlichen Zucker mit der Glucose und etwas Wasser zum Kochen bringen.

Die Eiweiße mit 1 TL Zucker bei etwa 110 °C cremig, aber nicht fest schlagen. Dann in einem dünnen, gleichmäßigen Strahl die restliche Zuckerlösung bei 120 °C in das Eiweiß einlaufen lassen und so lange weiterschlagen, bis eine feste glänzende Masse entsteht. Das Baiser unter die Creme ziehen und in die vorbereiteten Ringe füllen. Dabei zuerst etwas von der Creme einfüllen, die Johannisbeeren darauf verteilen und mit der restlichen Creme abschließen. Einige Stunden im Tiefkühlgerät gefrieren lassen.

Für das Honigeis die Milch mit der Crème fraîche und den aufgeschnittenen, ausgekratzten Vanilleschoten sowie der Hälfte des Honigs zum Kochen bringen.

Eigelbe, Eier und den restlichen Honig mit dem Schneebesen cremig schlagen. Die kochende Milch unter ständigem Rühren unter die Eiermasse geben und auf dem Wasserbad zur Rose abziehen. Dann über einer Schüssel mit Eiswürfeln unter gelegentlichem Rühren erkalten lassen. Die restlichen Zutaten hinzufügen.

Durch ein Sieb passieren und für 24 Stunden in den Kühlschrank stellen. Am nächsten Tag mit dem Stabmixer aufmixen und in einer Eismaschine gefrieren lassen.

Für die Orangenbutter die Zitrusfrüchte heiß abwaschen und abtrocknen. Würfelzucker erst an den Schalen abreiben, dann mit der Butter in einem Topf goldgelb karamelisieren. Mit Orangen- und Zitronensaft auffüllen und alles auf ein Drittel einkochen. Grand Marnier und Cointreau sowie die eiskalte Butter in Stückchen hinzufügen und die Sauce damit binden. Erkalten lassen, dann mit einem Stabmixer emulgieren.

Die gefrorene Zitronencreme aus den Ringen lösen und mit braunem Zucker bestreuen. Auf einen kleinen Teller setzen und in den auf 220 °C vorgeheizten Ofen schieben. Nach etwa 6 bis 7 Minuten ist die Creme fertiggebacken. Die Orangensauce rundherum verteilen. Das Honigeis auf einem separaten kleinen Teller dazu reichen.

Nachmittags im Adlon

›Kaffeekränzchen‹ und Afternoon Tea

Seit Jahrhunderten gehört Süßes zu dem Luxus, den der Mensch zwar nicht zum Überleben braucht, der das Leben jedoch im wahrsten Sinne des Wortes ›versüßt‹.

Die beste Zeit, Kuchen und Gebäck zu genießen, war immer schon der Nachmittag, egal ob zum Kaffee oder zum berühmten Afternoon Tea, begleitet von sanften Klängen aus dem Grammophon oder, wie beispielsweise im Adlon, von Live-Musik, dazu ein Täßchen feinaromatischer Tee, zartes Hippen- oder Sandgebäck, ein saftiger Königskuchen oder kleine Sandwichs.

Jeden Nachmittag gab es in der Halle im Adlon ein Teekonzert, um dem anspruchsvollen Publikum den Nachmittag so angenehm wie nur möglich zu gestalten.

Viel beliebter noch als Tee war hierzulande allerdings der Kaffee. Schon im neunzehnten Jahrhundert waren die Deutschen die Nummer eins der Kaffeetrinker in Europa. Bei der Damenwelt galt es als schick, sich zu einem Kaffeekränzchen zu treffen. Nicht zuletzt deshalb, weil es sich für die Damen bis zur Jahrhundertwende nicht schickte, allein ein öffentliches Lokal, und sei es nur ein Café, zu betreten. So verlegten sie ihre nachmittäglichen Plauderstündchen – ohne Männer – ins Wohnzimmer. Da Kaffee einen hohen Preis hatte, war dieses weibliche Ritual anfangs der Spitze der Gesellschaft vorbehalten.

Untrennbar zum Kaffeekränzchen gehörten auch damals schon Torten oder Kuchen, und zwar möglichst selbst gebacken. Und es war natürlich ein Thema, wer den besten oder raffiniertesten Kuchen anbot. Aus jener Zeit stammen viele Kuchenklassiker:

Die Kapelle Marek Weber im Adlon

»Der Kaffeetisch für Gesellschaft ist mit verschiedenem Gebäck bestellt und zwar wählt man gewöhnlich einen Napfkuchen, der, von oben nach unten geschnitten, seine Form behalten hat, einen Teller mit geschnittenem, scheiterhaufenförmig geschichtetem flachen Kaffeekuchen und einen oder mehrere Teller mit kleinem Gebäck. Zu Schokolade passen die weniger reichen, trockenen und biskuitartigen Backwerke, auch abgeriebener Napfkuchen und Mandelgebäck. Zu Kaffee wie zu Schokolade werden zwei Schüsseln mit Schlagsahne auf den Tisch gestellt, zu Kaffee Sahne und Würfelzucker, zu Schokolade Farinezucker. Beide Getränke werden aus Tassen genossen.«

Während man hierzulande begeistert das schwarze, aromatische ›Lebenselixier‹ trank, bevorzugten die Briten den schwarzen Tee. Bei ihnen war das nachmittägliche Teetrinken freilich niemals ausschließlich eine weibliche Angelegenheit.

Die schönste Zeit für eine Tasse Tee war und ist heute noch der Afternoon Tea – die ideale Möglichkeit, den kleinen Hunger zwischen Lunch und Dinner ›unbeschadet‹ zu überstehen. In England wurde daraus eine Art Kult, und gerade in der Oberschicht wurde die Tea Time ein heiliger Brauch.

Die Tischchen waren mit feinsten Damasttischdecken geschmückt, edelste Silberkannen und allerfeinstes Teeservice wurden benutzt. Dazu reichte man Shortbread (Teegebäck), Scones, aber auch Toast und Sandwichs. Auf diese angenehme Weise wurde die Zeit bis zum abendlichen Dinner recht kurzweilig überbrückt.

Die Kuchen- und Gebäckkreationen des Adlon

Die ›süße Sünde‹ lebt! Und Kaffee und Kuchen sind für die Deutschen nach wie vor die Verführung schlechthin, wie die gutbesuchten Cafés deutlich zeigen. Im Adlon treffen sich wie schon zur Kaiserzeit heute hauptsächlich die Damen zum nachmittäglichen Kaffeeplausch. Um die schönen Plauderstunden zu versüßen, bietet das Kuchenbüfett des Hotels täglich etwa zehn verschiedene Kuchen zur Wahl. Die Vorlieben der Damen haben sich in den letzten Jahren etwas gewandelt. Im Gegensatz zu früher, als kalorienreiche Torten mit Schokoladencreme und Sahne gefragt waren, bevorzugen sie heute den leichten, fruchtigen Kuchengenuß, zum Beispiel knusprige Torteletts mit Früchten belegt oder saftige Obstkuchen.

Am Adlon-Kuchenbüfett findet der Genießer neben den neuen Kreationen jedoch immer auch einige Kuchenklassiker, wie die Malakoff-Torte und die Sachertorte. Allerdings wird versucht, ihnen durch eine besondere Verzierung das ›gewisse Etwas‹ zu verleihen. So erhält die Schwarzwälder Kirschtorte als Schmuck einen gemusterten Rand, der aus reiner – weißer und dunkler – Schokolade besteht. Eine wesentliche Stärke des Pâtisserie-Teams liegt darin, daß Chefpâtissier Stephan Franz allen viel Freiraum läßt und jeder seine Ideen für neue Kuchen- und Dessertkreationen einbringt, die gemeinsam weiterentwickelt werden.

Viele der neuen Kuchenkreationen, wie zum Beispiel die Mango-Buttermilch-Torte, läßt die Pâtisserie zuerst einmal von Frau Wahle verkosten. Sie ist im Hause regelmäßiger Gast und eine kritische Kuchenkennerin. Seit Eröffnung des Hotels kommt sie tagtäglich gegen drei Uhr und versüßt sich den Nachmittag mit einem Stück Kuchen. Das Hotel schätzt sich glücklich, solch treue Stammgäste zu haben.

Während die nachmittägliche Kaffee-Szene an den Wochentagen eher dem weiblichen Geschlecht vorbehalten ist, sitzt ›Mann‹ am Wochenende gern im Wintergarten oder in der Beletage und schwelgt ›in den süßen Träumen‹.

Kuchenbüfett im Adlon

Neben dem üblichen Kaffeeangebot bietet das Hotel auch frisch gefilterten Kaffee an, der einfach am besten zu Torte und Gebäck paßt. Allmählich entdecken die Gäste »Angelina«, ein einmaliges Schokoladengetränk, das in Deutschland ausschließlich im Adlon angeboten wird: zweihundert Milliliter heiße Milch mit hundertzwanzig Gramm feinstem Schokoladenpulver – Schokoladengenuß par excellence!

Wie beliebt die süßen Leckereien bei seinen Gästen sind, sieht Stephan Franz daran, daß die Pâtisserie pro Jahr etwa fünfhundert Kilogramm, also eine halbe Tonne, allerbestes Feingebäck benötigt und 2,8 Tonnen feinste Kuvertüre verarbeitet.

Wie in der Küche lautet auch beim Backen die Devise des Hauses: Nur wenn man Topqualität einkauft, lohnt sich der Aufwand der personalintensiven sorgfältigen Herstellung von Kuchen und Torten, Gebäck und Desserts.

Kaffee – das aromatische ›Lebenselixier‹

Wie so vieles, was wir heute genießen, wurde auch der Kaffee durch Zufall entdeckt. Einer Legende nach waren es Ziegen, die an Sträuchern mit kirschenähnlichen Früchten fraßen und danach übermütig herumtollten, durch die man auf die anregende Wirkung des Kaffees aufmerksam wurde.

In den orientalischen Ländern entwickelte sich seit dem Mittelalter eine wahre Kaffeekultur, die sich vom siebzehnten Jahrhundert an auch in Westeuropa ausbreitete. Cafés und Kaffeehäuser wurden eröffnet und entwickelten sich zu politischen Debattierclubs und zu glanzvollen Treffpunkten für Intellektuelle. Inzwischen ist Kaffee – ob als Filterkaffee oder als Espresso – nicht mehr aus unserem täglichen Leben wegzudenken.

Das Adlon führt ausschließlich Spitzenqualität von bekannten Kaffeeröstern, deren traditionelle Unternehmenspolitik höchste Qualität garantiert. Die Kaffeebohnen kommen aus dem Traditionshaus Dallmayr in München, der Espresso wird vom Triester Familienunternehmen Illy bezogen, das seit 1933 einen führenden Platz auf dem italienischen Espressomarkt einnimmt. Illy verwendet nur hochwertige Arabica-Sorten, die aus dem Hochland Brasiliens stammen. Sie sind zwar verhältnismäßig teuer, aber das Gebirgsklima verleiht ihnen einen wesentlich milderen und aromatischeren Geschmack, zudem sind sie verträglicher als die sonst üblichen Robusta-Bohnen. Illy kauft die Espressobohnen nicht wie sonst üblich auf den internationalen Rohkaffeemärkten, sondern direkt im Erzeugerland, und prüft selbst kritisch die Qualität.

Damit der Espresso auch eine schöne Crema bekommt und sein wunderbares Aroma voll entfalten kann, ist eine fachgerechte Zubereitung unabdingbar: Dreißig Sekunden Extraktion, eine Wassertemperatur von neunzig Grad und ein Druck von neun Atmosphären – und der Espresso ist perfekt.

Eine Auswahl von verschiedenen Kaffees und Bohnen, präsentiert im Linden-Zimmer

Tea time auf der Beletage

Tee – das Getränk mit dem ›gewissen Etwas‹

Der Tee stammt ursprünglich aus China. Erst im Jahr 801 nach Christus schmuggelten Mönche die ersten Teesamen von China nach Japan, wo sich im Laufe der Zeit eine fast religiöse Verehrung des noblen Getränks entwickelte, das noch heute in Teezeremonien nach strengen Regeln zubereitet wird. In der westlichen Welt berühmt wurde Tee allerdings durch die Briten. Sie importierten 1610 die ersten Teeblätter, und es entwickelte sich auf der Insel eine regelrechte, bis heute lebendige Teekultur.

Die frischgepflückten grünen Teeblätter geben erst durch das Brechen der Blattzellen beim Einrollen und die dadurch mögliche Fermentation ihre ätherischen Öle frei. Durch das Trocknen entwickelt sich der feine Duft des schwarzen Tees. Beim immer beliebter werdenden grünen Tee wird das Fermentieren durch starke Hitze verhindert.

Die Geschmacksvielfalt der unterschiedlichen Tees aus aller Welt ist unbeschreiblich groß: zart-lieblich, rauchig, herb-zitronig, vollmundig-malzig, zart-bitter. Um seinen Gästen Auswahl zu ermöglichen, bietet das Adlon schon zum Frühstück etwa zwölf verschiedene Teesorten an. Lieferant ist das traditionsbewußte Teehaus Ronnefeldt, das seit 1825 mit Tee handelt und das Hotel mit Spitzentees aus sechs verschiedenen Ländern beliefert – dazu gehören Indien, Ceylon (Sri Lanka), China, Formosa und Japan. Eine der beliebtesten und kostbarsten Teesorten ist der Darjeeling aus Indien, der in zweitausendfünfhundert Meter Höhe wächst. Durch den häufigen Wechsel von Feuchte und Trockenheit, von Kühle und Hitze entwickelt er eine blumige Eleganz. Besonders zart schmeckt der First flush aus der ersten Frühjahrsernte. Ein beliebter Tee für die Morgenstunde ist auch der Earl Grey. Ronnefeldts Tea-Taster komponieren den japanischen Sencha-Tee mit verschiedensten Fruchtstückchen, Blüten, Blättern und Gewürzen.

APRIKOSEN-CRÈME-FRAÎCHE-TORTE

FÜR DIE CREME:
½ l Milch, 200 g Zucker
1 Vanilleschote
1 Prise Salz, 1 Ei (50 g)
75 g Cremepulver
½ l Crème fraîche

AUSSERDEM:
1 Mürbeteigboden (26 cm Durchmesser)
etwa 150 g Aprikosenkonfitüre
Tortengelee (fertig)
1 Wiener Boden (26 cm Durchmesser)
800 g Aprikosen

Für die Creme von der Milch 3 EL abnehmen, die restliche Milch mit Zucker, der aufgeschlitzten Vanilleschote und Salz aufkochen lassen.

Die kalte Milch mit dem Ei und dem Cremepulver verrühren und in die kochende Milch einlaufen lassen. Unter Rühren kräftig durchkochen lassen, dann durch ein feines Sieb passieren. Mit dem Schneebesen nach und nach die Crème fraîche unterrühren.

Die Tarteform mit einem dünn ausgerollten Mürbeteig im Durchmesser der Form auslegen und blind backen. Den ausgekühlten Boden mit 2 bis 3 EL glattgerührter Aprikosenkonfitüre bestreichen und einen Wiener Boden darauf legen. Den Backofen auf 170 °C vorheizen.

Die Aprikosen halbieren und entkernen. Auf den Wiener Boden ringförmig eine Hälfte der Aprikosen mit den Schnittflächen nach unten legen. Die Creme gleichmäßig darauf verteilen und darüber kreisförmig die restlichen Aprikosenhälften anordnen.

Die Kuchenform auf das Gitterblech stellen und etwa 1 Stunde backen.

Herausnehmen und etwa 30 Minuten ruhenlassen, dann erneut 30 Minuten backen.

Den erkalteten Kuchen mit halb passierter Aprikosenkonfitüre und klarem Tortengelee gelieren.

JOHANNISBEER-BAISER-TORTE

FÜR DIE MAKRONENMASSE:
225 g Marzipanrohmasse
1 großes Eigelb (25 g)
45 g Puderzucker
etwas abgeriebene unbehandelte Zitronenschale

FÜR DIE WEINCREME:
5 weiße Gelatineblätter
100 ml Weißwein
100 g Zucker, 4 Eigelb (90 g)
4 cl Gin, 350 ml Sahne
500 g tiefgekühlte Johannisbeeren

AUSSERDEM:
1 Mürbeteigboden (26 cm Durchmesser)
4–5 EL Aprikosenkonfitüre
1 Wiener Boden (26 cm Durchmesser)

FÜR DIE BAISERMASSE:
40 g Zucker, 1 EL Wasser, ½ Eiweiß

Die Marzipanrohmasse zerbröckeln und mit den übrigen Zutaten in eine Schlagschüssel geben und mit einem Schneebesen zu einer homogenen Masse verarbeiten.

Den Backofen auf 250 °C mit Oberhitze oder noch besser einen Grill vorheizen.

Ein Backblech mit Backpapier auslegen und einen Kreis mit einem Durchmesser von 26 cm aufzeichnen. Die Makronenmasse in einen Spritzbeutel mit 8er Lochtülle füllen und Ringe aufdressieren. Unter dem heißen Grill oder im Backofen auf der oberen Schiene kurz überbacken. Auf diese Weise fünf Makronenringe zubereiten.

Für die Creme die Gelatine in reichlich kaltem Wasser einweichen. Weißwein mit Zucker, Eigelb und Gin über dem heißen Wasserbad zu einer dickcremigen Masse aufschlagen. Sie sollte etwa eine Temperatur von 80 °C haben. Dann die gut ausgedrückten Gelatineblätter darin auflösen und sofort über einer Schüssel mit Eiswasser kalt schlagen.

Die Sahne halbsteif schlagen und etwa Drittel davon unter die Creme ziehen, den Rest locker unterheben.

Etwa ein Viertel der Creme abnehmen und die aufgetauten und gut abgetropften Johannisbeeren untermischen.

Den fertig gebackenen Mürbeteig in einen Springformring legen und mit Aprikosenkonfitüre bestreichen. Darauf die 5 Makronenringe legen und eine dünne Scheibe des Wiener Bodens darauf legen. Die Weincreme mit den Johannisbeeren darauf streichen und mit einer weiteren dünnen Scheibe eines Wiener Bodens bedecken. Die restliche Creme darüber verteilen und kalt stellen.

Zucker, Wasser und Eiweiß zu einer festen, schnittfähigen Baisermasse aufschlagen und in wilden Spitzen auf der Torte verteilen. Unter dem heißen Grill kurz abflämmen.

Dann die Torte aus dem Rand lösen und den Makronenrand mit Aprikosenkonfitüre bestreichen.

SCHWARZWÄLDER KIRSCHTORTE

FÜR DIE KIRSCHFÜLLUNG:
250 g tiefgekühlte Sauerkirschen
60 g Zucker, 4 cl Kirschsaft
1 Msp. Vanillemark
1 Msp. Zimtpulver
15 g Cremepulver, 2 cl Kirschwasser

FÜR DIE SAHNEFÜLLUNG:
4 weiße Gelatineblätter
2,5 cl Kirschwasser
160 g Crème pâtissière (kalte Vanillecreme)
400 ml Sahne

AUSSERDEM:
1 Mürbeteigboden (26 cm Durchmesser)
1 Schokoladenbiskuitboden
(26 cm Durchmesser)
etwas Aprikosenkonfitüre
etwa 200 g geschlagene Sahne
10 Griottes-Kirschen

Die aufgetauten Kirschen auf einem Sieb abtropfen lassen. Den Zucker in einem kleinen Topf karamelisieren lassen und mit dem abgetropften Kirschsaft und dem zusätzlichen Kirschsaft ablöschen. Vanille und Zimt dazugeben. Das Cremepulver mit dem Kirschwasser anrühren, in die kochende Flüssigkeit gießen und einige Male unter Rühren aufkochen lassen. Von der Kochplatte nehmen und die Kirschen untermischen. Am besten über Nacht kalt stellen.

Für die Sahnefüllung die Gelatine in reichlich kaltem Wasser einweichen. Das Kirschwasser erhitzen und die gut ausgedrückten Gelatineblätter darin auflösen. Ein wenig abkühlen lassen, dann nach und nach unter die Crème pâtissière rühren. Dann ein Drittel der geschlagenen Sahne unterrühren und den Rest unterheben.

In den Ring einer Springform den Mürbeteigboden legen und dünn mit Aprikosenkonfitüre bestreichen. Den Schokoladenbiskuit in vier gleichmäßige Scheiben schneiden und eine davon auf den Mürbeteig legen. Die Kirschen ringförmig darauf verteilen und mit einem kleinen Teil der Sahnecreme bedecken. Darauf erneut eine Scheibe Schokoladenbiskuit legen und mit der Kirschwassersahnecreme den Ring füllen. Über Nacht kalt stellen. Die restlichen beiden Scheiben des Schokobiskuits können anderweitig verwendet oder eingefroren werden.

Am nächsten Tag auf der Oberfläche Tortenstücke einteilen und mit der steif geschlagenen Sahne große Rosetten auf die Torte spritzen. Mit Griottes-Kirschen garnieren und in die Mitte reichlich dunkle Kuvertüreraspeln verteilen.

STEPHAN FRANZ
Im Adlon wird der Rand der Schwarzwälder Kirschtorte noch mit einem Baumkuchenmuster aus dunkler und weißer Kuvertüre und obenauf einer ganz dünnen Schicht Schokosahne verziert, so sieht sie noch attraktiver aus. Aber die Torte schmeckt auch ohne diese für den Hobbypâtissier etwas aufwendig herzustellende Garnitur hervorragend.

STOLLEN

Für 2 Stollen zu je 1 kg

ZUM EINWEICHEN DER FRÜCHTE:
*530 g Sultaninen
65 g Zitronat, 130 g Orangeat
130 g Mandelsplitter
15 g Rum, 5 g Tonkabohnenaroma
10 g Vanillearoma, 10 g Zitronenaroma
3 EL Wasser*

FÜR DEN VORTEIG:
*210 g Mehl (Type 550), 150 ml Milch
1 Würfel Hefe (42 g), 15 g Zucker*

FÜR DEN HAUPTTEIG:
*220 g Mehl (Type 550)
8 g Eigelbpulver, 5 g Salz
4 g Stollengewürz
100 ml Milch, 1 Ei (60 g)
25 g Zucker
20 g Quark (20 % Fett i. Tr.)
150 g Marzipan, 160 g Butter
25 g Orangeat, fein gerieben
3 g Tonkabohnenaroma
10 g Zitronenaroma, 3 g Vanillearoma
250 g Butter zum Einstreichen
300 g Vanillezucker zum Bestreuen*

Die Trockenfrüchte mit den Aromen und dem Alkohol vermischen und mit Folie bedeckt an einem warmen Ort über Nacht marinieren.

Für den Vorteig das Mehl in eine Schüssel geben, zerbröckelte Hefe, kalte Milch und Zucker hinzufügen und mit den Knethaken der Küchenmaschine etwa 15 Minuten intensiv zu einem geschmeidigen Teig kneten. Danach an einem nicht zu warmen Ort 30 Minuten gehen lassen.

Für den Hauptteig alle Zutaten bis auf Marzipan, Butter, Orangeat und Aromen in eine Schüssel geben und mit den Knethaken der Küchenmaschine zu einem sehr weichen Teig schlagen. Dann den Vorteig hinzufügen und alles zusammen nochmals etwa 10 Minuten bei niedriger Stufe durchkneten lassen.

Kleingeschnittenes Marzipan und geriebenes Orangeat hinzugeben und so lange weiterkneten, bis der Teig sich vom Schüsselrand löst.

Nun Stück für Stück die kalte Butter hinzufügen, dabei ständig weiterschlagen. Es muß ein glatter, glänzender Teig entstehen, der Blasen wirft. Zum Schluß die Gewürze und die eingeweichten Früchte entweder bei kleinster Stufe mit der Küchenmaschine einarbeiten oder noch besser mit der Hand unterkneten. Den Teig mit einem Tuch bedeckt 20 Minuten ruhenlassen.

Vorsichtig mit den Händen zusammendrücken, erneut zu einer Kugel formen und nochmals 10 Minuten gehen lassen. Den Backofen auf 190 °C vorheizen.

Dann in zwei Portionen teilen und zu einem länglichen Laib formen. Mit der dabei entstehenden Naht nach oben in die Form einlegen und verschließen. In der Form noch etwa 10 Minuten gehen lassen, dann in den heißen Backofen schieben, die Temperatur auf 175 °C reduzieren und in 50 bis 60 Minuten goldbraun backen.

Nach dem Backen sofort aus den Formen auf ein Gitter stürzen, mit heißer Butter einpinseln und in Vanillezucker wälzen. Diesen Vorgang eventuell am nächsten Tag wiederholen. So entsteht eine dicke Zuckerkruste, die den Stollen besonders lang haltbar macht.

STEPHAN FRANZ
*Den Stollen entweder in einer verschließbaren Form backen oder eine Stollenhaube verwenden. Da der Teig sehr weich ist, würde er sonst zu sehr auseinanderlaufen.
Das hier abgedruckte Rezept ist eine reduzierte Version meines Originalrezeptes, deshalb die etwas merkwürdigen Gewichtsangaben.
Sie sehen auf dem Foto, das im Kaminzimmer entstand, außerdem einen Mohn- und Marzipanstollen, hausgemachte Dominosteine, Adlon Marzipankartoffeln, Zimtsterne und Vanillekipferl.*

Gefüllte Berliner Streuselschnecken

Für etwa 20 Streuselschnecken

FÜR DIE STREUSEL:
*50 g Marzipan, 1 Eigelb (20 g)
200 g Butter, 200 g Zucker
1 Prise Salz
abgeriebene Schale von
½ unbehandelten Zitrone
1 Prise Zimt
Mark von ½ Vanilleschote
5 g Backpulver
50 g Mandelblätter
400 g Mehl*

FÜR DEN HEFETEIG:
*1 Würfel Hefe (42 g)
150 ml Milch, 50 g Zucker
500 g Mehl, 6 Eigelb (120 g)
100 ml Milch
50 g Quark (20 % Fett i. Tr.)
abgeriebene Schale von
½ unbehandelten Zitrone
Mark von einer Vanilleschote
1 Prise Salz
100 g Butter, 1 cl Rum*

FÜR DIE VANILLESAHNE:
*½ l Sahne, 4 Gelatineblätter
100 g Crème pâtissière (kalte Vanillecreme)
oder das Mark von 1 Vanilleschote
Puderzucker zum Bestäuben*

Am Vortag für die Streusel das Marzipan mit dem Eigelb ohne Klümpchen glattrühren.

Butter in Stücke schneiden und mit Zucker, Salz, Zitrone, Zimt und dem Vanillemark verrühren. Die Marzipan-Eigelb-Mischung hinzufügen und zu einer glatten Masse verarbeiten. Zum Schluß das mit Backpulver gesiebte und mit den Mandelblättern vermischte Mehl dazugeben. Dabei den Teig immer zwischen den Fingern zerreiben, bis sich Streusel bilden. Zugedeckt über Nacht kühl stellen.

Für den Vorteig die Hefe in der Milch auflösen und 20 g Zucker hinzufügen. Zusammen mit 150 g Mehl mit den Knethaken einer Küchenmaschine so lange kneten, bis sich der Teig vom Schüsselrand löst. Mit Mehl bestäuben und zugedeckt an einem nicht zu warmen Ort 20 Minuten gehen lassen. Die Oberseite des Teiges muß deutliche Risse aufweisen.

Dann für den Hauptteig das restliche Mehl mit Eigelb, Milch, Quark, restlichem Zucker, Gewürzen und Salz in der Küchenmaschine zu einem festen Teig verkneten. Den Vorteig hinzugeben und alles wieder so lange mit den Knethaken schlagen, bis sich der Teig vom Schüsselrand löst.

Zum Schluß die weiche, aber nicht flüssige Butter mit dem Rum einarbeiten. Den fertig geschlagenen Teig rund formen und mit Mehl bestäuben. Mit einem Tuch bedeckt 20 Minuten bei Zimmertemperatur aufgehen lassen.

Anschließend mit der flachen Hand zusammendrücken, erneut rund formen und 40 bis 45 g schwere Stücke abstechen. Diese Teigportionen erneut rund formen und mit einem Pinsel mit Wasser bestreichen. Die Oberfläche in die Streusel drücken und auf ein mit Backpapier ausgelegtes Blech legen. Mit einem feuchten Tuch bedeckt nochmals 20 Minuten gehen lassen. Den Backofen auf 185 °C vorheizen.

Kurz bevor die kleinen Kuchen in den Ofen kommen, nochmals flach drücken, dann goldgelb backen. Auf einem Kuchengitter abkühlen lassen, dann mit einem Sägemesser waagerecht durchschneiden.

Die Sahne aufschlagen. Die Gelatine in reichlich kaltem Wasser einweichen. Die Vanillecreme in einem kleinen Topf erwärmen und die ausgedrückte Gelatine darin auflösen. Ein Drittel der Sahne unterrühren, den Rest unterheben und in einen Spritzbeutel füllen.

Die kleinen Kuchen mit der Vanillesahne füllen, zusammenklappen und vor dem Servieren mit Puderzucker bestäuben.

Nachmittags im Adlon

Gefüllte Berliner Streuselschnecken

Schweizer Fours (Rezept auf S. 139) und klassische Petit fours

SCONES

Für 24 Stück von 6 cm Durchmesser

500 g Mehl, 25 g Backpulver
125 g Butter, 75 g Zucker
2 kleine Eier (100 g)
1/8 l Milch
150 g Rosinen
Mehl zum Ausrollen
2 Eigelb zum Bestreichen

Mehl, Backpulver, die Butter in Stückchen geschnitten und Zucker in eine Küchenmaschine geben und mit den Knethaken streuselartig zerbröseln.

Nach und nach Eier und Milch dazugeben und alles zu einem glatten Teig verkneten. Zum Schluß die Rosinen einarbeiten. Den Backofen auf 175 °C vorheizen.

Den Teig auf einer bemehlten Arbeitsfläche 1,5 cm dick ausrollen und kleine Plätzchen im Durchmesser von 6 cm ausstechen. Mit reichlichem Abstand auf ein mit Backpapier ausgelegtes Blech legen und die Oberfläche mit dem verquirlten Eigelb bestreichen.

Auf der mittleren Schiene des Backofens goldgelb backen.

STEPHAN FRANZ
Dieses klassische englische High-Tea-Gebäck wird dort traditionell mit Clotted Cream und Strawberry Jam serviert.
Probieren Sie doch mal dazu eine Creme aus Mascarpone, verrührt mit flüssiger Sahne. Wichtig ist, daß die Scones in der Mitte saftig sind und warm serviert werden. Sie schmecken nur frisch gebacken! Den Teig kann man auch gut einfrieren und bei Bedarf frisch backen.
Das Bild links zeigt auf dem Gestell aus reinem Zucker und auf dem Tisch: Obstfours, Cookies, karamelisierte Zitronentarte, Sahnefours, Englischen Teekuchen, Clotted Cream, Strawberry Jam, eine Pralinenauswahl, Obsttartelettes, Scones und Fingersandwichs (von links im Uhrzeigersinn).

COOKIES

Für etwa 40 Stück

240 g Butter
125 g brauner Zucker (Farinzucker)
125 g weißer Zucker
1 Prise Salz
2 kleine Eier (100 g)
8 g Natron, 340 g Mehl
110 g dunkle Kuvertüre
60 g Nüsse
170 g Vollmilch-Kuvertüre
65 g gehackte Walnüsse, 80 g Sultaninen
20 g gehackte Pistazien

Die Butter mit den Schneebesen eines Handrührgerätes cremig rühren, dabei nach und nach den braunen und weißen Zucker sowie das Salz einlaufen lassen. So lange schlagen, bis sich der Zucker gelöst hat, dann nach und nach die Eier hinzufügen und zum Schluß das mit Natron vermischte gesiebte Mehl unterkneten. Den Teig in drei Teile portionieren.

Ein Drittel des Teigs mit der gehackten Kuvertüre und den gehackten Nüssen vermischen. Unter das zweite Drittel die gehackte Vollmilch-Kuvertüre mischen, und unter den restlichen Teig Walnüsse, Sultaninen und Pistazien mengen.

Den Backofen auf 175 °C vorheizen.

Die Teige jeweils zwischen Backpapier ausrollen und in 2 mal 2 cm große Stücke schneiden. Zusammenrollen und auf ein mit Backpapier ausgelegtes Blech legen, mit der Hand etwas flachdrücken. Im heißen Backofen goldbraun backen.

STEPHAN FRANZ
Zwischen den Plätzchen sollte reichlich Abstand sein, da sie ziemlich auseinanderlaufen. Leichter zu verarbeiten ist der Teig, wenn man Rollen mit einem Durchmesser von 4 cm daraus formt und sie über Nacht in den Kühlschrank legt. Am nächsten Tag mit einem scharfen Messer in fingerdicke Scheiben schneiden.

Pariser Platz-Torte

Für den Biskuitboden:
125 g Mehl
100 g Speisestärke
20 g Kakaopulver
65 g Butter
7 Eier (375 g)
225 g Zucker, 1 Prise Salz
eine Tortenform von 26 cm Durchmesser

Für die Schokoladensahne:
800 ml Sahne
35 g Zucker
ausgekratztes Mark von 1/2 Vanilleschote
55 g Couvertüre (Valrhona Pur Caraïbe)
15 g Butternougat

Ausserdem:
1 fertig gebackener Mürbeteigboden
einige EL Aprikosenkonfitüre

Mehl, Speisestärke und Kakao miteinander vermischen und die Butter zerlassen.

Den Backofen auf 190 °C vorheizen.

Die Eier mit Zucker und Salz in einer Schlagschüssel aus Metall über einem Wasserbad etwa 40 Minuten cremig aufschlagen. Die Masse muß weiß und dickschaumig sein. Dann herausnehmen und so lange weiter schlagen, bis die Eiermischung abgekühlt ist. Die Mehlmischung durch ein Sieb darüberstreuen und vorsichtig mit einem Schneebesen unterziehen. Einige Löffel abnehmen, mit der flüssigen Butter verrühren und gleichmäßig unterziehen.

Eine Springform mit Backpapier auslegen und die Masse gleichmäßig einfüllen. Die Oberfläche glattstreichen und auf die mittlere Schiene des heißen Backofens stellen. Die Hitze auf 170 °C herunterschalten und in etwa 40 bis 45 Minuten goldgelb backen.

Nach dem Backen den Boden in der Form etwa 10 Minuten abkühlen lassen.

Für die Schokoladensahne die Sahne mit dem Zucker und dem Vanillemark aufkochen lassen. Couvertüre und Nougat in eine Schüssel geben und über einem Wasserbad schmelzen lassen. Dann unter die Sahne rühren und noch einmal aufkochen lassen. Anschließend in eine Schüssel umfüllen und nach dem Abkühlen mit einem Deckel bedeckt in den Kühlschrank stellen. Mindestens 2 Tage ruhen lassen.

Den Biskuitboden quer in vier Scheiben schneiden. Den Mürbeteigboden mit Konfitüre bestreichen und mit einer Biskuitscheibe bedecken. Einen Kuchenring darübersetzen.

Die Schokoladensahne mit einem Schneebesen locker und cremig aufschlagen. Den Kuchenboden dick mit der Schokoladensahne bestreichen, darüber wieder eine Biskuitscheibe legen, den man vorher etwas kleiner aussticht. So fortfahren, bis alle vier Scheiben, die immer kleiner ausgestochen werden, verbraucht sind. Rundherum dick mit Sahne bestreichen und einen Teil davon noch für die Deko aufbewahren. Am besten über Nacht kalt stellen.

Am nächsten Tag die Torte mit der restlichen Schokosahne nochmals bestreichen.

Stephan Franz
Bei der Torte auf dem Foto ist der Rand mit einem Dekorbiskuit belegt.

Abends im Adlon

Der Höhepunkt des Tages war das Souper

Anders als bei der einfachen Bevölkerung war für die Nobelschicht das Abendessen der Höhepunkt des Tages. Dafür kleidete man sich angemessen, und das Mahl bestand aus mindestens vier, häufig – gerade bei größeren Festlichkeiten – bis zu acht Gängen und mehr.

Es gab sehr strenge Vorschriften, wie der Tisch gedeckt sein mußte, und zudem unterschied man nach drei verschiedenen Servicevarianten:

Beim französischen Service wurden die einzelnen Platten und Speisen kurz vor Beginn des Essens auf Rechauds bereit gestellt. Das Servicepersonal stand zur Verfügung und tranchierte und bediente bei Tisch nach Wunsch der Gäste.

Beim englischen Service hingegen wurden alle Speisen auf den Tisch gestellt und von den Gästen selbst herumgereicht.

Am beliebtesten war der russische Service. Dabei wurde lediglich das Dessert vor Beginn der Tafel eingestellt. Das Servieren geschah ausnahmslos durch Kellner oder Diener, tranchiert wurde in der Küche.

Bei offiziellen Anlässen, aber auch bei privaten Feiern war das Plazieren der Gäste bei Tisch ein wichtiger Punkt. Damen und Herren setzte man abwechselnd in einer bunten Reihe. »Auch suche man es so zu arrangieren, daß möglichst gleichaltrige oder auch bekannte Personen nebeneinander zu sitzen kommen«, so steht es in einem Buch über richtiges Tischdecken und Etikette geschrieben.

Anhand von Tischkärtchen, auf denen der Name und natürlich auch der Titel der entsprechenden Personen stand, wurden die Plätze zugewiesen.

Eine wichtige Rolle beim abendlichen Diner spielte der Wein. Selbstverständlich wurde zu Fisch und zu hellem Fleisch ein Weißwein gereicht, zur Suppe servierte man gerne einen Madeira und zu Wild und zu dunklem Fleisch natürlich einen gehaltvollen Rotwein, bevorzugt aus Frankreich.

Sekt wurde normalerweise erst ab dem Braten gereicht, aber – so kann man in manchen alten Kochbüchern nachlesen:

»... man kann ihn auch vom Anfang bis zum Ende trinken, allerdings sollte man den Korken nicht knallen lassen, da es in unserem nervösen Zeitalter als feiner gilt, daß Öffnen der Flasche aufs leiseste zu besorgen«.

Eine Souperkarte von 1909

Begonnen wurden die Menüs Anfang des Jahrhunderts häufig mit Geflügel- oder auch Fleischbrühen mit unterschiedlichsten Klößchen als Einlage.

Neben Lachs oder Forelle durfte ein Geflügelgericht, oftmals auch Wildgeflügel wie Rebhühner oder Fasane nie fehlen.

Ein großer Braten war schlechtweg ein Muß – gerne schoben damals die Köche eine Gans oder Ente in den Backofen oder schmorten einen Reh-, Hirsch- oder Wildschweinbraten.

Ein aufwendiges Dessert rundete das lukullische Mahl ab. Sehr beliebt waren Dunstpuddings und raffinierte Cremes.

»Adlon oblige« – die klassische feine Küche

Beim abendlichen Diner im Adlon lautet das Motto Karlheinz Hausers heute: »Tradition verpflichtet«, denn auf den Speisekarten stehen Klassiker der feinen Küche. Mit dem Allerfeinsten und mit einer großen Auswahl kulinarischer Köstlichkeiten wollen er und sein junges Küchenteam die Gäste jeden Abend aufs neue beeindrucken.

Den Auftakt bildet einer der Adlon-Cocktailklassiker, der den Appetit anregt und für entspannte Stimmung sorgt. Im Anschluß folgen Häppchen, die auf einem außergewöhnlichen »Foodbäumchen« serviert werden. Dann werden auf einer großen Drehplatte am Tisch bis zu acht verschiedene Variationen dargeboten, von bestem Kaviar bis zu exzellentem Hummer, vom feinsten Adlon-Lachs bis zur raffinierten Foie gras. Verwöhnte Gourmets sollen hier im Adlon absolut auf ihre Kosten kommen.

Die Gäste mögen es, wenn die Hauptgerichte mit großem Aufwand und mit allen Finessen von den Kellnern serviert werden. Es wird wieder mehr am Tisch tranchiert und vorgelegt. Das beste Beispiel ist einer der Adlon-Klassiker, die Ente in drei Gängen, die jeweils am Tisch angerichtet werden.

Im Unterschied zum Lunch sind abends auch die Desserts ein wenig üppiger und aufwendiger. Besonders beliebt sind cremige Mousses, Parfaits oder Dessertkompositionen, mit viel Schokolade dekoriert. Die Desserts schmecken dank des Pâtissiers Stephan Franz nicht nur ausgezeichnet, sondern es sind optisch reizvolle Kunstwerke, die die Gäste immer wieder überraschen und begeistern.

Das Adlon steht nicht nur für exklusive Abendmenüs, sondern sehr gefragt ist es auch für große Bankette. Für Karlheinz Hauser zählt, daß der Gast nicht merkt, ob man für vierzig oder für vierhundert Personen gekocht hat. Auch bei aufwendigen Banketten für viele Gäste wird Wert gelegt auf frische, qualitativ absolut hochwertige Produkte, die ohne künstliche Zusätze und stets in reiner Handarbeit zubereitet werden. Dies ist im Adlon nur deshalb möglich, weil das Restaurant über einen großen Küchenstab mit vielen jungen, engagierten Köchen verfügt, die voller Begeisterung mitarbeiten und glücklich darüber sind, ihre Kreativität entfalten zu können. Außerdem wichtige Voraussetzung: Der Küchenchef hat von seiten der Geschäftsleitung freie Hand, Zutaten allerbester Qualität aus der ganzen Welt einzukaufen – so kann das hohe Niveau auch bei großen Diners mit Hunderten von Personen gehalten werden.

Richtig zur Geltung kommen die phantastischen Gerichte jedoch erst, wenn sie optimal in Szene gesetzt werden. Gerade bei Banketten hat die einfallsreiche und aufsehenerregende Dekoration wesentlichen Anteil daran, daß der Abend unvergeßlich wird. Seit der Eröffnung des Hotels 1997 gab es schon viele optisch besonders eindrucksvolle Veranstaltungen, etwa mit einem riesigen Austernbüfett aus Eis oder dem brennenden Brandenburger Tor – aus köstlicher Schokolade.

Pauillac Lammkotelett in der Artischocke

Cocktails der Adlon-Bar

Adlon Kaiser Cup

Für 1 Cocktail

2 EL frischer Obstsalat
1 cl Gin
1 Dash Grenadine
1 cl Zitronensaft
1 cl Cointreau
Champagner
zum Auffüllen

GLAS:
kleines Cocktailglas

Obstsalat in ein Glas geben. Gin, Grenadine, Zitronensaft und Cointreau im Shaker gut durchschütteln und durch ein Sieb über die Früchte seihen. Mit Champagner aufgießen und umrühren.

Evergreen

Für 1 Cocktail (alkoholfrei)

ca. 8 frische Minzeblätter
2 Limettenviertel, 2 TL brauner Zucker
2 cl Lime Juice, 1 cl Zitronensaft
3 cl Orangensaft, 3 cl Ananassaft

GLAS:
großes Longdrinkglas

GARNITUR:
2 Karambolescheiben

Minze, Limettenviertel und Zucker im Glas mit einem Stößel zerstampfen. 2 EL Crashed Ice dazugeben und mit den restlichen Zutaten auffüllen. In einem Speedshaker gut durchshaken.

Titanic

Für 1 Cocktail

einige Brombeeren
1 cl Brombeersirup
1 cl Zitronensaft
Champagner
zum Auffüllen

GLAS:
Champagnerglas

GARNITUR:
Physalis

Alle Zutaten mit einer Barschaufel Crashed Ice im Mixer fein pürieren, in ein Champagnerglas geben und mit Champagner aufgießen.

Revolution

Für 1 Cocktail

2 cl Havanna Club
2 cl Peachtree, 2 cl Zitronensaft
ca. 10 frische Brombeeren
3 cl Johannisbeersaft
1 cl Brombeersirup

GLAS:
Sektschale

GARNITUR:
1 Spieß mit frischen Brombeeren

Alle Zutaten mit einer Barschaufel Crashed Ice im Mixer fein pürieren. In eine Sektschale füllen.

Orangina

Für 1 Cocktail

*2 Orangenviertel, 2 Limettenviertel
2 kleine Löffel brauner Zucker
4 cl Havanna Club, 2 cl Lime Juice
2 cl Zitronensaft, 3 cl Ananassaft*

Glas:
großes Cocktailglas

Garnitur:
1 Orangenviertel und 2 Cocktailkirschen

Orangen- und Limettenviertel mit dem Zucker in einen Boston-Shaker geben und zerstampfen. 1 Barschaufel Crashed Ice dazugeben, mit den übrigen Zutaten aufgießen und kräftig durchschütteln, damit sich der Zucker auflöst. Im großen Cocktailglas servieren.

Summer Feeling

Für 1 Cocktail

*2 cl Wodka, 1 cl Peachtree
½ frischen weißen Pfirsich
1 cl Mandelsirup, 2 cl Zitronensaft
3 cl Ananassaft*

Glas:
großes Cocktailglas

Garnitur:
1 weiße Pfirsichspalte

Alle Zutaten mit einer Barschaufel Crashed Ice in den Mixer geben und kurz pürieren. In ein Cocktailglas füllen.

Mario da Corno & Katja Adamzik
Wenn Sie 2–3 Stücke frische Ananas mit in den Mixer geben, schmeckt der Cocktail noch exotischer. Auf dem Foto rechts sehen Sie unsere Cocktails Titanic, Orangina, Bodhi und den Adlon Kaiser Cup.

Bodhi

Für 1 Cocktail

*4 cl Meyer's Rum, 1 cl Vanillesirup
ca. 10 frische Himbeeren
2 cl Zitronensaft
3 cl frischer Ananassaft*

Glas:
Cocktailglas

Garnitur:
1 Spieß mit frischen Himbeeren

Alle Zutaten mit einer Barschaufel Crashed Ice im Mixer kurz pürieren. In ein Cocktailglas füllen.

APPETITBISSEN

*Es ist eine schöne Idee, Gäste mit kleinen witzigen Häppchen
auf dem Gourmandises-Bäumchen zu empfangen …
… zur Nachahmung auch für zu Hause empfehlenswert, zum Beispiel:*

Kleine Kalbfleischbällchen

geräucherter Babyaal auf Pumpernickel

Lachsrückenfilet mit Sevruga-Kaviar

Gefüllte Mini-Artischocken

Tatar vom Rinderfilet

Wachtelbrust und Mousse auf Brioche

Roulade von Taleggio und Parmaschinken

Bouquets Rosés

Dim Sum mit Gemüsefüllung

Thunfischröllchen mit Sesam

Wirsingsäckchen mit Trüffelschinken

Grenaille-Kartoffeln mit Matjestatar

Gefüllte Minipaprika

Kastanienbrötchen mit geräucherter Entenbrust

Frischkäsecreme und Tête de Moine

Schinken-Lauch-Quiche

Lachsrose auf Blini

Gefüllte Zwergtomaten

Kleiner Gruss aus der Küche

Gebackene Spargelköpfe mit Hummer-Ragout

Für 4 Personen

je 12 weiße und grüne Spargelköpfe, Salz
30 Stangen grüner, dünner Thaispargel
etwas Speisestärke
1 große Fleischtomate
4 Hummerscheren
einige Kerbelzweige
etwas Aceto Balsamico (10 Jahre alt)
frisch gemahlener schwarzer Pfeffer
etwas Olivenöl extra vergine

Für den Ausbackteig:
125 g Mehl, 150 ml Bier, 15 ml Öl, 1 Ei
Salz, frisch gemahlener schwarzer Pfeffer
Öl zum Ausbacken

Spargelköpfe in kochendem Salzwasser blanchieren und auf einem Tuch trocknen lassen. Die Thaispargel der Länge nach zweimal durchschneiden, 30 Sekunden blanchieren und dann gitterförmig in einen Nestbacklöffel legen. Mit Speisestärke bestäuben und im 170 °C heißen Ausbacköl fritieren. Aus dem Körbchen nehmen und auf einem Tuch 2 Stunden trocknen lassen. Auf diese Weise alle Thaispargelstangen zu Körbchen backen.

Tomaten blanchieren, häuten, halbieren, entkernen und in feine Spalten schneiden. Die gegarten Hummerscheren auslösen. Tomaten mit dem gehackten Kerbel vermischen, mit Aceto Balsamico, Salz, Pfeffer und Öl marinieren.

Mehl mit Bier und Öl verrühren, das Eigelb hinzufügen, und zum Schluß das steif geschlagene Eiweiß unterheben. Salzen und pfeffern. Die Spargelspitzen in den Teig tauchen und im heißen Öl ausbacken.

In den Körbchen anrichten. Die Hummerschere anlegen, mit Tomatenragout, Kerbel und der Vinaigrette marinieren.

Gefülltes Carpaccio und Tatar vom Kalb

Für 4 Personen

Für das Carpaccio:
$1/2$ Kalbsfilet, 1 Bund Basilikum
2 EL Olivenöl extra vergine
1 EL Pinienkerne, 1 Sardellenfilet
1 Scheibe Weißbrot, ohne Rinde

Für das Tatar:
300 g Kalbsfilet, 20 kleine Kapern, 3 Eigelb
je 1 TL Senf und Ketchup
geschroteter schwarzer Pfeffer, Salz
1 EL Olivenöl, 2 Minipaprikas

Für die Garnitur:
1 kleiner Kürbis, 10–12 Salatblätter
2 EL Adlon Spezial-Dressing (Rezept auf Seite 40), 2 EL Trüffelöl, Saft von $1/2$ Zitrone
1 EL Champagneressig, Salz, frisch gemahlener schwarzer Pfeffer

Das Filet längs in dünne Scheiben schneiden und zwischen Folie flach klopfen. Die weiteren Zutaten im Mixer fein pürieren, auf die Fleischscheiben streichen und aufrollen. Mit Folie umhüllen und einige Stunden ins Tiefkühlgerät legen. Kalbsfilet fein hacken und mit den übrigen Zutaten außer den Paprikas vermischen. Masse als Nocken in die halbierten Paprikas füllen. Kürbis schälen, das Fruchtfleisch hauchdünn auf der Aufschnittmaschine schneiden. Zwischen zwei geölte Backpapierblätter und dann auf ein Blech legen und mit einem Topf beschweren. 1 bis $1^{1}/_{2}$ Stunden bei 120 °C backen, dann 2 Stunden an der Luft trocknen. Dünne Scheiben vom Carpaccio, mit Dressing marinierte Salatblätter und die Paprikahälften auf dem Teller anrichten. Mit Kürbischips belegen. Trüffelöl, Zitronensaft, Essig, Salz und Pfeffer verrühren und das Carpaccio damit bestreichen.

Abends im Adlon

STAKKATO KALT

Sehr beliebt sind die kleinen Stakkato-Gerichte bei Stehempfängen im Adlon. Es ist ein Menü, das man im Stehen einnimmt. Viele verschiedene Gänge werden in kleinen Portionen gereicht – ein ›fliegendes Büfett‹ für Tagungen und Feste. Neben dem kalten Stakkato gibt es auch warmes Stakkato und außerdem Stakkato-Dessert.

Auf dieser Doppelseite einige Beispiele für Stakkato kalt:

SALAT VOM POLYPFISCH UND GEFÜLLTE CALAMARES MIT ZUCCHINIBLÜTEN

oder

GELEE VOM BABYRAUCHAAL UND IMPERIAL-KAVIAR

oder

LANGUSTEN UND BÄRENKREBSSALAT »ASIATISCH«

oder

GALANTINE VOM KALBSKOPF UND BRIES AUF GETRÜFFELTEM WURZELGEMÜSE

oder

SANKT-PETERS-FISCH MIT HUMMER SOUFFLIERT IM ZITRONENFUMET

GALANTINE VOM KALBSKOPF UND BRIES AUF GETRÜFFELTEM WURZELGEMÜSE

Für 4 Personen

*1 küchenfertig zerkleinerter Kalbskopf
150 g Suppengemüse (Lauch, Möhre, Petersilienwurzel, Knollensellerie)
1 Lorbeerblatt
20 g Pfefferkörner, Salz
1,5 l Kalbsfond, 200 g Kalbsbries
40 g Butter, 50 g Trüffel
3 EL Kalbsjus, 150 g Kalbsfarce
10 Mangoldblätter*

*FÜR DAS WURZELGEMÜSE:
1 gekochte rote Bete
1 Möhre, 1–2 Selleriestangen
1 kleiner Knollensellerie
1 dünne Lauchstange, 1 schwarze Trüffel
Salz, frisch gemahlener schwarzer Pfeffer
Zucker, 1 Msp. Honig
2 EL Champagneressig, 4 EL Öl
1/2 Bund Petersilie*

Den Kalbskopf mit dem geputzten Suppengemüse in einen Kochtopf geben. Lorbeerblatt, Pfefferkörner und Salz dazugeben und mit Kalbsfond begießen. Zum Kochen bringen und in 1 1/2 Stunden weich kochen.

Den Kalbskopf herausnehmen, etwas abkühlen lassen, dann das Fleisch ablösen und in Stücke schneiden. Die Fleischstücke auf Alufolie legen und mit der gallertartigen Flüssigkeit bedecken und kühl stellen.

Das Kalbsbries von allen Haut- und Sehnenteilen befreien und in kleine Röschen teilen. Butter erhitzen und das Bries darin bei schwacher Hitze steif ziehen lassen. Mit Salz und Pfeffer würzen und die kleingehackten Trüffeln sowie den Kalbsjus untermischen.

Kurz durchschwenken, auf einen flachen Teller geben und abkühlen lassen. Dann mit der Kalbsfarce vermischen und auf die ausgebreiteten Mangoldblätter streichen. Aufrollen und diese Rolle fest mit Alufolie umhüllen.

In einem großen, flachen Topf Wasser zum Kochen bringen und die Rolle darin 20 Minuten gar ziehen lassen. Dann aus der Folie nehmen und die Rolle auf den leicht erwärmten Kalbskopfmantel legen und beides zusammen aufrollen. Erneut kühl stellen.

Die angegebenen Gemüsesorten putzen, waschen und im ganzen kochen. Anschließend in schräge Scheiben schneiden und mit der ebenfalls in Scheiben geschnittenen Trüffel vermischen. Salz, Pfeffer, Zucker, Honig, Essig und Öl verrühren und das Gemüse darin marinieren.

Auf Tellern anrichten und mit der in Scheiben geschnittenen Kalbskopfrolle belegen und mit gehackter Petersilie bestreuen.

LANGUSTEN UND BÄRENKREBSSALAT

Für 4 Personen

4 kleine Babylangusten
4 Bärenkrebse (aus Singapur)
Salz
150 g Suppengemüse (Lauch, Möhre, Petersilienwurzel und Knollensellerie)
250 g grüner Spargel
2 Möhren
50 g grüne Bohnen
100 g Sojabohnen
50 g Shiitake-Pilze
50 g Egerlinge
10 rote Kirschtomaten
5 gelbe Kirschtomaten
5 kleine Frühlingszwiebeln
100 g Sojasprossen
20 g Butter
1 EL Öl

FÜR DIE SALATMARINADE:
1 Zitronengrasstange
1/8 l Hühnerbrühe
2 EL Chili-Chicken-Sauce
1 Msp. geriebener Ingwer
1 Msp. schwarze Sesampaste
1 TL Dayong
1/2 Bund Thai-Basilikum
1/2 Bund frischer Koriander
2 EL Sojasauce
1 EL Oystersauce

FÜR DIE GARNITUR:
einige Kräuterblüten
einige Zitronenblätter

Die Babylangusten und die Bärenkrebse in kochendem Salzwasser mit dem geputzten und kleingeschnittenen Suppengemüse 8 bis 10 Minuten köcheln lassen. Anschließend noch ewa 5 Minuten ziehen lassen, damit sich das eiweißreiche Fleisch wieder entspannt.

In der Zwischenzeit Spargel und Möhren schälen, von den Bohnen die Enden abknipsen, die Pilze putzen, die Kirschtomaten quer halbieren und von den Frühlingszwiebeln die Wurzeln und die grünen Enden entfernen.

Die Pilze vierteln und in erhitzter Butter und Öl kurz anbraten. Das restliche Gemüse in kleine Stücke schneiden und in kochendem Salzwasser blanchieren. Anschließend in Eiswasser kalt abschrecken und auf einem Durchschlag abtropfen lassen.

Für die Salatmarinade das kleingeschnittene Zitronengras in der Hühnerbrühe kurz köcheln lassen und die übrigen Zutaten hinzufügen. Die Gemüse darin marinieren und auf Tellern verteilen.

Die Langusten ausbrechen und vorsichtig mit einer Schere den Schwanz freilegen.

Die Bärenkrebse ganz auslösen und den Schwanz in Scheiben schneiden. Sternförmig auf dem Salat anrichten. Die Langusten im ganzen mit dem aufgebrochenen Schwanz auf dem Salat anrichten.

Mit den Kräuterblüten und Zitronenblättern garnieren.

Stakkato warm

Gefülltes Kalbskotelett auf Steinpilzsalat und Rucola

Für 4 Personen

4 Milchkalbskoteletts (je 130 g)
500 g kleine Steinpilze
etwa 100 ml Olivenöl, extra vergine
50 g Butter
Salz, frisch gemahlener Pfeffer
einige Spinatblätter
100 g Kalbsfarce
einige Zitronenthymianzweige
einige Rosmarinzweige
1 kleine Schalotte
1 kleine Knoblauchzehe
1/2 Bund Petersilie
Saft von 1/2 Zitrone
3 EL Aceto Balsamico (10 Jahre alt)
200 g Rucola
2–3 EL Adlon Spezial-Dressing
100 g Kartoffeln, 1 Fleischtomate
einige EL Kalbsfond

Das Fleisch der Kalbskoteletts entlang der Knochen abschaben. In die Koteletts mit einem scharfen Messer eine Tasche schneiden.

Die Steinpilze putzen und vier besonders schöne Exemplare im ganzen in 1 EL Öl und 10 g Butter gar braten. Mit Salz und Pfeffer würzen und abkühlen lassen. Das Fleisch ebenfalls innen und außen würzen, und die Tasche mit Spinatblättern auslegen. Jeweils etwas von der Farce hineinstreichen und die ganzen Steinpilze hineingeben. Die Öffnung mit einem Zahnstocher zustecken oder mit einem Küchengarn zunähen.

2 EL Öl und 20 g Butter mit Thymian und Rosmarin erhitzen und die Koteletts darin anbraten. In dem auf 70 °C vorgeheizten Ofen gar ziehen lassen.

Die restlichen Steinpilze in gleichmäßige, 1/2 cm dicke Scheiben schneiden. Schalotte und Knoblauch schälen, in kleine Würfel schneiden und in 20 g Butter und 2 EL Öl glasig braten. Dann die Pilze dazugeben, salzen und pfeffern und unter Schütteln der Pfanne garen lassen.

Die Petersilie fein hacken und die Hälfte davon unter die Pilze mischen. Mit Zitronensaft und Aceto Balsamico würzig abschmecken. Von der Kochplatte nehmen.

Die Rucolablätter verlesen, waschen und trockenschütteln. Vier Teller damit belegen, den Steinpilzsalat darauf verteilen und mit Adlon Spezial-Dressing beträufeln. Die Koteletts in der Mitte quer durchschneiden und darauf setzen.

Die Kartoffeln schälen, in kleine Würfel schneiden und im restlichen Öl knusprig braten. Die Tomate blanchieren, häuten, halbieren und entkernen. Die Hälften in kleine Würfel schneiden und mit etwas Adlon Spezial-Dressing marinieren.

Den Salat mit den krossen Kartoffelwürfeln und den marinierten Tomatenwürfeln bestreuen. Mit etwas Kalbsfond beträufeln und mit den restlichen Zitronenthymian- und Rosmarinzweigen garnieren.

Karlheinz Hauser

Für die Kalbsfarce gebe ich 100 g schieres Kalbfleisch in den Universalzerkleinerer und füge 70 ml Sahne hinzu. Gewürzt wird mit Salz und frisch gemahlenem weißen Pfeffer. Abgeschmeckt wird mit einer Reduktion von Madeira, Cognac und Portwein zu gleichen Teilen und einem kleinen Anteil Gänsestopfleber.
Wichtig für eine cremige Farce ist, daß die Zutaten eiskalt sind. Unbedingt vor dem Zerkleinern das Salz hinzufügen, dadurch öffnen sich die Poren und das Eiweiß bindet rascher und besser.

Beim Servieren der warmen Stakkato-Gerichte

EINE KLEINE AUSWAHL AN WARMEN STAKKATO-GERICHTEN

die im Adlon bei Empfängen serviert werden

Essenz von Schwarzfederhuhn

Taubenbrust mit Semmelfüllung auf gekräuterten Pfifferlingen und grünem Spargel

Milchlammrücken mit Leber auf Zucchini und Tomaten-Confit

Gefülltes Kalbskotelett auf Steinpilzsalat und Rucola

STAKKATO-DESSERTS

GRATIN VON MARINIERTEN NEKTARINEN MIT BASILIKUM

Für 4 Personen oder für 8 als Stakkato

FÜR DEN NEKTARINENFOND:
*150 g Zucker, 4 Nektarinen
je 50 ml Zitronen- und Orangensaft
1 l Weißwein, 1/2 l Wasser
8 cl Pfirsichlikör, 6 cl Bacardi
2 Basilikumzweige, 1/2 TL Cremepulver*

FÜR DIE GRATINMASSE:
*150 g Mascarpone, 100 g Topfen
40 g Puderzucker, 15 g Speisestärke
Mark von 1 Vanilleschote
abgeriebene Schale und Saft von
1/2 unbehandelten Zitrone
1 EL Rum, 2 Eigelb (40 g)
4 Eiweiß (120 g), 50 g Zucker
Basilikumblätter zum Garnieren*

Für den Nektarinenfond den Zucker mit etwas Wasser hell karamelisieren. Mit den Zitrussäften ablöschen und etwas reduzieren lassen. Dann mit Weißwein und Wasser aufgießen und bei mittlerer Hitze auf 1 Liter einkochen lassen. In dieser Zeit die Nektarinen vorbereiten, daß heißt mit einer langen Zange vom Stengelansatz her den Stein so herauslösen, daß die Frucht ganz bleibt. Den Backofen auf 170 °C vorheizen.

Reichlich Wasser zum Kochen bringen und die Früchte darin kurz blanchieren. Dann sofort in Eiswasser abschrecken und die Haut abziehen. In den vorbereiteten Fond einlegen und im heißen Ofen garen, bis sie weich und durchgezogen sind. Sie müssen aber unbedingt ihre Form behalten. Aus dem Ofen nehmen und die Spirituosen unter den Sud rühren und die Basilikumblätter hineinlegen. Zugedeckt über Nacht in den Kühlschrank stellen.

Am nächsten Tag den Fond durch ein feines Sieb passieren, aufkochen lassen und mit dem mit etwas kaltem Wasser angerührten Cremepulver binden.

Für die Gratinmasse alle angegebenen Zutaten bis auf das Eiweiß und den Zucker in eine Schüssel geben und mit dem Schneebesen zu einer glatten Masse verrühren. Darauf achten, daß sich keine Klümpchen bilden.

Die Nektarinen in Spalten schneiden und auf einem Teller hübsch anrichten. Etwas von der abgezogenen Sauce darübergeben. Den Grill vorheizen. Die Eiweiße mit dem Zucker zu einem cremig-festen Schnee schlagen und unter die angerührte Mascarponemasse ziehen. Mit einem Löffel kleine Nocken von der Gratinmasse abstechen, auf den angerichteten Nektarinen verteilen.

Unter dem heißen Grill in wenigen Minuten goldbraun gratinieren, mit Basilikumblättern garnieren und sofort servieren.

KAFFEE-SESAM-PYRAMIDEN

*Für 12 kleine Kuppelformen
(2 cm Durchmesser) und
12 Pyramidenförmchen (6 cm Kantenlänge)*

FÜR DIE SESAM-MOUSSE:
*3 weiße Gelatineblätter, 25 g Sesam
50 g Zucker, 1/4 l Milch, 2 große Eigelb (50 g)
150 ml Sahne, 1 Eiweiß (30 g)
etwas Schokoladenglasur*

FÜR DIE KAFFEE-MOUSSE:
*500 ml Kaffee, 50 g Zucker
150 g weiße Kuvertüre, 4 weiße Gelatineblätter
1 Ei (60 g), 1 Eigelb (20 g)
1 cl Cognac, 2 cl Whiskey
560 ml Sahne, 3 Eiweiß (90 g), 1 Prise Salz
Baumkuchen zum Belegen der Förmchen
Schokoladenüberzugsmasse zum Überziehen*

*Gratin von Basilikum-Nektarinen, Malibi mit gefülltem Kadayif und Marillenragout,
Kaffee-Sesam-Pyramiden mit eingelegten Kirschen*

Für die Sesam-Mousse die Gelatine in reichlich kaltem Wasser einweichen. Sesam durch eine Mohnmühle quetschen und zusammen mit 20 g Zucker und der Milch zum Kochen bringen. Eigelb mit 15 g Zucker schaumig aufschlagen. Die Sesam-Milch dazugießen und über einem Wasserbad bis zur Rose abziehen. Die gut ausgedrückte Gelatine darin auflösen und durch ein feines Sieb passieren. Über einer Schüssel mit Eiswasser kalt rühren.

Sahne halbsteif schlagen, und das Eiweiß mit dem restlichen Zucker zu einem cremigen Schnee verarbeiten. Zuerst die halbfest geschlagene Sahne unterrühren und dann das Eiweiß vorsichtig unterheben. Die Mousse in kleine Kuppelformen einfüllen und im Tiefkühlgerät gefrieren lassen.

Für die Kaffee-Mousse den Kaffee in eine Kasserolle geben und bei mittlerer Hitze auf 100 ml einkochen. Abkühlen lassen.

Kuvertüre in eine Metallschüssel geben und im Wasserbad bei 40 °C schmelzen lassen. Die Gelatine in kaltem Wasser einweichen. Ei mit Eigelb in einer Metallschüssel mit einem Schneebesen über einem Wasserbad weiß und schaumig schlagen. Gelatine ausdrücken, unter die Schaummasse mischen. Die Kuvertüre, dann die Spirituosen und den Kaffee unterrühren und die Mischung über einer Schüssel mit Eiswasser unter Rühren auf Körpertemperatur abkühlen lassen.

Sahne halbsteif schlagen. Eiweiß, Zucker und Salz in einer zweiten Schüssel cremig aufschlagen. Erst die Sahne, dann den Eischnee unter die Mousse heben. Etwas von der Mousse in die Pyramiden füllen. Das aus den Kuppelformen gestürzte Sesam-Mousse hauchdünn mit Schokoladenglasur überziehen und in die Pyramiden einsetzen. Mit der Kaffee-Mousse abschließen und mit dünnen Baumkuchenböden abdecken. Im Tiefkühlgerät gefrieren lassen, dann aus der Form lösen und im halbgefrorenen Zustand mit Schokoladenüberzugsmasse überziehen. Mit Kirschragout und Sesamhippen anrichten.

Mille-feuille vom Neuseeland-Thunfisch mit Koriander und Senfkörnern

Für 4 Personen

*1 schönes Filetstück vom Thunfisch
(etwa 1–1,2 kg)
2 Schalotten
30 g eingeweichte Senfkörner
½ Bund Koriander
1 kleine Chilischote
10 g geriebener Ingwer
1 g Wasabi
(grüner Meerrettich)
Salz
frisch gemahlener weißer Pfeffer
Dayong
1 Prise Zucker
1 EL Sesamöl
100 g Forellenkaviar*

*Für die Vinaigrette:
1 EL Sesamöl
1 EL Öl
2 EL Reisessig
1 Msp. geriebener Ingwer
½ Bund Basilikum
4 EL Tomatenwürfel*

*Ausserdem:
200 g Eiskrautsalat
1 gelber Sushi-Rettich
2 Blätter Wan-Tan-Pastry
2 Blätter Spring-Roll-Pastry
Öl zum Ausbacken*

Das Thunfischfilet kurz anfrieren, dann mit einer Aufschnittmaschine 16 dünne Scheiben abschneiden. Von den Scheiben vorsichtig mit einem Ausstecher Kreise im Durchmesser von 10 cm ausstechen und kühl stellen. Den restlichen Thunfisch in gleichmäßige Würfel schneiden und in eine Schüssel geben.

Die Schalotten schälen und in kleine Würfel schneiden. Mit den eingeweichten Senfkörnern, dem feingehackten Koriander, der gehackten Chilischote, dem geriebenen Ingwer und Wasabi zu den Fischwürfeln geben und mit Salz, Pfeffer, Dayong und Zucker würzig abschmecken. Zum Schluß das Sesamöl unterrühren.

Vier Fischscheiben mit dem marinierten Tatar bestreichen, mit weiteren vier Fischscheiben bedecken und diesen Vorgang noch zweimal wiederholen. Das fertige Millefeuille kalt stellen.

Den Kaviar zu 4 10 g schweren Nocken formen. Den restlichen Kaviar mit Sesamöl, Öl, Reisessig, Ingwer, feingehacktem Basilikum und Tomatenwürfeln vermischen.

Die Eiskrautsalatblätter verlesen, waschen und trockenschütteln.

Den Sushi-Rettich am besten mit einem Rettichschneider spiralenförmig aufschneiden.

Die Wan-Tan-Pastry und die Spring-Roll-Pastry in kleine Dreiecke schneiden und im heißen Öl knusprig fritieren.

Die Mille-feuille auf die Mitte der Teller legen, mit den Salatblättern und dem Rettich umkränzen und mit der Kaviar-Vinaigrette beträufeln.

Karlheinz Hauser
Ich bevorzuge die kleinen Thunfische aus den kälteren Gewässern, wie den Ahi aus Hawaii oder den Yellowtail Kingfish aus Neuseeland, weil diese besonders mager sind und ein leuchtend rotes, appetitliches Fleisch haben. Da man diese beiden Sorten nicht so leicht bekommt, kann man auch auf den jungen weißen Thunfisch, besser unter Bonito bekannt, zurückgreifen.

Variation von Krustentieren

Alle Rezepte auf dieser Doppelseite für 4 Personen

Austern in Champagnergelee

*4 »Gillardeux«-Austern Spezial
300 ml Champagner
5 weiße Gelatineblätter*

Austern aufbrechen und aus der Schale lösen. Den Muskel vom Fleisch trennen und die Austern auf ein Tuch legen und trockentupfen. Das Austernwasser in einen kleinen Topf geben und mit dem Champagner kurz aufkochen, damit dieser die Kohlensäure verliert.

Gelatine in kaltem Wasser einweichen und gut ausgedrückt in der heißen Flüssigkeit auflösen. Durch ein feines Sieb gießen, um eventuelle Schalenrückstände aufzufangen.

Eine kleine rechteckige Form mit Klarsichtfolie auslegen und ein Drittel des Champagnergelees einfüllen.

Kühl stellen, bis das Gelee fest geworden ist. Dann die trockenen Austern darauf nebeneinander anrichten und mit der restlichen Geleeflüssigkeit begießen.

Erneut kalt stellen, dann das Gelee stürzen und mit einem heißen Messer in vier gleich große Stücke schneiden.

Jakobsmuschel-Terrine

*8 mittelgroße Jakobsmuscheln
30 g Butter, Salz
1 Thymianzweig, 150 ml Sahne
3 weiße Gelatineblätter
1 cl Pernod, 2 EL Zitronensaft
frisch gemahlener weißer Pfeffer
1 Prise Zucker
40 g Imperial-Kaviar*

Die ausgelösten Jakobsmuscheln in der aufgeschäumten Butter anschwitzen, salzen und den Thymianzweig dazugeben. Mit zwei Drittel der Sahne aufgießen und kurz durchköcheln lassen. Die Muscheln herausnehmen und die kalt eingeweichten Gelatineblätter darin auflösen. Mit Pernod, Zitronensaft, Pfeffer und Zucker würzen und im Mixer fein pürieren.

Die restliche Sahne steif schlagen und unter die etwas abgekühlte Muschelmasse ziehen. Die Mousse in eine Form füllen und im Kühlschrank erstarren lassen. In 1/2 cm dicke Scheiben schneiden. Mit einem runden Ausstecher in der Mitte ein Loch ausstechen. Den Kaviar hineinfüllen und servieren.

Croustillons von Langostinos

*1 Blatt Spring-Roll-Pastry
2 Langostinenschwänze
20 g Fischfarce*

Die Teigplatte einrollen und quer in Streifen schneiden.

Die Langostinenschwänze in vier Teile schneiden, mit etwas Fischfarce bestreichen und mit den Teigstreifen umwickeln. Im 160 °C heißen Öl goldbraun fritieren.

Hummerschere im Kartoffelmantel

*1 längliche Kartoffel
4 Hummerscheren
Salz, frisch gemahlener Pfeffer*

Die Kartoffel schälen und der Länge nach in dünne Scheiben schneiden. Die Scheiben wiederum in dünne Streifen schneiden und damit die Hummerscheren umwickeln.

Mit Salz und Pfeffer würzen und in reichlich 160 °C heißem Öl goldbraun fritieren.

Tomatenmousse-Törtchen, Croustillons von Langostinos, Jakobsmuschel-Terrine, Austern in Champagnergelee und Hummerschere im Kartoffelmantel

Törtchen von zweierlei Tomatenmousse mit Flusskrebsen

*200 ml roter Tomatenfond, Salz
frisch gemahlener weißer Pfeffer
gerebelte provenzalische Kräuter
10 weiße Gelatineblätter
160 g geschlagene Sahne
300 ml weißer Tomatenfond
4 runde Formen
(7 cm Durchmesser)
32 kleine, ausgelöste, gekochte Flußkrebse
4 Basilikumzweige*

Den roten Tomatenfond erhitzen und mit Salz, Pfeffer und den Kräutern würzen. 2 eingeweichte, ausgedrückte Gelatineblätter darin auflösen. Über einer Schüssel mit Eiswasser kaltrühren und in die Formen füllen.

Die Hälfte der geschlagenen Sahne unterziehen und eine etwa 1 1/2 cm hohe Schicht in die Formen gießen und erstarren lassen.

Den weißen Tomatenfond ebenfalls erhitzen und mit Salz, Pfeffer und Kräutern würzen. Die restliche eingeweichte, ausgedrückte Gelatine darin auflösen. 50 g Flüssigkeit abnehmen und aufbewahren.

Die verbleibende Flüssigkeit mit einem Schneebesen über einer Schüssel mit Eiswasser zu einer schaumigen Masse aufschlagen. Die restliche Sahne unter die kalte, aber noch flüssige Masse ziehen und alles gleichmäßig auf der roten Tomatenmousse verteilen. Die Mousse im Kühlschrank erstarren lassen.

Nun die ausgelösten Flußkrebse kreisförmig darauf anordnen und mit dem zurückgelassenen Tomatengelee begießen.

Erneut im Kühlschrank erstarren lassen und mit einem Basilikumzweig garnieren.

Variation von Foie gras

Foie gras roh mariniert

Für 2 Personen

½ l Milch
2 cl Cognac
3 cl roter Portwein
10 zerdrückte Wacholderbeeren
5 zerdrückte Pfefferkörner
½ feingeschnittenes Lorbeerblatt
¼ zerdrückter Sternanis
5 g Pökelsalz
25 g Zucker, Salz
frisch gemahlener schwarzer Pfeffer
150 g Gänsestopfleber

Die Milch aufkochen lassen und alle Zutaten bis auf die Gänsestopfleber hineingeben. Abkühlen lassen und die Gänsestopfleber in die noch lauwarme Milch einlegen. 2 bis 3 Tage zugedeckt im Kühlschrank marinieren.

Kurz vor dem Servieren aus der Marinade nehmen, mit einem Küchentuch trockentupfen und mit der Aufschnittmaschine in dünne Scheiben schneiden. Bei Bedarf mit Salz und Pfeffer nachwürzen.

Foie gras gegrillt

Für 4 Personen

4 Scheiben Gänsestopfleber
Salz, frisch gemahlener Pfeffer, etwas Mehl

Die Gänsestopfleberscheiben mit Salz und Pfeffer würzen und mit Mehl bestäuben.

In eine heiße Grillpfanne legen und auf diese Weise ein Muster aufbrennen. Im 180 °C heißen Backofen in wenigen Minuten fertiggaren. Sofort servieren.

Foie-gras-Torte mit schwarzer Trüffel

Für 4 Personen

Für das Armagnac-Gelee:
250 g Confit d'eau de vie à l'Armagnac
190 ml weißer Portwein
275 ml trockener Sekt
1 Apfel, 14 weiße Gelatineblätter

Ausserdem:
1 große schwarze Trüffel
8 Scheiben Knollensellerie
5 Scheiben Brioche, 100 g Gänsestopfleber
Ringform (7 cm Durchmesser)

Die Flüssigkeiten in einen Topf geben. Den Apfel achteln, die Kerngehäuse entfernen und hinzufügen. Zum Kochen bringen und 5 Minuten kochen lassen. Anschließend etwa 1 Stunde köcheln lassen. Durch ein Sieb passieren und die eingeweichte Gelatine darin auflösen.

Die schwarze Trüffel in hauchdünne Scheiben schneiden und mit einem Ausstecher Kreise von 2 cm Durchmesser ausstechen. Die Abschnitte können für das Gelee von Foie gras verwendet werden.

Die Selleriescheiben in kochendem Salzwasser blanchieren und genauso ausstechen. Trüffel- und Selleriescheiben durch die Geleeflüssigkeit ziehen, dann die Ringform damit abwechselnd und leicht überlappend kreisförmig auslegen.

Die Briochescheiben und die in Scheiben geschnittene Gänsestopfleber so ausstechen, daß sie genau in die Formen passen. Erst die Brioche-, dann die Gänsestopfleberscheiben darauf legen und mit den restlichen Sellerie- und Trüffelscheiben hübsch belegen. Mit Armagnac-Gelee glasieren und kühl stellen.

*Foie gras gegrillt, als Kirsche mit Trüffelkern,
als Torte mit schwarzer Trüffel,
als Gelee, gebraten mit Kirschen und roh mariniert*

Gebratene Foie gras mit Kirschen

Für 4 Personen

*4 Scheiben Gänsestopfleber
Salz, frisch gemahlener Pfeffer
etwas Mehl
10 entsteinte Kirschen
etwas Armagnac-Gelee (Rezept auf S. 120)*

Die Gänsestopfleberscheiben mit Salz und Pfeffer würzen und mit Mehl bestäuben. In einer heißen Pfanne von beiden Seiten rasch goldbraun braten und anschließend auf einem Gitter abkühlen lassen. Die Kirschen entsteinen und die Foie-gras-Scheiben damit belegen.

Die Kirschen kurz vor dem Gelieren mit dem Armagnac-Gelee überziehen. Erstarren lassen und servieren.

Gelee von Foie gras mit schwarzen Trüffeln und Walnüssen

Für 4 Personen

*Armagnac-Gelee (Rezept auf S. 120)
3 schwarze Walnüsse
140 g Gänsestopfleberparfait
Trüffelabschnitte vom Rezept für
Foie-gras-Torte mit schwarzer Trüffel
1 cl roter Portwein
3 EL geschlagene Sahne
Salz
1 Tunnelform*

Flüssiges Armagnac-Gelee ½ cm hoch auf ein mit Klarsichtfolie ausgelegtes Backblech gießen. Im Kühlschrank erstarren lassen. Dann auf die Länge der Tunnelform zurechtschneiden und die Form damit auslegen.

Die Walnüsse in Scheiben schneiden und mit etwas Gelee an den Geleemantel kleben, so daß ein zweiter Mantel aus Walnüssen entsteht. 50 g Stopfleberparfait so formen, daß man es als 1 cm dicke Schicht auf den Boden legen kann. Mit etwas flüssigem Gelee begießen und erstarren lassen.

40 g Parfait durch ein feines Sieb streichen, mit etwas warmem Armagnac-Gelee verrühren und die kleingehackten Trüffelabschnitte sowie den Portwein und die geschlagene Sahne unterziehen, mit Salz abschmecken. Etwa 1½ cm hoch in die Form einfüllen und kalt stellen.

Inzwischen aus dem restlichen Parfait eine weitere 1 cm dicke Schicht formen und auf die Mousse legen. Mit Armagnac-Gelee begießen, mit den restlichen Walnußscheiben belegen und wieder mit Gelee auffüllen. Im Kühlschrank erstarren lassen.

Mit einem heißen Messer in Scheiben schneiden.

Kaninchenrouladen und Crépinetten mit Nierenspiesschen à la Gremolata

Für 4 Personen

3 Kaninchenrücken mit Leber und Niere
100 g Kaninchenleber (zusätzlich)
3 große Fleischtomaten, 1 Bund Basilikum
Salz, frisch gemahlener Pfeffer
200 g Schweinenetz, 100 g Gemüsewürfel
1 Rosmarinzweig, 1 Knoblauchzehe
4–5 EL Olivenöl, 30 g Butter
4 lange Zahnstocher

Für die Kaninchensauce:
ausgelöste Knochen vom Kaninchenrücken
2 Zwiebeln, 1/2 Knoblauchzehe
1 Selleriestange, 100 g Champignons
1 Möhre, 1 dünne Lauchstange
1 Tomate, 3 EL Öl
1 Rosmarinzweig, 30 g Butter
Salz, frisch gemahlener Pfeffer
1/2 l Weißwein, 100 ml weißer Portwein
1 l Geflügelfond

Für die Gremolata:
1 Bund Petersilie, 40 g fetter Speck
2 geschälte, fein zerdrückte Knoblauchzehen
abgeriebene Schale von 1 unbehandelten
Zitrone, Salz, frisch gemahlener Pfeffer

Zwei Kaninchenrücken einschließlich Bauchlappen vorsichtig mit einem scharfen Messer von den Rückenknochen lösen und flach ausbreiten. Eine Kaninchenleber in kleine Würfel schneiden. Die Tomaten blanchieren, häuten, halbieren, entkernen und in Streifen schneiden. Die Basilikumblätter abzupfen.

Die ausgebreiteten Kaninchenrücken mit zwei Dritteln der Tomatenstücke belegen, Basilikumblätter und Leberstückchen darüber verteilen. Die Bauchlappen darüberschlagen und vorsichtig aufrollen. Die Rouladen mit einem Schweinenetz umhüllen und beiseite legen.

Restliche Lebern und die Nieren säubern, in Stücke schneiden und mit den Tomatenstreifen und Basilikumblättern auf 4 Zahnstocher stecken.

Für die Crépinetten vom dritten Rücken vorsichtig den Bauchknochen ablösen. Die Filets mit dem Knochen in kleine Koteletts teilen. Aus dem unteren Rückenteil ohne Knochen kleine Scheiben schneiden.

Gemüsewürfel mit Rosmarinzweig und ungeschältem Knoblauch in Öl anbraten, Rosmarin und Knoblauch wieder entfernen und Gemüse erkalten lassen. Auf eine Scheibe ohne Knochen einige Gemüsewürfel verteilen, darauf eine Scheibe mit Knochen, wieder Gemüsewürfel darauf verteilen und mit einer Scheibe ohne Knochen bedecken. In Schweinenetze hüllen und so 8 Crépinetten herstellen.

Für die Sauce die Knochen klein hacken. Zwiebeln und Knoblauch schälen und die Gemüse putzen und klein schneiden. Die Knochen im heißen Öl scharf anbraten. Das Fett abgießen, die Butter, den Rosmarin und die Gemüse ohne Tomate dazugeben. Kräftig anbraten, würzen, dann mit Wein und Portwein ablöschen und völlig einkochen lassen. Nun die klein geschnittene Tomate dazugeben und mit Geflügelfond aufgießen. 2 bis 3 Stunden sanft köcheln lassen.

Den Backofen auf 180 °C vorheizen. Die Sauce durch ein Sieb gießen. Die Rouladen im heißen Ofen in 8 bis 10 Minuten fertigbraten. Die Crépinetten 3 bis 4 Minuten in heißem Olivenöl braten. Die Spieße kurz in heißer Butter rundherum braten.

Für die Cremolata die Petersilie hacken, und den Speck in kleine Würfel schneiden. Den Knoblauch und die Zitronenschale dazugeben und mit Salz und Pfeffer würzen. Bei schwacher Hitze erwärmen.

Die Roulade in Scheiben schneiden, mit den Crépinetten anrichten und die Spieße hineinstecken. Mit Sauce und Gremolata umgießen.

Dazu werden im Adlon gefüllte Zucchiniblüten und Maisgrießknödel serviert.

Abends im Adlon

Jean Heid, Küchenchef im Adlon in den dreißiger Jahren, in seinem Büro

GÄNSELEBER-PASTETE
SPEZIALITÄT VON JEAN HEID

Dieses historische Geflügelpastetenrezept wurde in der Familie des einstigen Küchenchefs überliefert.

½ Pfund fettes Schweinefleisch durch die Hackmaschine gemahlen (einmal durch die mittlere Lochscheibe und einmal durch die feinste Lochscheibe).

Gänseleber roh enthäutet und in ½ eigroße Stücke geschnitten und Adern herausgezogen. Die Leber wird mit Trüffelstückchen gespickt, mit etwas feinem Salz bestreut und gleich ½ Citrone darüber ausgepresst, damit sie hell bleibt. Das weniger Gute der Leber und die Spitze der Leber treibe man durch ein Haarsieb, und dann kommt es unter das Schweinefleisch.

Hierauf dämpfe man zwei Stück Sardellen, eine Zwiebel jedes für sich in etwas Butter, treibe es durch ein Haarsieb und tue es zum Füllsel. Hierauf kommt noch Pfeffer, Salz und ein wenig Zitronensaft hinzu, damit es pikant schmeckt. Nun vermenge das Füllsel, tüchtig durchrühren.

Nun kommt in eine Form erst eine Lage Füllsel, eine Lage Leber, bis die Form voll ist, zuletzt obenauf Füllsel. Die Masse wird dann glattgestrichen, hierauf kommt der Deckel auf die Form. Der Gänselebertopf wird mit der Masse in einen eisernen Topf mit gut schliessendem Deckel in 8 cm hoch Wasser auf dem Herd 1½ bis 2 Stunden langsam ziehen lassen. Trüffeln je mehr, desto besser. Auch die kleinen Trüffelstückchen verwende man zum Füllsel.

Probieren, ob man die Pastete nicht mit Jus übergießt, dann mit einer Spicknadel in die Pastete einsticht, damit der Saft gut eindringt. Wenn die Pastete fertiggekocht ist, lässt man sie abkühlen und gießt dann den Topf mit ausgelassenem Schweineschmalz ganz zu.

Caneton à la presse façon Eckart Witzigmann

Für 2 Personen

*1,6 kg junge Ente (6–8 Wochen),
nach traditioneller Art getötet
1 kleines Glas Cognac
1 Glas doppelte Entenkraftbrühe
1 Glas alten Madeira
2 El passiertes Gänseleberparfait
Trüffeljus
Zitronensaft
Salz
Pfeffer aus der Mühle*

Den Backofen auf 240 °C vorheizen. Die bratfertige Ente innen und außen salzen und pfeffern und für zirka 20 Minuten im Rohr blutig braten. Anschließend für zirka 10 Minuten ruhenlassen und den Bratensaft auffangen.

In der Zwischenzeit die Entenleber fein mixen und mit dem passierten Gänseleberparfait zu einer homogenen Masse verarbeiten. Cognac, Madeira und einen Spritzer Zitronensaft zugeben, gut verrühren und abschmecken.

Die Entenkeulen ablösen und im Ofen für den zweiten Service gar grillen. Die Haut der übrigen Ente entfernen, die Brust schräg in dünne Scheiben aufschneiden und auf eine mit Salz und Pfeffer ausgestreute Silberplatte geben, die Brust nochmals salzen und pfeffern.

Die Karkasse unter Zugabe der Kraftbrühe 2 bis 3 mal durch eine Entenpresse lassen. Den gewonnenen Saft mit der Lebermasse und dem Bratensaft der Ente glattrühren und damit die Entenbrust nappieren. Dann bei ständigem Rühren und Übergießen des Fleisches heiß rühren, aber nicht kochen lassen! Die Sauce sollte eine schokoladige Farbe und Konsistenz haben. Mit Salz, Pfeffer, Zitronensaft und dem Trüffeljus abschmecken.

Für den zweiten Service empfehle ich, die Keulen schön kroß zu grillen und mit einem feinen winterlichen Salat und frischer schwarzer Trüffel und Trauben zu servieren. Dazu reicht man Pommes soufflées.

Karlheinz Hauser
Dieses Rezept hat mein Lehrherr Eckart Witzigmann speziell für dieses Buch geschrieben. Er hat meinen Stil in der Küche maßgeblich geprägt, wofür ich ihm sehr dankbar bin.

Wie Ente à la presse zu Beginn des zwanzigsten Jahrhunderts im Adlon serviert wurde

ADLON-ENTE IN DREI GÄNGEN

Für 4 Personen

ERSTER GANG:
GEBRATENE ENTE MIT ROTKOHL

*1 Ente (etwa 2–2,3 kg)
(unsere Ente stammt aus dem Südoldenburger Land, ist besonders gefüttert, etwas fett, aber dafür außergewöhnlich im Geschmack)
Salz, frisch gemahlener schwarzer Pfeffer
gemahlener Beifuß, 1 Gemüsezwiebel
2 Äpfel, z. B. Jonathan, 1 Zweig Beifuß
einige Zweige Rosmarin und Thymian*

FÜR DEN ROTKOHL:
*1/2 Rotkohl
1/4 l Rotwein, 3 EL Essig
200 ml Orangensaft
1 kleine Zwiebel, 1 kleiner Apfel
30 g Entenschmalz, 30 g Apfelmus
20 g Johannisbeergelee
3 geriebene, mehligkochende Spätkartoffeln
1 Gewürzbeutel mit 10 Pfefferkörnern, 5 leicht zerdrückten Pimentkörnern, 3 Gewürznelken
Zucker, Salz, 1 Prise Zimt*

ZWEITER GANG:
ENTENCONSOMMÉ

FÜR DIE DOPPELTE ENTENCONSOMMÉ:
*200 g Flügel, Hals und Entenfett
1 Zwiebel, 1 Karotte
50 g Suppengrün, 1 Selleriestange
1 Bund Petersilie, 1 Thymianzweig
1 an den Schnittflächen gebräunte Zwiebel
Salz, frisch gemahlener Pfeffer
frisch geriebene Muskatnuß, 1 Beifußzweig*

FÜR DEN ZWEITEN ANSATZ:
*50 g ausgelöstes, gehacktes Entenfleisch
die Karkasse der gebratenen Ente
40 g kleingeschnittenes Wurzelgemüse
1 Eiweiß, 2 Petersilienstengel, einige Pfefferkörner, frischer Kerbel für die Garnitur*

DRITTER GANG:
KEULEN AUF WIRSING MIT STOPFLEBER

*die ausgelösten Entenkeulen
3 Scheiben Entenstopfleber
Salz, frisch gemahlener Pfeffer
150 g frische Pfifferlinge
20 g Butter, 120 ml Entenjus
50 ml Geflügel-Champagner-Sauce
frische Kräuter für die Garnitur*

FÜR DAS WIRSING-RAHMGEMÜSE:
*1/2 Wirsingkohl
1/4 l Sahne, Salz, Pfeffer, Muskat*

Die Innereien aus der Ente entfernen und diese innen und außen waschen. Die Flügelknochen am ersten Gelenk durchtrennen. Überschüssiges Fett, vor allem am Pürzel, entfernen und aufbewahren. Am hinteren Teil der Ente das Brustfett abschaben, mit einem spitzen Messer den Gabelknochen von beiden Seiten einschneiden und dann mit der Hand herausziehen. Die Ente innen und außen mit Salz, Pfeffer und dem gemahlenen Beifuß würzen. Die Gemüsezwiebel schälen, die Äpfel vierteln und entkernen und alles in kleine Würfel schneiden. Die Blätter vom Beifuß abzupfen, hacken und mit den Apfel- und Zwiebelwürfeln vermischen. Mit Salz und Pfeffer würzen und in die Ente füllen.

Die Keulen der Ente mit Küchengarn zusammenbinden und über die Brust von beiden Seiten nach hinten verknoten. Den Backofen auf 190 °C vorheizen.

In einem großen Bräter gut bodenbedeckend Wasser erhitzen und die Ente auf einen Rost darüber legen. Zugedeckt im Dampf etwa 5 Minuten vorgaren. Dann die Ente im vorgeheizten Backofen etwa 50 Minuten garen, gelegentlich mit Bratenfond begießen, die letzten 10 Minuten die Temperatur auf 220 °C erhöhen. Mit Entenjus und Champagner-Sauce beträufeln.

In der Zwischenzeit den feingeschnittenen Rotkohl zubereiten, der zuvor mit Rotwein, Essig und Orangensaft vermischt worden und etwa 1 Stunde durchgezogen war.

Die geschälte Zwiebel und den geschälten und entkernten Apfel in kleine Würfel schneiden und im zerlassenen Entenfett anbraten. Mit etwas Zucker bestreuen und den abgetropften Rotkohl dazugeben. Kurz anschwitzen, dann mit der Marinade begießen, übrige Zutaten untermischen und zugedeckt bei schwacher Hitze bißfest garen.

Die Ente aus dem Ofen nehmen, kurz ruhenlassen. Die Keulen werden mit Papilloten oder Silberzangen dekoriert und die Ente im ganzen serviert. Am Tisch wird das Brustfleisch aufgeschnitten und mit Entenjus, Rotkohl und zum Beispiel mit Kartoffelknödeln angerichtet. Der Rest der Ente kommt wieder zurück in die Küche.

Für den zweiten Gang, die Entenconsommé, alle angegebenen Zutaten mit kaltem Wasser in einen Topf geben, zum Kochen bringen und dann 4 bis 5 Stunden bei schwacher Hitze köcheln lassen. Den gewonnenen Fond durch ein Sieb gießen.

Für den zweiten Ansatz die Keulen von der gebratenen Ente auslösen und beiseite legen. Die Karkasse klein hacken und mit dem Fleischsaft, dem kleingehackten Fleisch und den übrigen Zutaten in einen Topf geben. Mit der erkalteten Entenbrühe begießen und etwa 15 Minuten köcheln lassen. Dann durch ein mit einem Tuch ausgelegtes Sieb gießen. Kurz erhitzen und in Tassen gefüllt mit frischem Kerbel als Garnitur servieren.

Für den dritten Gang die ausgelösten Entenkeulen noch einmal kurz unter dem Grill kroß und goldbraun werden lassen.

Die Entenstopfleber kurz grillen und mit Salz und Pfeffer würzen. Die Pfifferlinge putzen und in der Butter kurz braten.

Das Wirsinggemüse erhitzen und in der Mitte der Teller anrichten. Die Keulen halbieren und mit der Stopfleber darauf anrichten. Die Pfifferlinge darüberstreuen und mit etwas Champagnersauce beträufeln. Mit frischen Kräutern dekorieren und dann servieren.

Gebratene Ente

Entenconsommé

Entenkeule auf Wirsing mit Stopfleber

Vorbereitung des Wirsing-Rahmgemüses: $1/2$ Wirsingkopf grob schneiden, in Salzwasser blanchieren, in eiskaltem Wasser abschrecken und abtropfen lassen. $1/4$ l Sahne mit Salz, Pfeffer und Muskat cremig einkochen lassen und den Wirsing hinzufügen. Zusammen fertiggaren.

Rinderfilet im Kartoffelring mit Cabernet-Sauvignon-Sauce und Bohnen im Parmaschinken-Mantel

Für 4 Personen

Für die Sauce:
2 kg Kalbsknochen
3 EL Öl, 100 g Butter
200 g Zwiebeln
4–5 Champignons
1 Thymianzweig
1 Rosmarinzweig
1 EL Tomatenmark
100 ml roter Portwein
100 ml Madeira
¾ l Cabernet Sauvignon aus Kalifornien
1 l Kalbsfond
einige Pfefferkörner und Wacholderbeeren

Für die Kartoffelringe:
4 große mehligkochende Kartoffeln
4 Aluminumringe
(Durchmesser 14 cm)
etwa 50 g Butter
2–3 EL Semmelbrösel
Öl zum Ausbacken
Salz

Für die Bohnen:
200 g Keniabohnen, Salz
4 Scheiben Parmaschinken
4 Scheiben Emmentaler
2–3 EL Mehl
1 Ei
etwa 100 g frisch geriebene Weißbrotbrösel

Für die Steaks:
4 gut abgehangene, gleich große Rinderfilets aus dem Mittelstück (je etwa 200 g)
Salz, frisch gemahlener Pfeffer
3 EL Öl, 30 g Butter
120 g Ochsenmark

Ausserdem:
Kartoffelcroissants

Für die Sauce die Knochen waschen, klein hacken und in heißem Öl scharf anbraten. Das braun gewordene Fett abschütten und 20 g Butter dazugeben. Dann die geschälten und kleingeschnittenen Zwiebeln und die geputzten Champignons hinzufügen und kräftig anbraten. Die Kräuter dazugeben und das Tomatenmark unterrühren. Mit Portwein, Madeira und Rotwein ablöschen und auf ein Drittel einreduzieren lassen. Dann mit dem Fond aufgießen und die Gewürze untermischen.

Bei schwacher Hitze 2 bis 3 Stunden köcheln lassen. Dann durch ein Sieb passieren, auf die Hälfte einkochen lassen und kurz vor dem Servieren die eiskalte Butter in Flöckchen unter die Sauce schlagen. Die Sauce auf keinen Fall mehr kochen lassen.

Für die Kartoffelringe die Kartoffeln schälen, waschen und auf einem Gemüsehobel oder noch besser mit einer speziellen Juliennemaschine in feine, möglichst lange Streifen schneiden.

Die Aluminiumringe außen mit Butter bestreichen und mit Semmelbröseln bestreuen. Die Kartoffeljulienne um die Ringe wickeln, festdrücken und mit Salz bestreuen. Reichlich Öl in einer Friteuse auf 170 °C erhitzen und die Ringe im heißen Fett goldgelb backen.

Mit einem Schaumlöffel herausheben und auf einem Gitter abtropfen lassen. Nach einigen Minuten vorsichtig vom Ring lösen.

Von den Keniabohnen die Enden abknipsen, die Bohnen in kochendem Salzwasser blanchieren und in Eiswasser abschrecken. Mit einem Tuch trockentupfen.

Die Parmaschinkenscheiben je mit einer Käsescheibe belegen. Jeweils ein Viertel der Bohnen damit umhüllen. Die entstandenen Rollen erst in Mehl wenden, dann im verquirlten Ei und zum Schluß in den Weißbrotbröseln. Reichlich Öl in einer Friteuse auf

170 °C erhitzen und die Gemüseröllchen darin in etwa 4 Minuten knusprig backen. Herausnehmen, auf Küchenpapier abfetten lassen und quer halbieren.

Die Rinderfilets mit Salz und Pfeffer würzen. Öl und Butter in einer Pfanne erhitzen und die Steaks darin bei starker Hitze 1 Minute braten, dann wenden und auch die andere Seite 1 Minute braten. Die Hitze reduzieren und die Fleischscheiben dann pro Seite 2 bis 4 Minuten braten, je nachdem, ob man das Steak blutig, medium oder durchgebraten möchte.

Das Ochsenmark in 4 dicke Scheiben schneiden und kurz in heißer Butter braten.

Die Kartoffelringe noch mal rasch unter dem Grill erwärmen und in die Mitte der Teller setzen. Die Steaks in den Ring legen und mit dem frisch gebratenen Mark belegen. Mit einem Löffel vorsichtig die Sauce darauf verteilen, aber darauf achten, daß sie nicht über den Kartoffelring läuft, damit dieser schön knusprig bleibt.

Die Bohnen daneben anrichten, mit frischen Kräutern garnieren. Im Adlon gibt es Kartoffelcroissants dazu.

Karlheinz Hauser

Wir verwenden im Adlon ausschließlich US-Rindfleisch, da die Qualität immer gleichbleibend hochwertig ist. Durch die gleichmäßige Marmorierung mit Fett wird es beim Braten besonders zart und saftig.

Das Abhängen des Fleisches ist das A und O, deshalb lassen wir zusätzlich nach der Anlieferung das Fleisch in unserem Kühlhaus bei 1 °C noch weitere drei bis vier Wochen abhängen.

Wir kaufen nur 4 bis 5 kg schwere Filets, wovon nur das Mittelstück verarbeitet wird.

GEFÜLLTER OCHSENSCHWANZ MIT SCHALOTTEN

Für 6 Personen

2 ganze Ochsenschwänze
300 g Schweinenetz

FÜR DIE FÜLLUNG:
100 g Steinpilze
100 g Bries
150 g Butter
150 g gepökelte Kalbszunge
2 Scheiben Toastbrot
1 Bund Petersilie
150 g Kalbshals
150 ml Sahne
4 cl Madeira
Salz, frisch gemahlener schwarzer Pfeffer
frisch geriebene Muskatnuß
Cayennepfeffer

ZUM SCHMOREN:
50 g Butter
1 kleine Möhre
3–4 Frühlingszwiebeln
1 Selleriestange
1 geschälte Knoblauchzehe
je 1 Thymian- und Rosmarinzweig
1 Lorbeerblatt
etwas gerebelter Majoran
10 zerdrückte Pfefferkörner
10 Korianderkörner
½ l Madeira
¾ l Kalbsfond

FÜR DIE SCHALOTTEN:
12 Schalotten
1 TL Zucker
100 ml Madeira
100 ml Ochsenfond
Salz, frisch gemahlener Pfeffer

Die Ochsenschwänze entlang der Knochen mit einem spitzen Messer einschneiden und vorsichtig, immer entlang der Knochen, das Fleisch ablösen. Überflüssiges Fett und Knorpel entfernen und für die Saucenbereitung aufbewahren. Die ausgelösten Schwanzknochen zerhacken und die beiden ausgelösten Fleischstränge gegeneinander auf Alufolie legen. Das Schweinenetz in kaltes Wasser legen.

Für die Füllung die Pilze putzen und in kleine Würfel schneiden. Das Kalbsbries von allen anhaftenden Haut- und Sehnenteilen befreien und in etwa 1 cm große Röschen teilen. In einer Pfanne 20 g Butter erhitzen und die Pilze anbraten. Die gehackte Petersilie dazugeben.

In einer zweiten Pfanne 10 g Butter aufschäumen lassen und die Briesröschen darin bei schwacher Hitze steif ziehen lassen.

Die Kalbszunge in kochendem Salzwasser gar kochen. Das Toastbrot in kleine Würfel schneiden und in 20 g Butter goldgelb rösten. Die restliche Butter in einer Pfanne bräunen, dann wieder abkühlen lassen. Den Kalbshals durch den Fleischwolf drehen oder in einem Universalzerkleinerer fein pürieren. Anschließend Sahne und Madeira dazugeben und kurz durchmixen. Mit Salz, Pfeffer, Muskat und Cayennepfeffer würzen.

Die abgekühlte braune Butter und die ebenfalls abgekühlten Pilze, Bries und Zungenwürfel unter die Masse rühren. Noch einmal würzig abschmecken, dann auf den mittleren Teil der ausgebreiteten Fleischstränge streichen und aufrollen. Die Rolle mindestens 2 bis 3 Stunden in das Tiefkühlgerät legen.

Anschließend in 3 bis 4 cm dicke Scheiben schneiden. Die gewässerten Schweinenetze auf einem Tuch ausbreiten, trockentupfen und auf die Größe der Ochsenschwanzscheiben zurechtschneiden. Die Stücke mit dem Schweinenetz gut umhüllen, mit Küchengarn gut verschnüren und im heißen Fett auf beiden Seiten scharf anbraten. Herausnehmen und beiseite legen.

Die Butter in einem großen Bräter erhitzen und die Ochsenschwanzabschnitte anbraten. Das geputzte und kleingeschnittene Gemüse sowie die Kräuter und Gewürze dazugeben und bei starker Hitze kräftig anbraten.

Die angebratenen Ochsenschwanzpäckchen darauf setzen und mit Madeira und Kalbsfond aufgießen. Zugedeckt bei schwacher Hitze 2 bis 2½ Stunden schmoren lassen. Dabei immer wieder mit Bratenfond übergießen.

Nach dem Ende der Garzeit die Ochsenschwanzpäckchen herausnehmen und in einen neuen Topf geben. Den Bratensaft durch ein Sieb passieren und aufbewahren.

Die Schalotten schälen und auseinanderteilen. Den Zucker in einer Sauteuse karamelisieren lassen und die Schalotten darin glasieren. Mit Madeira ablöschen, etwas einkochen lassen, dann mit dem durchpassierten Ochsenfond begießen. Zugedeckt weich schmoren lassen und, falls nötig, noch mal nachwürzen. Die Schalotten mitsamt der Schmorflüssigkeit über die Ochsenschwanzstücke gießen und nochmals bei schwacher Hitze 3 bis 4 Stunden durchziehen lassen.

Die Ochsenschwanzstücke auf Tellern anrichten, mit der Schalottensauce begießen und mit Trüffelkartoffelpüree oder auch kleinen Semmelknödeln servieren.

KARLHEINZ HAUSER

Man muß zwar ordentlich Zeit in das Gericht investieren, aber der Aufwand lohnt sich.
Nur wenn das Fleisch bei ganz schwacher Hitze langsam garen kann, entwickelt sich das wunderbare Aroma.
Ein Gericht, das sich sehr gut eignet, wenn man Gäste mit etwas Besonderem überraschen möchte. Man kann es gut schon am Tag zuvor vorbereiten, denn aufgewärmt schmeckt es noch ein bißchen besser.

Pauillac Lammkoteletts und Sattel in der Artischocke mit Poweraden

Für 4 Personen

*2 Lammrücken aus Pauillac
Salz, frisch gemahlener Pfeffer
2 EL Olivenöl, 30 g Butter, 30 g Dijon-Senf
je 1 Rosmarin- und Thymianzweig*

FÜR DIE LAMMJUS:
*etwa 500 g Knochen und Parüren
vom ausgelösten Rücken
2 EL Öl, 20 g Butter
3 große Zwiebeln, 1 Knoblauchzehe
2 Selleriestangen, 1/2 Möhre
je 1 Rosmarin- und Thymianzweig
10 schwarze Pfefferkörner
1/2 Flasche Rotwein, 1/4 l Madeira
3/4 l Lamm- oder Geflügelfond
Salz, Cayennepfeffer*

FÜR DIE GEFÜLLTEN ARTISCHOCKEN:
*2 große Artischocken der Sorte Macau
4 EL Olivenöl, 1/2 l Weißwein
1 Thymianzweig
100 g Lammfleisch, 2–3 EL Sahne, Salz,
frisch gemahlener Pfeffer, Cayennepfeffer
frisch gehackter Rosmarin und Thymian*

AUSSERDEM:
*12 Mini-Artischocken (Poweraden)
Olivenöl, 1 Thymianzweig, Salz*

Von einem Lammrücken die Rückenstränge auslösen und von Fett- und Sehnenteilen befreien. Das Fleisch in 3 cm große Stücke schneiden und mit Salz und Pfeffer würzen. Den zweiten Lammrücken ebenfalls parieren.

Für die Lammjus Knochen und Parüren in heißem Öl scharf anbraten. Das Fett abgießen, die Butter hinzufügen und das kleingeschnittene Gemüse und die Aromaten dazugeben und ebenfalls kräftig anschwitzen.

Mit Rotwein und Madeira ablöschen und völlig einkochen lassen. Dann mit Fond aufgießen und 3 bis 4 Stunden köcheln lassen. Falls nötig, immer wieder mal Wasser nachgießen. Mit Salz und Cayennepfeffer würzen und durch ein Tuch abseihen. Falls nötig, noch etwas einkochen lassen.

Die großen Artischocken vom Stiel befreien, halbieren und den Boden schälen. Mit einem Löffel so aushöhlen, daß die lila Blätter noch zusammenhalten. 2 EL Öl erhitzen und die Artischocken darin kurz anbraten. Mit Wein aufgießen, Thymian dazugeben und zugedeckt 8 bis 10 Minuten garen lassen. Die Hälften herausnehmen, auf ein Tuch legen und abkühlen lassen.

Das Lammfleisch im Universalzerkleinerer mit der Sahne fein pürieren, mit Salz, Pfeffer, Cayennepfeffer und gehackten Kräutern würzen und die Artischockenhälften mit dieser Farce ausstreichen.

Die Lammfleischstücke fest in die Farce drücken und im restlichen Öl anbraten. Im 200 °C heißen Backofen in etwa 8 Minuten garen. Das Lammfleisch muß innen noch rosa sein.

Die kleinen Artischocken mit dem Stiel schälen, vierteln und das Heu herauslösen. In heißem Öl mit dem Thymian anbraten, salzen und bei schwacher Hitze fertiggaren.

Olivenöl und Butter aufschäumen lassen und den zweiten Lammrücken darin rundherum anbraten, mit Salz und Pfeffer würzen. Im heißen Backofen in etwa 8 Minuten fertiggaren. Mit Senf bestreichen und kurz unter dem heißen Grill bräunen lassen.

Den Rücken kurz ruhenlassen, dann in Koteletts teilen und jeweils mit einer gefüllten Artischockenhälfte und den gebratenen Miniartischocken dazu anrichten.

KARLHEINZ HAUSER
Ich serviere dazu am liebsten gefüllte Minipaprika und eine Polentaroulade und garniere den Teller mit einem Kräutersträußchen.

Französische Milchkalbskrone mit Aromaten gebraten und flambiert à la Adlon

Für 4 Personen

*1 französischer Milchkalbsrücken
Salz, frisch gemahlener Pfeffer
5 Rosmarin- und Thymianzweige
etwa 100 ml Öl
200 g Schalotten
etwa 40 g Butter
1 Bund glatte Petersilie
1 kleine Knoblauchzehe
1/2 l Kalbsjus
1/4 l Cognac*

Den Rücken bis auf die Bauchknochen auslösen und vom Fett befreien, dabei allerdings unbedingt eine dünne Fettschicht belassen. Den Rücken zu einer Krone biegen und mit Küchengarn festbinden. Wer nicht so geübt ist, sollte den Metzger bitten, die Krone vorzubereiten.

Den Backofen auf 110 °C vorheizen. Das Fleisch mit Salz, Pfeffer und den abgezupften und gehackten Kräutern einreiben. Mit Öl bestreichen und in erhitztem Öl von allen Seiten anbraten. Das Fleisch im Backofen etwa 40 bis 50 Minuten garen lassen. Am besten mit einem Fleischthermometer prüfen. Die Kerntemperatur sollte zwischen 48 und 50 °C betragen.

Inzwischen die Schalotten schälen und in Butter anbraten.

Den Kalbsrücken aus der Bratreine nehmen und die Schalotten, die Petersilie und die ungeschälte Knoblauchzehe in den Bratenfond geben. Die Krone darauf setzen und noch einmal 30 Minuten in den warmen Ofen stellen und unter Begießen mit dem Bratensaft fertiggaren.

Nach diesem Garen sollte die Kerntemperatur des Kalbsrückens bei 65 bis 68 °C liegen. Das Fleisch herausnehmen und ruhenlassen.

Den Bratensaft mit Kalbsjus aufgießen, die restliche Butter dazugeben und zusammen mit den Schalotten noch einmal kurz aufkochen.

Den Rücken auf dem Tranchierwagen anrichten, mit Cognac begießen und flambiert servieren.

Als Beilage reichen wir meist Pilze der Saison, bevorzugt Steinpilze, außerdem glasierte Gemüse und grünen Spargel sowie Kartoffelstrudel.

Karlheinz Hauser

*Das wichtigste bei diesem an sich sehr einfachen Gericht ist die Fleischqualität.
Im Adlon verwenden wir nur Fleisch von erstklassiger Qualität aus Frankreich (Carré de Veau de lait). Das Besondere an diesen Kälbern ist die Aufzucht. Die ausgewählten Kälber werden mit temperierter Flaschenmilch großgezogen und bereits mit drei bis fünf Monaten geschlachtet. Ich bin froh, daß mir George Kastner, der Geschäftsführer von Rungis Express, immer wieder von diesem Produzenten die besten Kälber auswählt und uns damit beliefert.
Im Adlon lassen wir die Kalbsrücken in unserem Kühlhaus nochmals bei 1 °C zwei bis drei Wochen abhängen. Dadurch wird das Fleisch noch zarter.
Meiner Meinung nach ist dieses einfache, aber vom Geschmack her unübertreffliche Fleischgericht ideal für hohe Persönlichkeiten. Deshalb servieren wir den Kalbsrücken gerne in unserer Präsidenten-Suite auf klassische Weise auf dem Tranchierwagen und flambieren ihn vor den Augen des Gastes. Die Gäste sind begeistert, mit Blick auf das Brandenburger Tor das zarte Fleisch mit der traumhaften Sauce zu genießen. Sicherlich einer der klassischen Höhepunkte im Adlon.*

Abends im Adlon

Klassische Dessertteller aus dem Adlon

Mandelmousse mit Himbeercreme

Für 4 Personen

FÜR DIE HIMBEERCREME:
65 g Zucker
1 Ei (65 g)
3 Eigelb (65 g)
330 g Himbeerpüree (Boiron)
2 Gelatineblätter
100 g kalte Butter
2 cl Himbeergeist

FÜR DIE MANDELMOUSSE:
1 l Wasser
½ l Milch
450 ml Mandelmilch
500 g Mandelgrieß
8 Gelatineblätter
50 g Mandellikör
1 l Sahne

AUSSERDEM:
1 Biskuit
etwas Kuvertüre zum Bestreichen
Schokoladenüberzugsmasse

Für die Himbeercreme Zucker, Ei und Eigelb und Himbeerpüree unter ständigem Rühren zum Kochen bringen und einmal aufkochen lassen. Durch ein feines Sieb passieren und die eingeweichte, gut ausgedrückte Gelatine hinzufügen.

Sobald die Masse nur noch 30 °C hat, die kalte, in Würfel geschnittene Butter hinzufügen und 5 Minuten stehenlassen. Anschließend Himbeergeist dazugeben und mit dem Stabmixer ohne Schaumentwicklung emulgieren.

Die fertige Himbeercreme in ein 1,5 cm tiefes, mit Klarsichtfolie ausgelegtes Blech füllen und im Tiefkühlgerät gefrieren lassen. Je nach Verwendung kann man sie später in Streifen schneiden oder rund ausstechen.

Für die Mandelmousse Wasser, Milch und Mandelmilch in einen Topf gießen und einmal aufkochen lassen. Dann auf Zimmertemperatur abkühlen lassen. Den Mandelgrieß im Backofen bei 170 °C hell rösten. Abkühlen lassen und unter die Flüssigkeit rühren. Über Nacht stehenlassen.

Am nächsten Tag durch ein feines Sieb passieren. Die Gelatine in reichlich kaltem Wasser einweichen.

Den Mandellikör in die Mandelmilch gießen. Einige Löffel davon abnehmen und erwärmen. Die gut ausgedrückte Gelatine darin auflösen und zur restlichen Mandelmilch geben. Über eine Schüssel mit Eiswasser stellen und über dem Eis so lange rühren, bis die Milch zu stocken beginnt. Die Sahne halbsteif schlagen, ein Drittel davon unter die Creme rühren und den Rest vorsichtig unterheben.

Diese Creme kann man solo genießen oder beliebig weiterverarbeiten.

Eine rechteckige Form von 40 x 12 cm mit einem Biskuit auslegen. Die untere Seite des Biskuits ganz dünn mit Kuvertüre bestreichen. Erst etwas Mandelmousse einfüllen, darauf dann die zugeschnittene Himbeercreme legen, und abschließend wieder Mandelmousse darauf geben. Das Ganze ist etwa 4 cm hoch.

Mindestens 5 Stunden kalt stellen und dann mit einer Schokoladenüberzugsmasse überziehen. Etwa 4 cm breite Portionsstücke herausschneiden und mit Schokoladendekor verzieren.

Mangovariation mit Kokosnußeis, Mandelmousse mit Himbeercreme

STEPHAN FRANZ

Durch das Anrösten vom Mandelgrieß werden die ätherischen Aromen frei, und die Mandeln schmecken dadurch noch aromatischer.
Zu der Mandelmousse mit Himbeercreme kann man sehr gut eingelegte Feigen servieren. Jedoch harmonieren ein paar marinierte Himbeeren auch sehr gut mit der Mousse. Auf dem Foto ist die Mandelmousse mit Himbeercreme auf einem Schokoladengitter angerichtet und auch seitlich mit Schokoladendreiecken verziert.
Auf dem linken Glasteller ist eine Mangovariation mit Kokosnußeis zu sehen.
Auf den Teller sind 4 farbige Kreise aus Mango im Zitronengrasgelee, aus Kokosnußmousse und Mangocreme gegeben. In der Mitte thronen ein Mangopudding mit fritierten Glasnudeln, ein Sago-Mango-Knödel im Mantel von grünem Reis und ein Kokosnußeis, in seiner Schale angerichtet.

Aus dem Kontinenten – Dessertbüffet

Dukatenbuchteln

Für 5–6 Portionen

1 Würfel Hefe (42 g)
150 ml Milch, 500 g Mehl
30 g Zucker
2 Eier (100 g), 2 Eigelb (40 g)
120 g handwarme Butter
5 g Salz
Mark von 1 Vanilleschote, 1 cl Rum
abgeriebene Schale
von 1/2 unbehandelten Zitrone
80 g Butter, 100 g Powidl (Pflaumenmus)
Puderzucker zum Bestäuben

Die Hefe mit 80 ml lauwarmer Milch verrühren, dann 100 g Mehl und den Zucker unterrühren und, mit einem Tuch bedeckt, gehen lassen, bis sich der Vorteig verdoppelt hat.

Eier und Eigelbe mit der restlichen Milch verrühren. Den Vorteig, die Eier-Milch-Mischung und das restliche Mehl mit den Knethaken der Küchenmaschine zu einem glatten Teig verkneten. Dann Butter, Salz, Vanille, Rum und Zitrone dazugeben und so lange weiterschlagen, bis der Teig Blasen wirft. Zugedeckt 20 Minuten gehen lassen.

Dann erneut zusammenschlagen und in drei Teile schneiden. Nochmals durchkneten und auf einem bemehlten Tuch etwa 1/2 cm dick ausrollen. Kleine Taler mit einem Durchmesser von 3 cm ausstechen.

Eine feuerfeste Form mit Butter ausstreichen. Die Kreise mit Powidl füllen und den Teig darüber zusammendrücken und mit der Nahtstelle nach unten dicht nebeneinander in die Form schichten, mit Puderzucker bestäuben und noch einmal so lange gehen lassen, bis die Buchteln doppelt so groß sind. Den Backofen auf 180 °C vorheizen.

Die Buchteln noch einmal dick mit Butter bestreichen und im heißen Backofen in etwa 15 bis 20 Minuten goldbraun backen. Mit Puderzucker bestäubt servieren.

Marmorierte Brownies

Für eine Form von 30 x 40 cm

FÜR DIE BROWNY-MASSE:
5 Eier (500 g), 600 g Zucker, 1 Prise Salz
250 g Kuvertüre (Callebaut)
375 g Butter, 250 g Mehl
250 g grob gehackte Pecannüsse

FÜR DIE FÜLLMASSE:
250 g Philadelphia Frischkäse
80 g Speisequark (20 % Fett i. Tr.)
75 g Zucker, 8 g Mehl, 1 kleines Ei (50 g)
6 große Eigelb (130 g)

FÜR DIE GLASUR:
500 g Kuvertüre (Callebaut)
160 g Butter, 1/4 l Wasser

Den Backofen auf 200 °C vorheizen. Für die Browny-Masse die Eier mit Zucker und Salz weißschaumig aufschlagen. Dabei den Zucker nach und nach hinzugeben. Dieser Arbeitsschritt benötigt ungefähr 10 bis 15 Minuten. Die Kuvertüre separat auflösen. Die Butter in einem Topf aufschäumen, dann die flüssige Kuvertüre mit dem Schneebesen einrühren. Die heiße Masse unter die aufgeschlagenen Eier ziehen.

Das Mehl sieben, mit den Pecannüssen vermischen und unter die Masse rühren.

Die Browny-Masse in die vorbereitete Form füllen und die Oberfläche glattstreichen.

Für die Füllmasse alle Zutaten in eine Schüssel geben und glattrühren. Die Masse in einen Dressierbeutel mit großer Lochtülle füllen und die Käsemasse punktförmig in die Browny-Masse spritzen. Im heißen Backofen in 35 bis 40 Minuten goldbraun backen. Nach dem Herausnehmen aus dem Ofen fallen die Brownies etwas zusammen, und es kann passieren, daß die karamelisierte Oberfläche Risse bekommt. Nun das Blech gut auskühlen lassen. Inzwischen die Kuvertüre für die

Glasur fein hacken. Wasser mit Butter aufkochen, über die feingehackte Kuvertüre gießen und gründlich verrühren.

Abkühlen lassen, dann den Kuchen damit bestreichen, und mit einer Gabel oder einem Riffelkamm wellenförmig Rillen ziehen.

Die Glasur etwas anziehen lassen und dann in die gewünschten Stücke schneiden.

STEPHAN FRANZ
Die Füllmasse ist eine New York-Cheesecake-Masse, welche man auch alleine mit einem Boden aus angebackenem Mürbeteig backen kann. Nach Wunsch kann man auch einen kleinen Teil der Masse mit Kakaopulver einfärben und den Kuchen marmorieren.
Der New York-Cheesecake wird bei 175 °C im Ofen im Ring gebacken und noch lauwarm serviert.

SCHWEIZER FOURS

Für etwa 50 Stück (Foto Seite 95)

FÜR DIE BÖDEN:
50 kleine Aluminiumformen
230 g Marzipanrohmasse
70 g Zucker
6 Eigelb (120 g)
140 g Butter
abgeriebene Schale von einer 1/2 Zitrone
1 Prise Salz
30 g Speisestärke

FÜR DIE WEISSE GANACHE:
250 ml Sahne
500 g weiße Kuvertüre
200 g Butter
500 g Schokoladenüberzugsmasse
Schokoladenornamente zum Verzieren

Den Backofen auf 180 °C vorheizen. Die Aluminiumformen auf einem Backblech verteilen. Die angegebenen Zutaten bis auf die Speisestärke in eine Schüssel geben und mit dem Schneebesen eines Handrührgeräts kurz zu einer glatten Masse aufschlagen. Dann die Speisestärke unterziehen und die Masse in einen Dressierbeutel mit großer Lochtülle füllen. In die vorbereiteten Formen spritzen und 12 bis 15 Minuten im Ofen backen.

Für die Ganache die Sahne aufkochen und über die fein gehackte Kuvertüre gießen. Kräftig durchrühren, bis sich die Kuvertüre aufgelöst hat. Dann erkalten lassen.

Mit dem Handrührgerät aufschlagen und dabei nach und nach die handwarme Butter hinzugeben. Die Masse so lange schlagen, bis sie dressierfähig ist, aber nicht zu lange, da sie sonst gerinnt. In einen Dressierbeutel füllen und auf die gebackenen Pralinen spritzen. Kühl gestellt fest werden lassen.

Die Schokoladenüberzugsmasse im Wasserbad erwärmen. Die Petits fours verkehrt herum eintauchen, so daß die Spitzen vom weißen Schokoladencanache überzogen sind. Mit Schokoladenornamenten verzieren.

GOURMET-RESTAURANT »LORENZ ADLON«

Seit Februar 2000 bietet das Hotel Adlon seinen Gästen ein weiteres Fine-Dining-Outlet: das neue Gourmet-Restaurant »Lorenz Adlon«. Es befindet sich in den eleganten Räumlichkeiten auf der Beletage des Hauses und verfügt über 50 Sitzplätze. Bei Bedarf kann es jedoch auch in das benachbarte Bundeszimmer erweitert werden. Kaminfeuer, stilvolles Interieur und Ausblick auf das Brandenburger Tor sorgen für eine außergewöhnliche Atmosphäre.

Wie schon das Restaurant im Erdgeschoß steht auch das »Lorenz Adlon« unter der bewährten Leitung des Küchenchefs Karlheinz Hauser. Die Speisekarte bietet vollendete Küchenkunst à la française und steht damit ganz in der Tradition des Hotelgründers und Namengebers. Dieser hegte eine ausgesprochene Leidenschaft für die Haute Cuisine und ihre talentiertesten Createure. Er strebte jedoch nicht nur nach herausragenden Küchenleistungen, sondern stand mit seinem Namen und seinem Hotel auch für perfekten Service, unvergleichliches Ambiente und kenntnisreiche Gourmet- und Weinberatung auf höchstem Niveau.

Diesen Maximen hat sich auch das »Lorenz Adlon« verschrieben. Gemeinsam mit seinem achtköpfigen Küchenteam zaubert Karlheinz Hauser schönste und erlesenste Gaumenfreuden, bei denen er sich insbesondere von der badisch-elsässischen Küche inspirieren läßt. Grund dafür ist nicht zuletzt eine Partnerschaft mit der legendären elsässischen Gourmet-Dynastie Haeberlin, deren berühmtes Restaurant »Auberge de l'Ill« seit Jahrzehnten höchste gastronomische Auszeichnungen hält, darunter auch drei Michelin-Sterne. So wechseln sich außergewöhnliche Kreationen des Adlon-Küchenchefs mit authentischen Kompositionen aus der »Auberge« ab, die von den Adlon-Köchen originalgetreu zubereitet werden. Bei der Vielfalt der Speisekarte und den kulinarischen Spitzenleistungen ließen denn auch hohe Auszeichnungen für Karlheinz Hauser nicht lange auf sich warten: Partner für Berlin zählt ihn zu den wenigen »Berliner Meisterköchen« der Jahre 2000 und 2001, und die europäische Kulturstiftung »Pro Europa« zeichnete ihn im Mai 2001 mit dem angesehenen »Prix Culinaire des Régions Européennes« aus.

Linsenvelouté mit Wachtel, Kaninchen und Kalbskopfkrokette

Für 4 Personen

FÜR DIE VELOUTÉ:
200 g grüne Linsen, 100 g Butter
1 fein gewürfelte Schalotte, 1 l Geflügelfond
300 ml Sahne, 1 Lorbeerblatt
1 Thymianzweig, 1 kleine Knoblauchzehe
je 30 g Karotten-, Lauch- und Selleriewürfel
etwas Trüffeljus
etwas Balsamico-Essig (10 Jahre alt)

FÜR DIE WACHTEL:
1 Wachtel, 1 Schalotte
je 1 Schuß Cognac und Portwein
100 g Maishähnchenbrust
20 g Geflügelleber, 130 ml Sahne
Salz, frisch gemahlener Pfeffer
Butterschmalz zum Braten
1 gewässertes Schweinsnetz

FÜR DEN WIRSING:
100 g fein geschnittener Wirsing
20 g Butter, 100 ml Sahne
Salz, frisch gemahlener Pfeffer
frisch geriebene Muskatnuß

FÜR DIE KANINCHENRÜCKENFILETS:
2 Kaninchenrückenfilets
Salz, frisch gemahlener Pfeffer
Butterschmalz zum Braten
50 g Karotten- und Selleriewürfel
1 EL Trüffelwürfel, 100 ml Kaninchenjus
fein gezupfter Kerbel zum Garnieren

FÜR DIE KALBSKOPFKROKETTEN:
200 g gekochter, ausgelöster Kalbskopf
10 g Schalottenwürfel
1 TL Butter, Salz
1 Spritzer Tabasco, 1 TL Dijon-Senf
1 EL fein geschnittene Blattpetersilie
4 Würfel Gänseleberparfait zu je 10 g
200 g entrindetes Weißbrot vom Vortag
50 g Petersilie, 1 EL Mehl
1 verquirltes Ei, Öl zum Fritieren

FÜR DIE GARNITUR:
200 g Lauch, in Rauten geschnitten
20 g Butter
50 ml Geflügelfond
50 ml Kalbsjus

Die Linsen über Nacht in Wasser einweichen. Danach auf ein Sieb schütten und abtropfen lassen. Die Schalottenwürfel in einem Topf in 50 g Butter anschwitzen. Die Linsen einstreuen und den Geflügelfond angießen. Das Lorbeerblatt, den Thymian und die Knoblauchzehe zufügen. Die Linsen zum Kochen bringen und im geschlossenen Topf weich garen. Mit einem Sieblöffel etwa die Hälfte der Linsen aus dem Fond heben und bereithalten. Die Sahne in den Fond zu den restlichen Linsen gießen. Kurz aufkochen und anschließend mit dem Stabmixer zu einer Velouté pürieren.

In der restlichen Butter die Gemüsewürfel andünsten und mit dem Trüffeljus ablöschen. Die Linsenvelouté einrühren und die bereitgehaltenen Linsen einstreuen. Mit Salz, Pfeffer und einigen Spritzern altem Balsamico-Essig abschmecken und in Kupfertöpfchen anrichten.

Die Wachtelbrüstchen auslösen und häuten. Für die Farce die gewürfelte Schalotte in etwas Cognac und Portwein weich dünsten und abkühlen lassen. Anschließend mit dem gekühlten Hähnchenbrustfleisch, der Leber und der eiskalten Sahne im Mixer zu einer Farce verarbeiten. Mit Salz und Pfeffer würzen und durch ein feines Sieb streichen. Das gewässerte Schweinsnetz trocken tupfen, in zwei Rechtecke schneiden und diese mit der Farce bestreichen. Darauf je eine Wachtelbrusthälfte legen und in das Schweinsnetz einwickeln. Die beiden Wachtelpäckchen in heißem Butterschmalz rundum anbraten. Anschließend warmgestellt noch 3 bis 4 Minuten ruhen lassen.

Den Wirsing in der Butter andünsten, leicht salzen und die Sahne einrühren. Auf kleiner Flamme weich garen, dabei den Sahnefond einkochen lassen. Mit Salz, Pfeffer und frisch geriebener Muskatnuß abschmecken.

Die Wachtelpäckchen auf dem Rahmwirsing anrichten und nach Belieben mit etwas Wachteljus beträufeln.

Die sauber parierten Kaninchenrückenfilets mit Salz und Pfeffer würzen und in heißem Butterschmalz rundum anbräunen. Dann in einen 180 °C heißen Ofen setzen und in 3 bis 4 Minuten fertig braten. Die Filets herausnehmen und etwa 3 Minuten warmgestellt ruhen lassen. Die Karotten- und Selleriewürfel in die Pfanne geben und die Trüffelwürfel zufügen. Unter Rühren kurz andünsten und den Kaninchenjus zugießen. Kurz aufkochen, abschmecken und in ein Porzellantöpfchen schütten. Darüber das in Scheiben aufgeschnittene Kaninchenfilet fächerförmig anrichten und mit gezupftem Kerbel garnieren.

Für die Kalbskopfkrokette das Kalbskopffleisch würfeln. Die Schalottenwürfel in der Butter glasig dünsten. Die Kalbskopfwürfel einstreuen und kurz durchschwenken. Mit Salz, einem Spritzer Tabasco und Dijon-Senf würzen und die fein geschnittene Petersilie unterheben. Abkühlen lassen.

Inzwischen 4 Bogen Klarsichtfolie ausbreiten. Je einen großen Löffel Kalbskopfmasse darauf verteilen und je einen Würfel Gänseleberparfait in die Mitte setzen. Zu runden Kroketten formen.

Das entrindete Weißbrot vom Vortag zusammen mit der entstielten, gewaschenen und trockengetupften Petersilie im Universalzerkleinerer zu Bröseln verarbeiten. Die Kroketten zuerst in Mehl, dann in verquirltem Ei und zuletzt in den Petersilienbröseln wälzen und in der Friteuse in 160 °C heißem Öl goldbraun und knusprig ausbacken.

Die Lauchrauten in Butter andünsten, mit Geflügelfond übergießen, mit Salz und Pfeffer würzen und bißfest garen. In Porzellantöpfchen anrichten. Die Kroketten darauf setzen und mit etwas Kalbsjus umgießen.

Rehrücken im Pfifferling-Crêpe-Mantel auf karamelisierter Gänseleber und Essigkirschen

Für 4 Personen

---

1 Rehrücken von 1,4 kg
Salz, frisch gemahlener Pfeffer
Öl zum Braten
Aluminiumfolie und Butter
zum Bestreichen

FÜR DIE SAUCE:
Knochen und Parüren vom Rehrücken
je 100 g Karotten-, Sellerie-, Lauch- und
Zwiebelwürfel
je 100 ml roter Portwein und Rotwein
1,2 l Rehfond,
ersatzweise brauner Kalbsfond
Butter zum Binden

FÜR DIE ESSIGKIRSCHEN:
200 g entsteinte Süßkirschen
100 ml Rotweinessig
250 ml Wasser
60 g Zucker

FÜR DIE CRÊPES:
100 g Mehl,
50 g zerlassene Butter
4 Eier,
1/8 l Wasser
1/4 l Milch
Salz
Öl zum Ausbacken

FÜR DIE PFIFFERLINGSFARCE:
350 g Pfifferlinge
3 Schalotten
20 g Butter
150 g Geflügelfleisch
Salz
frisch gemahlener Pfeffer
80 ml Sahne
50 g fein geschnittene Petersilie

FÜR DIE GÄNSELEBER:
4 Scheiben Gänsestopfleber zu je 60 g
Salz, frisch gemahlener Pfeffer
etwas Mehl
Öl zum Braten
30 g Zucker
150 ml Sauternes
40 g Butter

FÜR DIE GARNITUR:
200 g kleine Pfifferlinge
Butter zum Braten
Salz
frisch gemahlener Pfeffer
100 g Kartoffelpüree
100 g Selleriepüree
12 kleine fritierte Kartoffelblätter

Den Rehrücken mit der Fleischseite nach unten auf die Arbeitsplatte legen und zuerst die beiden kleinen Filets links und rechts vom Rückgrat auslösen. Danach den Rücken wenden, die Sehnen und Häute mit einem scharfen Messer abziehen und die beiden langen Rückenstränge vorsichtig von den Knochen lösen. Die Rückenstränge mit Salz und Pfeffer würzen und kurz in heißem Öl rundum anbräunen. Herausnehmen und abkühlen lassen.

Für die Sauce die Rückenknochen in walnußgroße Stücke hacken und zusammen mit den Parüren in heißem Öl scharf anbraten. Das Wurzelgemüse einstreuen und Farbe annehmen lassen. Mit Portwein und Rotwein ablöschen und den Reh- oder Kalbsfond angießen. Über schwacher Hitze sieden lassen und mehrmals mit der Schaumkelle abschäumen.

Für die Essigkirschen den Essig, das Wasser und den Zucker in einem Topf verrühren und zum Kochen bringen. Die entsteinten Kirschen einlegen und im Sud gar ziehen lassen.

Für die Crêpes die angegebenen Zutaten zu einem dünnflüssigen Teig verrühren. In einer beschichteten Pfanne in wenig Öl hauchdünne Crêpes, möglichst ohne Farbe zu geben, ausbacken.

Für die Farce die geputzten Pfifferlinge fein hacken. Die gewürfelte Schalotte in aufschäumender Butter andünsten. Die Pilze einrühren, leicht salzen und solange garen, bis die sich bildende Flüssigkeit eingekocht ist. Die Pilze abkühlen lassen. Inzwischen das gut gekühlte Geflügelfleisch würfeln, mit Salz und Pfeffer würzen und im Mixer pürieren. Dabei die eiskalte Sahne einlaufen lassen, so daß eine cremige Farce entsteht. Mit den Pilzen und der Petersilie vermischen.

Die Farce dünn auf die Crêpes streichen. Die Fleischstränge auflegen und mit den Crêpes umhüllen. Auf die gebutterte Aluminumfolie setzen und fest damit umwickeln. Im heißen Ofen etwa 13 Minuten garen. Herausnehmen und vor dem Aufschneiden einige Minuten ruhen lassen.

Die Sauce durch ein Passiertuch gießen und nochmals einkochen lassen. Zuletzt die Butter in kleinen Flocken einschwenken.

Die Gänseleberscheiben mit Salz und Pfeffer würzen, in Mehl wenden und in wenig heißem Öl von beiden Seiten kurz anbraten. Den Zucker goldgelb karamelisieren, mit dem Sauternes ablöschen und etwas einkochen lassen. Danach die kalte Butter in kleinen Flocken einschwenken und die Gänseleberscheiben darin wenden.

Für die Garnitur die kleinen Pfifferlinge in etwas Butter braten und mit Salz und Pfeffer würzen.

Die Gänseleberscheiben in der Mitte von 4 vorgewärmten Tellern anrichten und darauf je 2 Tranchen des rosa gegarten Rehrückens setzen. Die beiden Pürees und die Kartoffelblätter abwechselnd daneben platzieren. Mit den Pfifferlingen und den heißen Essigkirschen umlegen. Zuletzt die Gänseleberscheiben mit der Sauce umgießen.

Sankt-Petersfisch und Pétoncles mit gebratenem Blumenkohl, Trauben und Kapern

Für 4 Personen

Für den Fisch:
2 Sankt-Petersfische von je 300–400 g
300 g Pétoncles in der Schale
50 ml Olivenöl
50 g ungesalzene französische Butter
(Lescure-Butter)
50 g geklärte Butter

Für das Blumenkohlpüree:
500 g Blumenkohl, 1 Schalotte
$1/2$ l Geflügelfond
100 g leicht gebräunte Butter
(Beurre noisette)
1 EL Crème fraîche
Salz, weißer Pfeffer
Muskat

Für das Kräuteröl:
150 g Kräuter (Blattpetersilie, Kerbel,
Basilikum, Estragon, Koriander,
Schnittlauch, wenig Minze)
150 ml kaltgepreßtes Olivenöl
Meersalz, Cayennepfeffer

Für die Weissweinsauce:
50 g weiße Champignons, 100 g Schalotten
5 Pfefferkörner, 1 Thymianzweig
20 g Butter, $1/2$ l Riesling, $1/2$ l Fischfond
$1/4$ l Crème double, 100 ml Sahne
50 g ungesalzene französische Butter
(Lescure-Butter)
Salz, frisch gemahlener weißer Pfeffer
Cayennepfeffer, Saft von einer $1/2$ Zitrone

Für die Garnitur:
200 g Blumenkohlröschen
50 g Butter
50 g Kapern (Nonpareilles)
200 g kleine kernlose Trauben, gehäutet
fein geschnittener Kerbel

Die ausgenommenen Sankt-Petersfische häuten, danach die Filets ablösen. Die Jakobsmuscheln mit einem kurzen kräftigen Messer öffnen. Das Fleisch aus den Schalen heben und alle dunklen Teile entfernen. Das helle Fleisch kalt abspülen und trocken tupfen.

Für das Püree den Blumenkohl waschen und grob zerschneiden, die Schalotte würfeln und in etwas Butter anschwitzen. Den Blumenkohl zufügen, mit dem Geflügelfond aufgießen und weich garen. Den Fond ganz einkochen lassen. Im Mixer pürieren und dabei die flüssige Butter (Beurre noisette) einlaufen lassen. Zuletzt die Crème fraîche einrühren und das Püree mit Salz, weißem Pfeffer und wenig Muskatnuß würzen.

Für das Kräuteröl die Kräuter mit dem Öl fein mixen. Mit etwas Meersalz und Cayennepfeffer abschmecken.

Für die Sauce die Champignons und die Schalotten würfeln und zusammen mit den Aromaten in Butter andünsten. Mit dem Riesling ablöschen und die Flüssigkeit völlig einkochen lassen. Anschließend den Fischfond angießen und um die Hälfte reduzieren. Danach den Thymianzweig entfernen und die Crème double sowie die Sahne einrühren und kurz aufkochen lassen. Die Sauce mit dem Stabmixer schaumig aufschlagen und dabei die Butter in kleinen Stücken zufügen. Mit Salz, weißem Pfeffer und einer Prise Cayennepfeffer würzen. Je nach Säure des Weines noch mit etwas Zitronensaft abschmecken.

Die Fischfilets mit Salz und Pfeffer würzen und im Olivenöl von beiden Seiten kurz anbraten. Mit einigen Flöckchen ungesalzener Butter belegen und im 160 °C heißen Ofen in 3 bis 4 Minuten fertig garen.

Inzwischen die geklärte Butter in einer beschichteten Pfanne erhitzen und darin die Muscheln schnell von beiden Seiten anbraten. Die Trauben und die Kapern einstreuen und durchschwenken. Anschließend etwas fein geschnittenen Kerbel unterheben.

Das Blumenkohlpüree in der Mitte von vier vorgewärmten Tellern anrichten. Darauf das Fischfilet platzieren, mit den Trauben und Kapern bestreuen und mit den Pétoncles sowie den gebratenen Blumenkohlröschen umlegen. Mit der Sauce umgießen und zuletzt das Kräuteröl in die Sauce träufeln.

Atlantik-Steinbuttfilet unter der Spinatkruste mit Tortellini vom gelben Kürbis und schwarzer Trüffel

Für 4 Personen

FÜR DEN FISCH:
600 g Steinbuttfilet
Saft von ½ Zitrone, Salz
Olivenöl zum Braten

FÜR DIE SPINATKRUSTE:
125 g entrindetes Weißbrot
80 g entstielte Spinatblätter
1 kleine Knoblauchzehe
50 g Butter, 2 Eigelbe
Salz, frisch gemahlener Pfeffer

FÜR DIE TORTELLINI:
100 g Mehl, 2 Eigelbe
1 TL Olivenöl
3 TL Wasser, Salz
1 verquirltes Eigelb
50 g Grieß

FÜR DIE TORTELLINI-FÜLLUNG:
100 g gelbfleischiger Kürbis
1 Schalotte, 10 g Butter
20 ml weißer Portwein
1 Sternanis, Salz, 1 Prise Zucker

FÜR DAS KÜRBISCONFIT:
250 g gelbfleischiger Kürbis
30 g Serrano-Schinken
50 ml weißer Portwein
20 g Butter, 30 g Fontinakäse

FÜR DAS KÜRBISCOULIS:
200 g Kürbis, 50 g Butter
400 ml Geflügelfond
1 Thymianzweig, 1 Lorbeerblatt
1 EL Kürbiskernöl, Salz, frisch gemahlener
Pfeffer, 1 Prise Cayennepfeffer

FÜR DIE KÜRBIS-CHIPS:
50 g Kürbis
50 g Zucker, 50 ml Wasser, 1 Prise Salz

FÜR DEN TRÜFFELSCHAUM:
200 g Champignons
2 Schalotten, 50 g Stangensellerie
20 g Butter, 200 ml Champagner
750 ml Geflügelfond, 200 ml Sahne
Salz, Pfeffer, einige Tropfen Trüffelöl
1 kleine Périgord-Trüffel

Für die Spinatkruste das Weißbrot im Backofen trocknen und die Spinatblätter tiefgefrieren. Anschließend zusammen mit der Knoblauchzehe in der Küchenmaschine zu feinsten Bröseln verarbeiten. Die Butter cremig rühren und nach und nach das Eigelb zugeben. Die Spinatbrösel in die Buttermischung rühren. Die Masse mit Salz und Pfeffer würzen und etwa 2 Millimeter dünn zwischen 2 Bogen Pergamentpapier ausstreichen. Kalt stellen.

Für den Nudelteig aus Mehl, Eigelb, Olivenöl, Wasser und 1 Prise Salz einen glatten Teig kneten. Zur Kugel formen, in Frischhaltefolie hüllen und mindestens eine halbe Stunde ruhen lassen. Unterdessen für die Füllung der Tortellini die Schalotte und den Kürbis sehr klein würfeln und in Butter andünsten. Den weißen Portwein angießen. Den Sternanis, Salz und eine Prise Zucker zufügen. Über milder Hitze die Flüssigkeit ganz einkochen lassen. Die Kürbisfüllung abkühlen lassen.

Den Nudelteig dünn ausrollen und Quadrate von 5 Zentimeter Kantenlänge ausschneiden. In die Mitte der Quadrate je einen halben Teelöffel Kürbisfüllung setzen. Die Ränder mit verquirltem Eigelb bestreichen. Zu Dreiecken falten und die Ränder vorsichtig zusammendrücken. Die Dreiecke um den Zeigefinger wickeln und die Enden fest zusammendrücken. Auf einem mit Grieß ausgestreuten flachen Teller bereithalten.

Für das Confit den in feine Streifen geschnittenen Schinken in Butter andünsten und den kleingewürfelten Kürbis zufügen. Den Portwein angießen und den Kürbis weich dünsten. Eventuell noch etwas Geflügelfond zugießen. Das Confit mit Salz, Pfeffer und wenig Zucker abschmecken.

Für das Coulis den gewürfelten Kürbis in Butter andünsten. Den Geflügelfond, das Lorbeerblatt und den Thymian zufügen und den Kürbis in etwa $1/2$ Stunde weich garen. Danach die Aromaten entfernen. Das Coulis mit dem Stabmixer pürieren und durch ein Sieb streichen. Mit Salz, Pfeffer und einer Prise Zucker abschmecken.

Für die Chips den Zucker und das Wasser zu einem Sirup kochen. Den in hauchdünne Scheiben geschnittenen Kürbis durch den Sirup ziehen, auf ein mit Backtrennpapier ausgelegtes Blech breiten und im Ofen bei 75°C etwa $1\ 1/2$ bis 2 Stunden trocknen lassen.

Für den Trüffelschaum die fein gewürfelten Champignons, Schalotten und Stangensellerie in der Butter andünsten. Mit dem Champagner ablöschen und die Flüssigkeit auf die Hälfte reduzieren. Danach den Geflügelfond angießen und wieder auf die Hälfte einkochen lassen. Die Sahne zufügen und nochmals leicht einkochen lassen. Die Sauce durch ein Spitzsieb gießen und mit Salz, Pfeffer und einigen Tropfen Trüffelöl würzen. Die Trüffel fein hacken, kurz in etwas Butter dünsten und mit der Sauce aufgießen. Mit dem Pürierstab schaumig aufschlagen.

Das Steinbuttfilet in 4 Portionsstücke teilen, mit Zitronensaft beträufeln und salzen. Im Olivenöl auf einer Seite nicht zu stark anbraten und wenden. Die Kruste vorsichtig vom Pergamentpapier lösen und das Steinbuttfilet damit belegen. Unter dem Salamander gratinieren.

Die Tortellini in sprudelnd kochendem Salzwasser garen. Herausheben, abtropfen lassen und in etwas heißer Butter schwenken.

In die Mitte von 4 vorgewärmten Tellern das mit kleinen Fontinawürfeln vermischte, warme Kürbisconfit anrichten. Darauf das gratinierte Steinbuttfilet setzen. Mit je 3 bis 5 Tortellini umlegen und mit der aufgeschäumten Trüffelsauce umgießen. Mit dem Kürbiscoulis die Sauce umranden. Nach Belieben den Steinbutt mit schwarzen Trüffelscheiben belegen und mit einem Faden Geflügeljus vollenden.

Gascogne-Pfirsich

Mit Champagnermousse gefüllter Gascogne-Pfirsich auf Baumkuchen

Für 6 Personen

Für den Baumkuchen:
75 g Marzipanrohmasse, 3 cl Kirschwasser
17 Eigelb (325 g), 15 g Zitronenaroma
250 g Butter, Mark von 2 Vanilleschoten
17 Eiweiß (490 g), 5 g Salz
250 g Zucker, 125 g Speisestärke
5 g Backpulver, 125 g Mehl (Type 405)

Am besten einen Tag vorher alles abwiegen und in der Küche stehenlassen, damit alles die gleiche Temperatur hat.

Den Grill einschalten und die Bleche mit Papier auslegen. Marzipan mit Kirschwasser, einigen Eigelben sowie dem Zitronenaroma glattrühren. Dann die weiche Butter dazugeben und cremig schlagen. Nach und nach die restlichen Eigelbe und Vanillemark dazugeben.

Das Eiweiß mit Salz, Zucker und Speisestärke zu einem cremigen Schnee aufschlagen. Zuerst ein Drittel des Eiweißes unter die Eigelbmasse ziehen, dann den Rest vorsichtig unterheben. Zum Schluß das mit dem Backpulver gesiebte Mehl behutsam unterheben.

Die erste Teigschicht auf der untersten Schiene unter dem Grill goldbraun backen. Dabei, falls nötig, die Form drehen, damit die Masse gleichmäßig bäckt. Die nächste Schicht aufstreichen und auf einer höheren Schiene ebenfalls goldgelb backen.

Auf diese Weise den Baumkuchen Schicht für Schicht backen, bis die gewünschte Stärke erreicht ist. Dann gut auskühlen lassen, stürzen und die benötigten Kreise ausstechen.

Das Adlon-A mit Baumkuchen und Champagnermousse

Für die Champagnermousse:

130 ml Champagner
75 g Zucker, 3 Eigelb (60 g)
Saft von 1 Zitrone
2 ½ Gelatineblätter
1 Eiweiß (30 g)
80 ml Sahne
1 cl Pfirsichlikör

Champagner, 60 g Zucker und die Eigelbe in einer Metallschüssel über dem Wasserbad bei mäßiger Hitze zu einem Sabayon aufschlagen. Den Zitronensaft durch ein Sieb dazugießen, weiterschlagen, bis sich die Schaummasse auf 72 °C erwärmt hat. Die Gelatine in kaltem Wasser einweichen, ausdrücken und in dem Sabayon auflösen. Über einer Schüssel mit Eiswasser kalt rühren.

Die Sahne steif schlagen und mit dem Pfirsichlikör unterziehen. Eiweiß mit restlichem Zucker zu einem cremigen Schnee schlagen und unter das Sabayon heben. Die Mousse in eine Form oder Schüssel füllen und zugedeckt 3 Stunden kalt stellen.

Stephan Franz

Der Pfirsich links ist eingerahmt von einem Kuvertüreständer aus weißer Schokolade und steht auf einem Sockel aus Baumkuchen, der wiederum mit Saucen umkränzt ist. Das kunstvoll angerichtete Dessert ist für Hobbypâtissiers natürlich zu zeitaufwendig herzustellen. Es schmeckt aber auch sehr fein, wenn man den Baumkuchen in kleine Stücke schneidet und mit dem pochierten Pfirsich und mit Nocken vom Champagnermousse anrichtet.

FESTE IM

ADLON

Die Eröffnung des Hotel Adlon 1907

Damals, am Beginn des zwanzigsten Jahrhunderts, legte man in den höchsten gesellschaftlichen Sphären noch besonderen Wert auf Abgrenzung und exklusive Behandlung, und so gab es für das alte Hotel Adlon gleich zwei ›Openings‹, jedes in seiner Art spektakulär. Einen Tag vor der offiziellen Eröffnung, die am 24. Oktober 1907 stattfand, hatte Lorenz Adlon die Ehre, den Kaiser selbst zu empfangen, nebst Gattin, Prinzessin Viktoria Luise und den Prinzen Adalbert und August Wilhelm, nicht zu vergessen den Troß der Hofschranzen. Eineinhalb Stunden geleitete der Bauherr und Eigentümer des neuen Luxuspalastes die kaiserlichen Majestäten durch die Räumlichkeiten des Hotels, und die erlauchten Gäste zeigten sich von dem, was ihnen vorgeführt wurde, mächtig beeindruckt: »Mit der ihm eigentümlichen Sachlichkeit war der Kaiser bestrebt, jeder Einrichtung auf den Grund zu schauen, nicht nur entzückt über die Entfaltung der hohen Kunst, sondern auch auf das höchste interessiert durch den gewaltigen technischen Apparat, der das Haus durchdringt, wie die Nerven und Arterien den menschlichen Körper.« Beim Abschied sagte Wilhelm II. voller Anerkennung zu Lorenz Adlon: »Die Berliner können sich für das wohlgelungene Werk bei Ihnen bedanken!«

Das taten sie dann auch gleich am nächsten Tag, zumindest die feinen Kreise der Stadt, die zur Gratulationscour erschienen, und die hauptstädtische Presse, die vollzählig vertreten war und ein Loblied auf das neue Hotel und das rauschende Einweihungsfest anstimmte. Man würdigte die vornehme Schlichtheit der Fassade, pries den erlesenen Geschmack, der in der Inneneinrichtung des Hauses zur Geltung kam, feierte die großstädtische Eleganz des Vestibüls, »dessen intime Vornehmheit durch eine unendliche Fülle kostbarer und erlesener Blumenarrangements gesteigert wurde«, rühmte das opulente Büfett, »das den vollen Beifall der Gäste fand«, und der Berichterstatter des Berliner Lokal-Anzeigers schilderte lustvoll die Verzweiflung, die ihn angesichts der Aufgabe ergriff, »die Namen derer zu nennen, die als Taufpaten des neuesten Kindes der Weltstadt Berolina fungierten«. So begnügte er sich damit, summarisch zu betonen, »daß die höchsten Kreise der Reichs- und Staatsregierung, viele Koryphäen der Wissenschaft, Kunst und Literatur vertreten

Das festliche Eröffnungsbüfett

waren. Ja, es waren ihrer so viele anwesend, daß ich aus Gründen der Höflichkeit verzichte, ihre Namen zu nennen. In dem Menschengewirr ist es gar zu leicht, sich der scheinbaren Unhöflichkeit des Übersehens schuldig zu machen. Jeder Teilnehmer dieser Feier, über die sich noch vieles Gute und Schöne sagen ließe, wird die Empfindung mit heimnehmen, daß man einem großen und schönen Werke eine würdige Begrüßung bereitete.«

Ein Kollege war sich sogar sicher, »daß dieses Haus vorbildlich für die gesamte Hotelindustrie werden wird«. Und er fügte noch voller Zuversicht hinzu: »Von der Prosperität dieses Riesenunternehmens sind wir von vornherein überzeugt.«

Das Adlon im Eröffnungsjahr, vom Brandenburger Tor aus gesehen

Im gleichen Jahr fertiggestellt und der Öffentlichkeit präsentiert wie das Hotel Adlon: das Kaufhaus des Westens am Wittenbergplatz, dem Adlon damals wie heute eng verbunden. Beide Häuser wurden im Jahr 1907 eröffnet, und beide Häuser waren der ganze Stolz Wilhelms II. Das luxuriöse Hotel und das vornehme Kaufhaus verliehen Berlin ein neues Flair, erhoben die Stadt und das, was sie an Luxus zu bieten hatte, in einen Rang mit London, Paris und New York. Beide stehen noch heute für den Wandel und die Weiterentwicklung Berlins zu Beginn des zwanzigsten Jahrhunderts

Eberhard Diepgen, Christiane Herzog, Bundespräsident Herzog, Jean K. van Daalen bei der Eröffnung des Adlon

Die Wiedereröffnung des Hotels 1997

Das neue Hotel wurde im Sommer 1997 eröffnet. Offizieller Termin war der 23. August, doch wie in neuen Hotels üblich, sollte es im Adlon ein ›soft opening‹ geben, am 1. Juni. Ohne Medienrummel und geladene Gäste, ohne Feiern und Gläserklingen.

Da die Medien jedoch schon Wochen zuvor über jedes noch so kleine Detail des ersten Gebäudes am Pariser Platz berichteten und die Neugier der Berliner – und nicht nur der Berliner – anstachelten, war die Hotelleitung darauf gefaßt, daß sich ein großer Strom von Menschen in das Hotel ergießen würde, sobald sich seine Türen für die Öffentlichkeit auftäten. So etwas hatte das Taschenberg Palais erlebt. Am Eröffnungstag kamen die Besucher in so großer Zahl, um das Gebäude zu besichtigen, wie es niemand erwartet hätte.

Da Hotelchef Jean van Daalen den Berlinern und den Menschen von anderswo den Zugang zu ›ihrem‹ Adlon jedoch nicht verwehren wollte, blieb als einzige Lösung, den zu erwartenden Ansturm zu kanalisieren und in den ersten zwei, drei Tagen nach der inoffiziellen Eröffnung Führungen durch das Haus anzubieten. Fast vierzig Guides, allesamt Laien, aber gut präpariert, standen zur Verfügung.

Der 1. Juni war ein schöner, sonniger Tag, an dem sich eine lange Schlange von Wartenden die Behrenstraße entlang bildete. Über anderthalb Stunden mußte man sich gedulden, wollte man Einlaß finden und den Erklärungen zu Geschichte und Architektur des Hauses lauschen. Viele waren sichtlich gerührt, weil sie mit dem alten Hotel Adlon bestimmte persönliche oder Familienerinnerungen verbanden. Sie brachten alte Menükarten mit, Fotos von der Hochzeit der Mutter oder vom Vater in Adlon-Uniform sowie etliche weitere Mementos. Hier war der Ort wiedererstanden, an dem man sich erinnern konnte, der die Vergangenheit lebendig werden ließ.

Es kamen so viele Menschen – über achttausend –, daß aus den geplanten drei Tagen Besichtigungstour anderthalb Monate wurden. Die beliebten Führungen durch das Adlon hätten noch Wochen weitergehen können, wenn nicht in großer Zahl Gäste ins Hotel eingezogen wären. Schon im ersten Monat waren es noch wesentlich mehr, als die Hotelleitung zu hoffen gewagt hatte. Damit die Gäste sich nicht gestört fühlten, wurden die Besichtigungen eingestellt. Im August war es dann soweit, und die offizielle Eröffnung konnte stattfinden. Sie wurde am frühen Morgen von Bundespräsident Herzog und seiner Ehefrau vollzogen. Am Abend kamen tausendzweihundert Gäste zu Büfett und Tanz.

Ehe das Dessert-Büfett mit spektakulären Skulpturen aus Eis eröffnet wurde, bat man die illustre Gesellschaft hinaus auf den Pariser Platz, um dem Eröffnungsfeuerwerk vor dem Brandenburger Tor beizuwohnen. Dort standen sie, die champagnertrinkenden eleganten Menschen in der lauen Abendluft, auf der Ost-Seite des Tores, den Blick nach Westen gerichtet. Wer hätte diese Szene sieben Jahre zuvor für möglich gehalten? Manch einem lief beim Anblick des prächtigen Feuerwerks ein Schauer über den Rücken, und kaum einem blieben die Augen ganz trocken.

Das Gala-Büfett, bekrönt von einem Brandenburger Tor aus Butter

Thronjubiläum Wilhelms II.

Kaiser Wilhelm II. war jederzeit präsent im Hotel Adlon. In der großen Empfangshalle im Erdgeschoß thronte in einem Wandausschnitt über dem steinernen Kamin eine Büste, die ihn als römischen Imperator darstellte, und im Festsaal, dem sogenannten Kaisersaal, hing ebenfalls über dem Kamin ein überlebensgroßes, von einem gewissen Professor Noster gemaltes Bild, das den Hohenzollernfürsten in imposanter Haltung in der reich geschmückten Uniform der Garde du Corps zeigte.

Diese Verbeugung vor Seiner Majestät war mehr als eine formelhafte, der Etikette geschuldete Geste. Lorenz Adlon wußte, was er seinem hochherrschaftlichen Gönner zu verdanken hatte: Ohne dessen Intervention hätte er wohl kaum das Eckgrundstück am Pariser Platz erwerben können; indem der Kaiser von dem sogenannten Fassadenrecht der Krone Gebrauch machte und alle Entwürfe der Architekten absegnete, bewahrte er den Bauherrn vor allzu scharfer Kritik aus den Reihen der Stadtplaner und Kunsthistoriker; die Fürsprache von höchster Stelle trug schließlich zum einzigartigen Ruf des Hauses bei und wies so manchem Staatsoberhaupt den Weg zum Adlon und zu seinen vornehmen, bestens ausgestatteten Suiten. Aber Wilhelm II. beließ es nicht bei der Rolle des tatkräftigen Förderers, er war auch gerne selbst Gast bei Lorenz Adlon, erschien zu vielen Anlässen leibhaftig im Hotel und verließ es jedesmal überaus zufrieden. Er war der erste, der das fertiggestellte Bauwerk besichtigte, er beging dort häufig seinen Geburtstag, nahm an Feiern preußischer Ministerien und Regierungsstellen teil und lud, wie etwa im Juni 1913 anläßlich seines fünfundzwanzigjährigen Thronjubiläums, zu festlichen Diners.

Über eines dieser Festessen, das im Kaisersaal des Adlon veranstaltet und von Wilhelm II. in einer Weise kommentiert wurde, die ihn nicht gerade als einen genießerischen Gourmet ausweist, berichtet Max Rapsilber: »Es ist wohl bekannt, daß der Kaiser auf die Details seiner eigenen Hofhaltung allezeit ein aufmerksames Auge hat und überhaupt auch in die anscheinend winzigen Dinge des täglichen Lebens eingeweiht ist wie sein großer Vorfahr, der Disziplinator Preußens, Friedrich Wilhelm der Erste. Bei seinem gnädigen Wohlwollen für das Wohl und Wehe Adlons hatte der Kaiser doppeltes Interesse, die ganze Technik des Diners zu beobachten. Und auch hier hielt der Monarch mit der Kritik nicht zurück, indem er beim Abschied äußerte: ›Das Diner war gut. Was mich aber am meisten gefreut hat, das war die Disziplin, mit der es gemacht war. Nicht wahr, Disziplin müssen wir alle haben?‹«

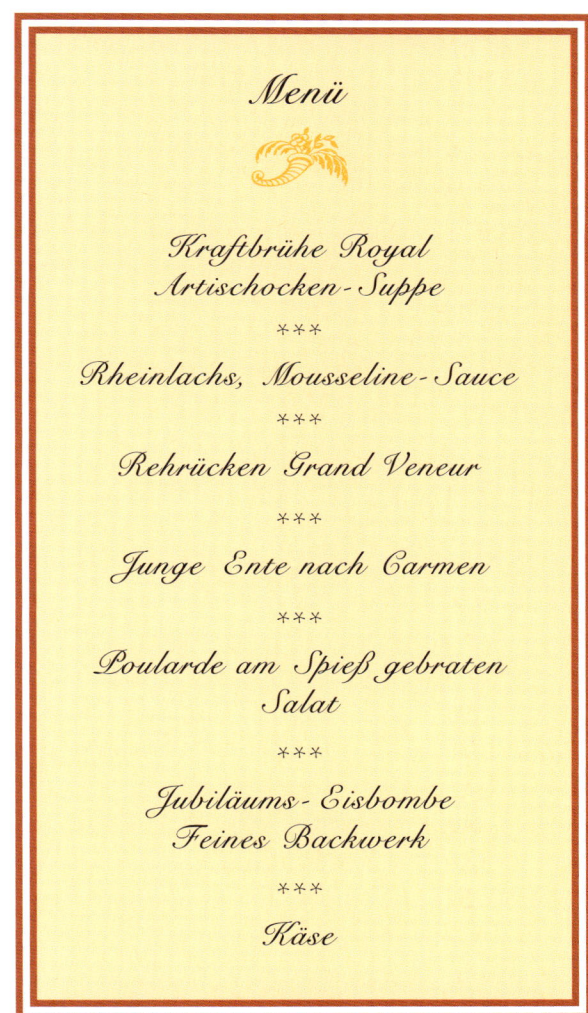

Menü

Kraftbrühe Royal
Artischocken-Suppe

***

Rheinlachs, Mousseline-Sauce

***

Rehrücken Grand Veneur

***

Junge Ente nach Carmen

***

Poularde am Spieß gebraten
Salat

***

Jubiläums-Eisbombe
Feines Backwerk

***

Käse

Staatsbankett zu Ehren des amerikanischen Präsidenten

Bill Clinton im Gespräch mit Helmut Kohl   *Das KPM-Geschirr des Bundespräsidenten*

Das fünfzigjährige Jubiläum der Luftbrücke war der festliche Anlaß für den Berlin-Besuch des amerikanischen Präsidenten William Jefferson Clinton im Mai 1998. Ein Programmpunkt jagte den nächsten. Mittwoch, 13. Mai 1998: Mittagessen mit Bundeskanzler Helmut Kohl in Schloß Sanssouci zu Potsdam, anschließend Feierstunde zum Gedenken an die Luftbrücke im Schauspielhaus am Berliner Gendarmenmarkt, danach Empfang im Schloß Bellevue durch Bundespräsident Roman Herzog, schließlich großes Staatsbankett zu Ehren des US-Präsidenten im Hotel Adlon. Donnerstag, 14. Mai: Feierstunde auf dem Flughafen Tempelhof und Taufe des ›Rosinenbombers‹, aus dem in Blockadezeiten der US-Pilot Gail Halverson Schokolade über die Stadt regnen ließ.

Das Hotel Adlon war nun der noble Rahmen für das Staatsbankett zu Ehren des Präsidenten der Vereinigten Staaten. Doch es war noch mehr als das. Sein Standort am Brandenburger Tor ist genauso wie Blockade und Luftbrücke Symbol der Teilung, aber auch Symbol der Wiedervereinigung Deutschlands. Der Gastgeber, Bundespräsident Roman Herzog, spielte in seiner Bankett-Rede auf die besondere Geschichte des Ortes an und betonte, er begrüße den Präsidenten hier auf der Ost-Seite des Brandenburger Tores, im Herzen Berlins. Bill Clinton nannte in seiner Ansprache das wiederhergestellte Adlon-Gebäude einen symbolischen Schritt auf dem Wege des Wiederaufbaus der Stadt und des neuen vereinigten Deutschlands.

Das Staatsbankett im Adlon bildete einen Höhepunkt des Berlin-Aufenthalts des Präsidenten. Im Ballsaal begegnete er zweihundertfünfzig bedeutenden Persönlichkeiten der Politik und des öffentlichen Lebens. Mit fast einstündiger Verspätung traf seine Kolonne – aus Sicherheitsgründen durch den Hintereingang in der Tiefgarage des Hotels – ein, und die wartenden Gäste unterbrachen ihren entspannten Small talk, um sich für das Defilee anzustellen. Der Bundespräsident und der amerikanische Präsident sowie Bundeskanzler Kohl begrüßten alle zweihundertfünfzig geladenen Gäste mit Handschlag, und Clinton hatte für jeden ein paar freundliche Worte und für die rar gesäten Damen ein besonders charmantes Lächeln parat. »Er ist ein absolut charismatischer Mensch, der Wärme und Herzlichkeit ausstrahlt. Wir alle hatten das Gefühl, daß er gern in unserer Stadt ist. Und daß ihm der Besuch Spaß macht, obwohl das Programm sehr anstrengend ist«, war zu vernehmen.

Dann endlich konnte den hungrigen Gästen der erste Gang serviert werden. Küchenchef Karlheinz Hauser hatte bereits in der Nacht zuvor mit der Vorbereitung des viergängigen Menüs begonnen, wobei er von sechzig Köchen unterstützt wurde. Auf dem von schwarzrotgoldener Kordel geschmückten Speiseplan stand die leichte Küche. Frau Herzog hatte mit Herrn Hauser das Menü zusammengestellt, wobei Wert auf deutsche Speisen, auf die heimische Küche gelegt wurde.

Auf dem KPM-Geschirr des Bundespräsidenten, das vom Petersberg aus Bonn herbeigeholt worden war, fand die Gesellschaft als Vorspeise Bachsaibling und Zander mit Tomaten-Kerbel-Gelee und Forellenkaviar, der auf den Blini thronte. Serviert wurde von nicht weniger als hundertfünfundzwanzig Kellnern in Frack und Kummerbund, die sich an einen strengen – und schriftlich festgehaltenen – Ablaufplan zu halten hatten. Die einzelnen Speisen wurden nicht vor den Gast hingestellt, sondern, wie bei Staatsbanketten üblich, ›angedient‹, so daß der Präsident und alle anderen Gäste den Teller samt Gericht selbst vom dargereichten Tablett nehmen und auf den Platzteller stellen mußten. In den Suppenterrinen dampfte eine Essenz von der Taube mit Morcheln und Trüffeln. Als Hauptgang kam rosa gebratener Milchkalbsrücken auf die Tafeln, die in den amerikanischen Landesfarben Blau-Weiß-Rot dekoriert waren. Dazu gab es badischen Spargel mit Kräuterhollandaise. Die edlen Stangen stammten nicht aus dem nahen Spargelort Beelitz, denn Karlheinz Hauser griff wie üblich auf seine bewährten Lieferanten zurück.

Vitaminreich und Gaumen- wie Augenschmaus war das Dessert: Melonensorbet mit Walderdbeeren und Passionsfruchtmousse. Zwei – ohne Frage zu beneidende – Vorkoster bürgten für die Sicherheit der erlesenen Gesellschaft, die hier übrigens das erste Staatsbankett außerhalb Bonns erlebte, das durch die erwähnte besondere Art des Servierens gekennzeichnet ist. Begleitet wurde das Festmahl – wie sollte es anders sein – von Saxophonmusik, unter anderem war George Gershwin zu hören.

Beim Bankett saßen an Clintons Tafel: Giovanni Lajolo, Hans-Olaf Henkel, Theo Waigel, John Christian Kornblum, Helmut Kohl, Bill Clinton selbst, Bundespräsident Roman Herzog (am Pult stehend), Jutta Limbach, Bernhard Vogel, Oskar Lafontaine, Ignatz Bubis (†), Kurt Biedenkopf, Heinrich von Pierer, Hans Peter Stihl (hinten v.l.n.r.), Dieter Hundt, Wolfgang Schäuble, Günter Rexrodt, Wolfgang Gerhardt, Samuel Berger, Eberhard Diepgen, Rita Süssmuth, Gerhard Schröder, Richard von Weizsäcker, Helen Kornblum, Klaus Kinkel, Sylvia Matthews, Joschka Fischer (vorn v.l.n.r.)

Adlon-Maskenball

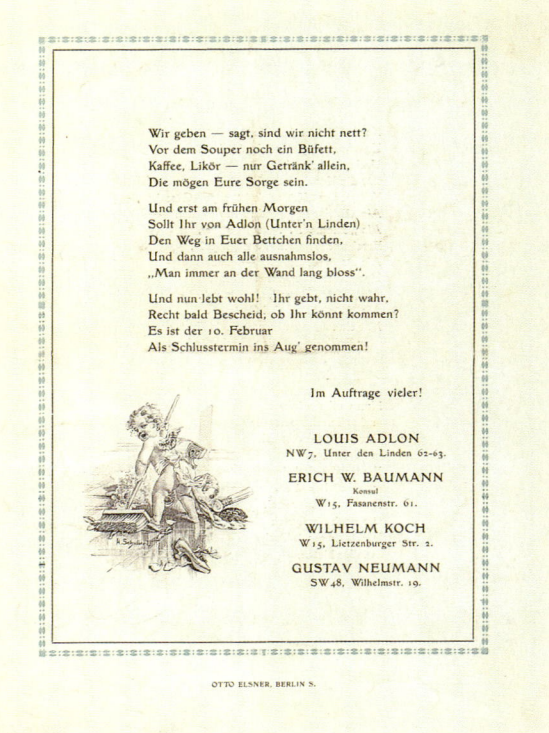

*Einladung zum Maskenball im Hotel Adlon, Februar 1909.
Von Louis Adlon ist bekannt, daß er es liebte, sich zu verkleiden, und daß
er zahlreiche Maskenbälle im Adlon veranstaltete*

Der Lindenball im Adlon heute

Wie zu Zeiten Lorenz und Louis Adlons, so gibt es auch heute wieder einen regelmäßig veranstalteten Ball im Hotel Adlon: den Lindenball. Seit Oktober 1997 findet er alljährlich statt, und er zeigt die nachbarschaftliche Verbundenheit dreier ›Linden-Anrainer‹. Das Deutsche Historische Museum, das seinen Sitz im Schlüter-Bau am Anfang der Allee Unter den Linden, schräg gegenüber dem Schloßplatz hat, die Komische Oper Berlin, ungefähr in der Mitte der ›Linden‹ zu Hause, und das Adlon am Pariser Platz und damit am Ende der langen Prachtstraße, waren übereingekommen, daß man nach der Einheit Deutschlands in der ›neuen Mitte‹ Berlins etwas Gemeinsames schaffen, eine verbindende Institution einrichten müsse. Der Lindenball, der in verhältnismäßig kleinem und intimem Rahmen stattfindet, ist bislang jedes Jahr ein voller Erfolg gewesen. Er steht unter wechselndem Motto, wie etwa »Nordische Nacht« – thematisch anknüpfend an eine große Ausstellung im Deutschen Historischen Museum, die von der schwedischen Königin eröffnet wurde – oder »Pariser Nacht« mit Bezug auf den Pariser Platz oder wie 1999 »Frau Luna« – so der Titel einer Operette, 1899 von dem Berliner Komponisten Paul Lincke komponiert.

Jedes der drei Häuser steuert seinen Teil zur festlichen Veranstaltung bei, wobei sich auch der Förderkreis der Komischen Oper – gegründet nach der Wende – besonders engagiert. Die Gäste kommen nicht nur aus Berlin, sondern es sind Persönlichkeiten aus Kultur und Wirtschaft deutschlandweit, die sich der Oper, dem Museum und dem Hotel verbunden fühlen.

Adlon Lindenball »Karneval in Venedig«, 2000

Silvester 1923/1924

So beschreibt Hedda Adlon das Silvesterfest 1923/24: »Zur Jahreswende 1923/24, also kurz nach Beendigung der Inflation mit ihrem abgrundtiefen Zahlentaumel, führte das Adlon als erstes Hotel Berlins das traditionelle Silvesteressen wieder ein. Zwar hielt die Speisekarte keinen Vergleich mit den Menüs der Vorkriegszeit aus, aber allein ihr Wiedererscheinen war ein freudig begrüßter Beweis für den Anbruch einer neuen Zeit. Es lockte viele der alten Gäste des Adlon zu festlichem Treiben in die historischen Säle, die trotz allem einen gemütlichen und privaten Aufenthalt darstellten.

›Heute nacht knallt's mal wieder‹, sagte einer der Pagen. Er freute sich besonders, denn er wußte, daß es jetzt wieder anständige Trinkgelder gab.

›Jetzt kann mir keiner mehr Millionen und Milliarden in die Hand drücken, weil er nicht weiß, was er sonst damit beginnen soll. Jetzt wird wieder mit gutem Geld, mit Mark und Pfennig, bezahlt!‹

Natürlich prägt der Wandel der Zeiten sich auch in der Silvesternacht des nachrevolutionären Berlins aus. Dazu muß man wissen, was der Berliner unter Silvester versteht. Der Jahreswechsel ist für ihn etwa das, was für den Rheinländer der Karneval bedeutet. Die großen Hotels und Restaurants haben in Berlin immer ein besonderes Silvestersouper vorbereitet. Man pflegte die Speisenfolge öffentlich bekanntzugeben, und hiernach – und nach den Preisen – wählte der Berliner den Ort, an dem er Silvester feierte.

Die Gaststätten und die Straßen, an denen sie lagen, die Friedrichstraße, die Leipziger Straße, der Kurfürstendamm, wurden und blieben Schauplatz rauschend begangener Silvesternächte. Jung und alt bewarfen sich mit Konfetti und Papierbällen. Um zwölf Uhr dröhnten die Glocken aller Kirchen, und die Berliner begrüßten den Beginn des neuen Jahres mit hallenden Kanonenschlägen. Man schüttelte sich die Hände, man umarmte sich und rief sich prosit Neujahr zu. Wehe dem Unkundigen, der so vermessen war, in solcher Nacht in einem Zylinderhut zu erscheinen: Unter Beteiligung aller wurde der Hut dem Betreffenden über die Ohren gezogen, bis Stirn und Nase drin ertranken.

Vor dem Kriege folgte der Silvesternacht am Neujahrsmorgen das ›Große Wecken‹ der Berliner Garnison. Louis Adlon erzählte in dieser ersten Silvesterfeier nach dem Kriege anschaulich von dem Treiben, das damals Unter den Linden herrschte. Ganz Berlin kam dort zusammen, um die Neujahrsfeier der kaiserlichen Familie zu erleben. Die Hohenzollern gehörten nicht zu den Langschläfern. Das ›Große Wecken‹ begann schon um acht Uhr früh, wenn die meisten Berliner noch ihren Kater ausschliefen oder ihn mit dem traditionellen Hering oder mit einem Pilsner bekämpften.

Am Neujahrsmorgen spielte dann die Kapelle des 2. Garde-Dragoner-Regiments auf der Galerie der Schloßkuppel einen Choral. Nach diesem geistlichen Gruß an das neue

Silvestermenü aus den zwanziger Jahren

Jahr folgte im Innern des Schloßhofes die weltliche Begrüßung. Hier spielte die Kapelle des 4. Garde-Regiments ›Freut euch des Lebens‹. Unmittelbar darauf begab sich die kaiserliche Familie zum Gottesdienst in die Schloßkapelle. Wer bei Hof Zutritt hatte, wohnte meist diesem Gottesdienst bei.

So boten die Linden vom frühen Morgen an ein glanzvolles Bild. Die Berliner strömten in Massen die Linden entlang. Die Menschen standen mitten auf den Fahrbahnen vom Brandenburger Tor bis zum Zeughaus oder sahen aus den Fenstern des Adlon. Am Neujahrsmorgen erfolgte die Auffahrt auf dem Mitteltrakt der Linden, zwischen den beiden Reihen der Bäume. Dort rollten die Kaleschen des diplomatischen Korps vorüber. Goldbestickte Fräcke der Diplomaten und die strahlenden Uniformen der deutschen Fürsten und Generäle blitzten nur so daraus.

Nach dem Gottesdienst in der Kapelle fand im Weißen Saal des Schlosses der Neujahrsempfang der Gäste statt; Seine Majestät begab sich dann mit seinen Söhnen zur Paroleausgabe ins Zeughaus … Im Zeughaus gab dann der Kaiser selbst die Parole aus. Der Wortlaut war jedes Jahr am Neujahrstag gleich und lautete nach preußischer Tradition: ›Königsberg – Berlin‹.

Am Abend fand eine Galavorstellung in der Oper statt. Meist nahm das Kaiserpaar daran teil, und die Hofgesellschaft und die geladenen Gäste füllten Logen und Ränge. Nach der Galavorstellung fanden sich viele der Diplomaten und Mitglieder der Hofgesellschaft zu einer Nachfeier des Jahreswechsels im Adlon ein; Lorenz Adlon machte wie stets die Honneurs, und der unerschöpflich exquisite Weinkeller und die erstklassige Küche zeigten sich wie gewohnt von ihrer besten Seite.

Dies alles war nun vorüber. Tempi passati! Nicht vorüber aber war die Tradition Berlins, Silvester zu feiern. Im Gegenteil. Nach den Entbehrungen des Krieges, der Nachkriegszeit und der Inflation schlugen die Wogen des Übermutes höher denn je.

Daß es bei dieser Jahreswende 1923/24, bei dem ersten offiziellen Silvesterball des Adlon nach langen Jahren, ziemlich hoch herging, zeigten die Berge von Konfetti, Luftschlangen und Papierbällen, die am nächsten Morgen aus den Räumen gefegt werden mußten.

In dieser Nacht sprach der beliebte Berliner Rundfunksager Alfred Braun seine große Neujahrsreportage aus dem Adlon. Das hatte aber weniger seinen Grund in der schon erwähnten ersten Menükarte mit festen Preisen; es galt vielmehr der Tanzkapelle, die erstmalig an diesem Abend angekündigt war und die von diesem Zeitpunkt an das Entzücken der Berliner bildete. Sie wurde zu einem großen Anziehungspunkt für die folgenden regulären Tanzabende im Adlon. Selbst Fritz Kreisler fand lobende Worte für die Kapelle, insbesondere den Geiger. Es war die Kapelle Marek Weber.«

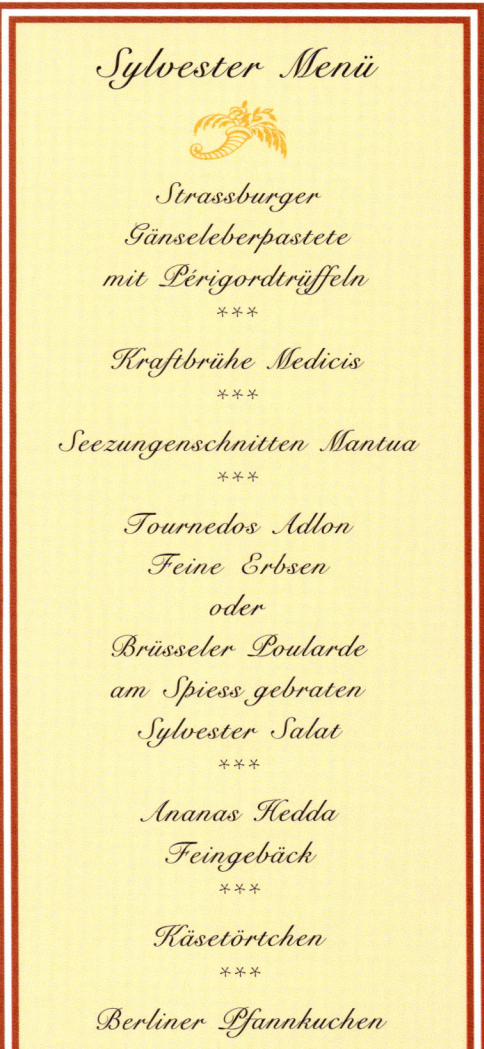

Sylvester Menü

Strassburger Gänseleberpastete mit Périgordtrüffeln

***

Kraftbrühe Medicis

***

Seezungenschnitten Mantua

***

Tournedos Adlon Feine Erbsen oder Brüsseler Poularde am Spiess gebraten Sylvester Salat

***

Ananas Hedda Feingebäck

***

Käsetörtchen

***

Berliner Pfannkuchen

SILVESTER BELETAGE 1998/99

Rund um den Kaviar, auf Etageren präsentiert

20 g Imperial-Kaviar mit Salat vom kanadischen Hummer und Spargel
20 g Sevruga-Kaviar mit Babyrauchaalfilet und Cordifiole
20 g Keta-Lachs-Kaviar mit Balik-Filet »Zar Nikolai«
und Mille Feuille vom Lachstatar
dazu französische Crème fraîche d'Insigny,
Grenaille-Kartoffeln, Blini und Toast

***

*Périgord-Gänsestopfleber auf getrüffelter Kartoffelmousseline
mit glasierten Armagnac-Äpfeln*

***

*Rahmsüppchen von Langostinos mit Kaiserschoten-Royale
und Rosmarin parfümiert*

***

*Seeteufel und Zander in drei Nudelblättern auf einem Confit
von Bouchot-Muscheln und Cherry-Tomaten*

***

*Crépinetten und Spieß von Kaninchen
auf geschmortem Spitzkohl und Pesto*

***

*Gefüllte Miéral Taube und Kalbsbriesstrudel »Rumohr«
in Pinot-Noir-Sauce und Steinpilz-Polenta*

***

Silvester Interpretation in Eis

Kleines Brandenburger Tor aus Schokolade

Berliner Minipfannkuchen und Eis-Canapés vom Wagen

SILVESTERMENÜ 2000

*Es ist dem Adlon gelungen, seine Gäste zur Jahrtausendwende
mit einem Menü zu überraschen, das aus Produkten zubereitet ist, die es ausschließlich
im Hotel Adlon gibt. Alle Lieferanten haben garantiert, daß Silvester 1999/2000
kein anderes Hotel Zugriff auf diese Köstlichkeiten hat.*

Neuseeland Kaltwasser-Languste mit Imperial-Kaviar

*Von Stewart Island NZ. Die Langusten werden Ende Dezember speziell
für das Adlon selektioniert. Jeder Gast bekommt eine ganze Languste von 400 g
und einen speziellen Teller mit Imperial-Kaviar in der Originaldose.*

Elixier von schwarzen Périgord-Trüffeln und Champagner »Lorenz Adlon«

Nach einem Originalrezept von Lorenz Adlon, in der Tasse überbacken

Wildstör gefüllt mit Jakobsmuscheln auf Zitronengrassauce

*Einzigartig in Deutschland! Der Wildstör ist eine seltene Fischart,
aus dem Oberlauf des Theiss in Ungarn. Der Fisch hat keine Gräten,
sondern nur kleine Knorpel, die man mitessen kann.*

Mieral Wildente »Escoffier« Sauce Rouennaise à la presse Gänselebertorte und Kartoffelbrioche

*Die besten Wildenten der Firma Mieral in Frankreich,
400 Stück nur für unser Hotel selektioniert*

Variationen von der letzten limitierten Valrhona Couvertüre

*Das Hotel Adlon erhält als einziger in Deutschland diese
aus Trinidad stammende Jahrgangskuvertüre.*

Das legendäre Hotel am Pariser Platz
Die Geschichte des Adlon

Zimmer mit exklusiver Aussicht

»Nun wohne ich also in einem prächtigen Palais und sehe nach einer Seite über den Pariser Platz auf's Brandenburger Thor, nach der andern über die Linden. Vortreffliche Bedienung, Ruhe und Stille in meinen Zimmern ... Sie bestreben sich, mir den Aufenthalt bei ihnen so angenehm als möglich zu machen.«

Nein, bei demjenigen, der in solch hohen Tönen die Annehmlichkeiten seiner Unterkunft rühmt, sich lobend über seine Wirtsleute und den gebotenen Service äußert, sich »mit der zuvorkommendsten Güte behandelt« fühlt und zudem die besondere Aussicht aus seinem Zimmer zu würdigen weiß, handelt es sich nicht etwa um einen zufriedenen Gast des Hotel Adlon. Als diese Zeilen geschrieben wurden, nämlich am 23. Oktober des Jahres 1833, war Lorenz Adlon, der nachmalige Gründer des Hotels, noch gar nicht geboren. Die Gastlichkeit aber, die am Beginn des zwanzigsten Jahrhunderts mit seinem Namen ein Gütesiegel allererster Klasse erhalten sollte, wurde an dieser Stelle, wo die Allee Unter den Linden sich zum Pariser Platz weitet, offenbar schon lange zuvor gepflegt, wie der Erzähler und Dramatiker Karl Immermann mit den oben zitierten Zeilen bezeugt. Sein Gastgeber war Graf Friedrich Wilhelm von Redern, preußischer Beamter und Generalintendant der Königlichen Schauspiele zu Berlin. In seinem Palais am Pariser Platz empfing er nicht nur die Mitglieder der Berliner Aristokratie, sondern auch Künstler und Schriftsteller, er ließ im eigenen Musiksaal Konzerte aufführen und gab als vielgereister und weltgewandter Mann im noch recht provinziellen Berlin ein Beispiel für kultivierte Geselligkeit. Die Einladung an Karl Immermann, während dessen Berliner Aufenthaltes bei ihm zu logieren, galt sozusagen einem Kollegen – Immermann war zu jener Zeit maßgeblich an der Leitung des Düsseldorfer Theaters beteiligt – und schloß auch einen Sitz in der General-Intendanzloge im Theater ein, den der Gast dankbar Abend für Abend in Anspruch nahm. Denn andere Zerstreuung bot ihm die große Stadt, »worin Abends 11 Uhr kein Mensch mehr auf der Straße zu sehen ist«, nur wenig – Berlin war, wie Immermann enttäuscht feststellt, ein »Ort, worin man sehr viel lernen, aber nichts genießen kann«.

Der Pariser Platz war schon damals auch in dieser Hinsicht ein Ausnahmefall. Unter dem Soldatenkönig Friedrich Wilhelm I. bei der Erweiterung der Friedrich- und der Dorotheenstadt 1732 bis 1734 als ›Quarré‹ angelegt, bildet er den Schlußpunkt der in einer geraden Doppelreihe mit Linden bepflanzten Hauptachse, die vom Stadtschloß, dem Zentrum des barocken Berlin, nach Westen hin bis an den Tiergarten verlängert wurde. Die Elite des preußischen Staates – hohe Beamte aus dem Adel, Diplomaten, Militärs, auch schon einige verdiente Bürgerliche – siedelte sich an dem viereckigen Platz an, großzügig und auch mit einem gewissen Nachdruck vom König unterstützt, der die Randparzellen und Baumaterial kostenlos zur Verfügung stellte und obendrein eine nicht unerhebliche Summe von Talern als Bauzuschuß gewährte. Sein Ziel, hier einen architektonisch reizvollen Akzent zu setzen und Preußens Residenzstadt ein würdiges Entree zu verschaffen, hat er erreicht: Das repräsentative Ensemble aus zweigeschossigen Barockpalais, die durchgängig von steilen Mansarddächern gekrönt waren, verdiente sich, wie hinlänglich bekannt, in der Folgezeit den hehren Namen ›Empfangssalon von Berlin‹. Und Carl Gotthard Langhans,

Napoleons Einzug in Berlin, Gemälde von Charles Meynier

der Baumeister des Torgebäudes, das zum berühmtesten Durchgangsort und zur symbolträchtigsten Kulisse preußischer und deutscher Geschichte werden sollte, verkündete 1788 in einer Denkschrift zum Entwurf seines klassizistischen Bauwerks, das den Platz im Westen zum Tiergarten hin begrenzt, ebenso prätentiös wie lakonisch: »Die Lage des Brandenburger Thores ist in ihrer Art ohnstreitig die schönste von der ganzen Welt.«

Den Vorzug, an solch prominenter Stelle zu domizilieren, genossen nicht nur preußische Minister und Militärs wie etwa Karl von Savigny und Marschall Blücher, sondern auch viele Künstler, Musiker und Schriftsteller: Der romantische Dichter Achim von Arnim wuchs in dem Haus auf, in das über ein Jahrhundert später die Akademie der Künste einziehen sollte; August Wilhelm Iffland, gefeierter Schauspieler und Verfasser überaus erfolgreicher Rührstücke, nahm eine Wohnung im Nachbarpalais; das Haus Nr. 6 auf der gegenüberliegenden, der Nordseite des Platzes, war zwanzig Jahre lang, von 1843 bis 1863, das Heim des Komponisten Giacomo Meyerbeer. Bis in die dreißiger Jahre des zwanzigsten Jahrhunderts lebte, arbeitete, residierte der impressionistische Maler Max Liebermann im eigenen Haus direkt neben dem Brandenburger Tor. Für internationales Flair sorgten der dänische Gesandte, zeitweilig im Haus Nr. 6 ansässig, und die Gesandtschaft Frankreichs, die seit 1860 im Haus Nr. 5 ihre diplomatischen Aufgaben erfüllte. Der Pariser Platz atmete stets Weltoffenheit und Lebensart, er war der Inbegriff gediegener Urbanität.

Es ließ sich allerdings im Laufe der Historie nicht vermeiden, daß neben vielen gern gesehenen Besuchern auch manch ungebetener Gast den ›Empfangssalon‹ betrat. Der erste, der sich hier, das Recht des Stärkeren auf seiner Seite, Zutritt verschaffte, war Napoleon, der im Oktober 1806 nach dem Sieg seiner Truppen bei Jena und Auerstedt in das schutzlose Berlin einzog. Er wählte die Prachtstraße Unter den Linden zur Marschroute seines Triumphzuges, der in das Zentrum

Berlins zielte und das Herz Preußens traf. Andere Sieger und solche, die es werden wollten, folgten ihm: So zog hier im August 1814 das preußische Heer, das mit seinen Bündnispartnern die Armeen Napoleons bezwungen hatte, feierlich in Berlin ein; im Juni 1871 paradierten nach vollbrachter Reichsgründung der Kaiser zusammen mit Fürst Bismarck und General Moltke an der Spitze ihrer Truppen durch das Brandenburger Tor; und am vorletzten Januartag des Jahres 1933, nach der Berufung Hitlers zum Reichskanzler, erdröhnte der Pariser Platz unter dem entschlossenen Schritt der fackeltragenden Kampftruppen der SA – es wurde langsam, aber sicher ungemütlich im ›Salon‹ Berlins. Die letzten Sieger, die an dieser Stelle jubelten, am Ende des Jahres 1989, waren die friedlichsten von allen, sie ertrotzten ohne Gewalt, daß das Tor wieder einem Zweck dient, der ihm wesentlich ist: Offenheit zu bieten und freien Durchgang zu gewähren. Dies mag auch als späte Bestätigung für den Architekten des Brandenburger Tores gewertet werden: Nach dem Willen von Carl Gotthard Langhans sollte die auf der Attika stehende Quadriga den »Triumph des Friedens« darstellen, der martialische Staatsgeist jener Zeit hatte sie jedoch sehr schnell in ein Symbol des Sieges umgedeutet. Und es war derselbe Geist, der auch dafür sorgte, daß das zuvor nur Quarré genannte Areal den Namen »Pariser Platz« erhielt, zum Ruhme der preußischen Truppen, die 1814 in die französische Hauptstadt eingezogen waren und gemeinsam mit ihren Alliierten der napoleonischen Herrschaft über Europa ein Ende gesetzt hatten.

Nur eineinhalb Jahrzehnte darauf begann der Platz sein Gesicht allmählich zu verändern und seinen einheitlichen, durch die Barockfassaden und Mansarddächer geprägten Charakter zu verlieren. Der Ausgangspunkt für die baukünstlerische Umgestaltung war just das markante Grundstück an der südlichen Ecke zum Boulevard Unter den Linden, das bis in die Gegenwart als Experimentierfeld für architektonisch umstrittene und zum Teil hitzig diskutierte Unternehmungen dienen sollte. Das an dieser Stelle um 1730 vom preußischen Diplomaten Graf von Kameke erbaute Haus war seit 1798 im Besitz der Familie von Redern, der Umbau zu dem »prächtigen Palais«, das von Karl Immermann so gepriesen wurde, erfolgte in den Jahren 1829 bis 1833. Verantwortlich für die Neugestaltung zeichnete Karl Friedrich Schinkel, damals bereits Leiter des Staatsbauamtes, und er nutzte die Gelegenheit, massiv in die für sein Architekturverständnis völlig spannungslose Uniformität des Platzes einzu-

Das Palais Redern um 1900

greifen. In dem Bestreben, ein »Gebäude von Character zu erschaffen«, ließ er das alte Barockpalais im ›historisierenden‹ Rückgriff mit einer Fassade im altflorentinischen Stil versehen und um eine Etage aufstocken. Dieser Maßnahme fiel das alte Mansarddach zum Opfer, das Gebäude wurde nun oben von einem mächtigen Kranzgesims umrahmt. Ohne daß die Mauern verändert worden waren, hatte sich der Barockbau in einen Renaissance-Palazzo verwandelt. Das wuchtige, die Nachbargebäude drückende neue Palais des Grafen Redern war ein architektonischer Affront – von Schinkel durchaus auch politisch als Bekundung individueller Freiheit gemeint –, aber er war keineswegs blind gegen die Umgebung durchgeführt, sondern mit souveräner Hand gesetzt worden. Das erweiterte Gebäude scherte eigensinnig aus dem geschlossenen Ensemble des Platzes aus, fügte sich andererseits aber besser als sein Vorgängerbau in die Besonderheit seiner Position:

Während dieser sich mit seinem in Barockmanier hervorgehobenen Haupteingang deutlich und ausschließlich zum Boulevard Unter den Linden hin orientiert hatte, akzentuierte der Schinkel-Bau mit den hohen Rundbogenfenstern sowohl an der Vorder- wie auch an der Seitenfront seine Ecklage und schuf damit zuallererst, nun auch in Richtung zum Brandenburger Tor hin Raum greifend, den gleitenden Übergang von der Straße zum Platz.

Das umgebaute Palais Redern wirkte für den Pariser Platz zum Teil stilprägend; in den nächsten Jahrzehnten wurden dort noch weitere Gebäude errichtet, die sich altflorentinisch gaben – der ›Empfangssalon‹ Berlins wurde nach und nach neu möbliert. Das alte Prunkstück wurde dagegen langsam morsch, nach dem Tod des Grafen Redern im Jahre 1883 stand das Palais eine Zeitlang leer, 1891 mietete sich der Kunsthändler Eduard Schulte im Erdgeschoß des Hauses ein. Die von Max Liebermann im Jahr darauf gegründete »Gruppe der Elf« stellte regelmäßig bei Schulte aus, ansonsten setzte der Kunsthändler lieber auf das, was dem damaligen gutbürgerlichen Geschmack entsprach. Durchaus mit Erfolg, er konnte es sich leisten, einige Jahre darauf ein eigenes Haus auf der gegenüberliegenden Seite des Platzes zu beziehen. Das Palais stand nun leer, und es war zweifelhaft, ob angesichts der mittlerweile erheblichen Schäden im Innern des Gebäudes eine weitere Nutzung möglich sein würde.

Zu dieser Zeit hatte jedoch schon längst eine andere Person, ein aus Mainz stammender erfolgreicher Hotel- und Restaurantbesitzer mit Namen Lorenz Adlon, ein Auge auf dieses Grundstück in prominenter Lage geworfen. Und er hatte bereits weitreichende Pläne entwickelt, wie damit zu verfahren sei.

DER ARISTOKRAT DER HOTELIERS

Wer war der Mann, der sich an dieser Ecke des Pariser Platzes selbst ein Denkmal setzte, dessen Name zu einem Mythos, zum Synonym für Luxus, Pracht und Eleganz wurde?

Anzeige des Ausflugslokals »Raimundigarten«

So erstaunlich wie das Hotel, das er erbauen ließ, ist sein Werdegang. Lorenz Adlon, bei dem die sogenannte Große Welt zu Gast sein sollte, stammte aus kleinen Verhältnissen. Er wurde am 29. Mai 1849 als sechstes Kind des Schuhmachers Jacob Adlon und seiner Frau Anna Maria Elisabeth, einer Hebamme, in Mainz geboren. Über die Herkunft der Familie, die seit der Mitte des achtzehnten Jahrhunderts in der Stadt Mainz registriert ist, läßt sich nur spekulieren; der Name »Adelon«, der erst in der Generation des Schuhmachers Jacob zu »Adlon« verkürzt wurde, verweist immerhin sehr deutlich auf französische Wurzeln.

Der junge Lorenz Adlon absolvierte zunächst eine Tischlerlehre bei der Möbelfirma Bembé, einem traditionsreichen, 1780 gegründeten Unternehmen, das vor allem mit seinen Inneneinrichtungen noch weit über die Grenzen seiner Heimatstadt hinaus von sich reden machen sollte. Nicht nur in

etlichen Schlössern und Herrenhäusern in Deutschland und im benachbarten Ausland legten die Mitarbeiter der Mainzer Firma Hand an, auch bei drei Bauprojekten, von denen jedes in seiner Art Geschichte machte, war ihre Kunstfertigkeit gefragt: bei dem Berliner Reichstagsgebäude, bei einem Überseedampfer der britischen White Star Line mit Namen »Titanic« und bei einem Prunkhotel vis-à-vis vom Brandenburger Tor, das nach seinem Eigentümer benannt wurde, einem gewissen Lorenz Adlon, ehemals Lehrling bei Bembé ...

Nach seiner Ausbildung sei Lorenz – so schreibt der Berliner Schriftsteller Max Rapsilber, der das Hotel Adlon bis in die zwanziger Jahre hinein als überaus wohlwollender Chronist begleitete – noch nach Frankreich gegangen, um sich in der »hohen Möbelschule« den letzten Schliff zu holen. Damit aber betrachtete der junge Tischlergeselle diese Karriere offensichtlich als abgeschlossen, denn bald darauf, nach dem Deutsch-Französischen Krieg von 1870/71, eröffnete Lorenz Adlon eine Gastwirtschaft in der Gymnasiumstraße in Mainz. Was ihn dazu bewogen haben mochte, den Beruf zu wechseln, darüber kann man nur Vermutungen anstellen: Die Aussicht auf einträgliche Geschäfte wird unzweifelhaft eine Rolle gespielt haben, sicher auch ein besonders ausgeprägtes Talent zur Gastronomie, das er bei sich entdeckte. Wie auch immer, die Entscheidung, sich im Gaststättengewerbe zu etablieren, war das Startsignal zu einer Erfolgsstory ganz besonderer Art, die den unternehmungsfreudigen Gastwirt nicht nur aus seiner Geburtsstadt Mainz bis in die Hauptstadt Berlin, sondern auch in höchste gesellschaftliche Sphären und zur weltweiten Berühmtheit führen würde.

Weitere Stationen seiner erfolgreichen Laufbahn als Restaurateur – nicht alle, das würde den Rahmen sprengen – seien zumindest genannt: Er beteiligte sich an der Ausrichtung des Mainzer Karnevals, bewirtschaftete in den Jahren um 1880 den Raimundigarten, ein Ausflugslokal am Rhein, sorgte für die Verpflegung beim Deutschen Schützenfest 1878 in Düsseldorf und beim Deutschen Turnfest 1881 in Frankfurt, im Jahr darauf war er bei der Bayerischen Gewerbe-, Kunst- und Industrie-Ausstellung vertreten. Ein erster Höhepunkt dann 1883 bei der Weltausstellung in Amsterdam: Adlon, dem von Rapsilber, der mit markigen Worten nie spart, »kulinarisches Feldherrntalent« attestiert wird, zeichnete unter anderem für den Bau des deutschen, französischen und holländischen Restaurants sowie des internationalen Weinhauses verantwortlich und vermochte es als einziger, wie aufmerksam registriert wurde, die von ihm betreuten Räumlichkeiten pünktlich zur Eröffnung fertigzustellen. Einem Mann, der ein so hohes Maß an Zuverlässigkeit und Organisationstalent unter Beweis gestellt hatte, vertraute man gern auch andere Einrichtungen an: Das erste Hotel, das Lorenz Adlon betrieb, stand weder in Mainz noch in Berlin, sondern auf holländischem Boden; man verpachtete ihm 1884 das Mille Colonnes am Rembrandt-Platz in Amsterdam.

Mit seinen Vergnügungslokalen und Zeltwirtschaften bei diversen Volksfesten hatte Adlon gezeigt, daß er keineswegs Scheu empfand vor populären Orten, zu denen die Massen strömten – und ihr Kleingeld mitbrachten. In Berlin, wohin er wenige Jahre später mit seiner Familie zog, wurde aber rasch erkennbar, daß ihn noch andere, höhere Ansprüche bewegten, sowohl was seine Klientel betraf als auch das, was er ihr in kulinarischer Hinsicht zu bieten beabsichtigte. Er kaufte das Restaurant Hiller, Unter den Linden, das sich bei den – in Berlin nicht sehr zahlreichen – Feinschmeckern schon damals eines guten Rufs erfreute. Es war durchaus ein Wagnis, zu jener Zeit in der Reichshauptstadt, die in gastronomischer Hinsicht gar nichts Hauptstädtisches besaß, in ein solches Lokal, das französische Kochkunst offerierte, zu investieren. Der Berliner, an schlichte Hausmannskost gewöhnt, begann seinen Geschmack erst zu kultivieren und war, was fremde Küche und kulinarisches Raffinement betraf, nicht sonderlich experimentierfreudig. Dazu herrschte in vielen Hotels noch die mitunter plumpe Vertraulichkeit der Table d'hôte, bei der der Hausherr selbst zur Tafel bat und die Mahlzeit mit seinen Gästen teilte. Theodor Fontane, der couragiert und ausdauernd Reisende, wünschte sich angesichts solcher Umstände nichts sehnlicher als »die Freiheit, essen zu können, was man will und wann man will«, und hielt es für angezeigt, den »Herren Wirten« in Erinnerung zu bringen, das Publikum sei nicht für sie, sie seien vielmehr für das Publikum da.

Lorenz Adlon mußte man diesbezüglich ganz sicher nicht ins Gewissen reden. Ihm gelang es nicht nur, das Restaurant Hiller wieder zum geschäftlichen Erfolg zu führen, er setzte auch, was gepflegte Gastlichkeit angeht, neue Maßstäbe für Berlin: »Wer gut essen wollte, ging zu Adlon ins Restaurant Hiller«, stellte Alfred Walterspiel fest, selbst eine Zeitlang Küchenchef in Adlons Restaurant und in dieser Funktion mit einem Diner en Ambigu für acht Personen unbestrittener Star des zweiten »Kulinarischen Salons« in Berlin, der im Dezember 1907 stattfand. Aber auch internationales Renommee erwarb sich Adlon mit seinem Gourmet-Lokal, von einer ganz besonderen Stammkundschaft weiß Max Rapsilber zu berichten: »Die russischen Fürstlichkeiten, die einstmals an Küche und Keller die höchsten Anforderungen stellten und in Paris das Feinste vom Feinen aufzuspüren verstanden, diese Russen seligen Angedenkens haben das Restaurant Karl Hiller in der Adlon-Zeit ... geradezu das einzige gute Restaurant in Europa genannt.« Eine Bestätigung von höchster Stelle sozusagen, die

Menükarte der Zoo-Terrassen

Adlon gewiß geschmeichelt hat, ihn allerdings nicht davon abhielt, seinen Aktionskreis in Berlin beträchtlich zu erweitern – auf dem Lorbeer, den er reichlich erntete, pflegte er sich nie auszuruhen. Zusammen mit seinem Freund und Konkurrenten Rudolf Dressel, der ein Weinrestaurant ebenfalls Unter den Linden betrieb, übernahm er bei der Berliner Gewerbeausstellung im Jahre 1896 die Bewirtschaftung und bekundete mit dem Hauptrestaurant, das er am Neuen See errichten ließ und auf dessen Veranda einige tausend Gäste Platz fanden, seinen durchaus zeitgemäßen Hang zum Monumentalen. Drei Jahre später, 1899, glückte ihm einmal mehr die Verbindung von Masse und Klasse: Er pachtete das weitläufige Restaurantgelände im Zoologischen Garten Berlins, die überaus beliebten und frequentierten »Zoo-Terrassen«, wahrlich eine Goldgrube – wenn man den Angaben von Hedda Adlon trauen darf, flossen an normalen Sommerabenden sechzigtausend Mark in die Kasse – und zugleich eine ›Bildungsmaßnahme‹ in kulinarischer Absicht auf breiter Front. Die Berliner konnten hier, dank zweier Köche aus Frankreich, einer von ihnen ein gewisser Jules Bodart, die Finessen der französischen und internationalen Küche kennenlernen, Austern und Langusten probieren, sich an einer Bouillabaisse nach Marseiller Art versuchen oder gar eine Haifischflossensuppe kosten und sich zum Schluß für ihren Wagemut mit einem Champagner-Sorbet oder einer neapolitanischen Cassata belohnen. Auch der Nachbarschaft zum Zoo wurde gastronomischer Tribut gezollt: Auf einer überlieferten Menükarte sind so exotische Gerichte wie »Zebuschwanz-Suppe«,

»Grönländische Stachelrochen mit Lamabutter« und »Antilopenrücken« aufgeführt, und mit der »Samoa-Bombe auf Bismarck'sche Art« konnte sich, wer wollte, das gestiegene Selbstbewußtsein des Deutschen Reiches als Welt- und Kolonialmacht auf der Zunge zergehen lassen.

Nicht unerwähnt bleiben darf, daß Lorenz Adlon mittlerweile auch in der Hotelbranche Fuß gefaßt hatte. 1898 pachtete er das Continental am Bahnhof Friedrichstraße, als dessen Geschäftsführer übrigens bald, neben dem Kompagnon Hugo Klicks, Adlons 1874 geborener Sohn Louis figurierte. Ebenfalls im Jahr 1898 eröffnete Lorenz Adlon, dem schon in seiner Mainzer Zeit ein »genialer Fühler« als Weinkäufer nachgesagt wurde, seine eigene Weingroßhandlung, ein weiterer wichtiger Stein im Mosaik seiner geschäftlichen Unternehmungen.

Zur Jahrhundertwende war der Mainzer Gastronom und Hotelier etabliert in Berlin, er war nicht zuletzt im Kollegenkreis hochgeachtet, hatte ein ansehnliches Vermögen erworben und konnte auf eine stolze Lebensleistung zurückblicken. Aber er war durchaus nicht gesonnen, sich mit dem Erreichten zu begnügen, sein eigentliches Werk sah er noch vor sich, ein Werk, dem gegenüber sich all das, was er bislang unternommen hatte, als bloße Vorstufen erweisen würde, ein Projekt, in dem sich alle Anstrengungen seiner Laufbahn bündeln und ihr einheitliches Motiv zum Vorschein bringen sollten. Adlon war entschlossen, ein Hotel zu bauen – nicht irgendein Hotel, sondern das beste, luxuriöseste und zugleich modernste, nicht an irgendeinem Ort, sondern am Pariser Platz, an der feinsten Adresse der Reichshauptstadt.

War das ein hochfliegender, angesichts des gigantischen finanziellen Risikos geradezu verrückter Plan – oder doch eine geniale Idee? Es war wohl beides. Was Lorenz Adlon in einem Alter, in dem andere sich schon auf ihren Ruhestand vorbereiten – er war Anfang Fünfzig –, getrieben haben mag, sich auf ein solches Projekt einzulassen, ist schwer zu ergründen. Der Zeitgenosse Max Rapsilber

Lorenz Adlon als etwa Sechzigjähriger

neigte bei seiner Charakterisierung des Hotelgründers zur Mythisierung. In einem reich illustrierten Prachtband über das fertiggestellte Hotel aus der Zeit um 1911 beschwor er die starke und geniale »Persönlichkeit, die im heißatmenden Ernst der Arbeit zum Schöpfer heranreift«, und goß sein Urteil abschließend in diese kolossale Form: »Dieser Mann mit dem begeisterungsstarken Herzen und dem klaren Kopf, halb ein Künstler und halb ein Rechner, ein Poet und Feldherr zugleich, vereinigt in seinem Wesen den deutschen Idealismus, die preußische Energie und die große Linie Amerikas.«

In einer Zeit, die noch inbrünstig den Heroismus pflegte, war man mit solchen pathetischen Formeln rasch bei der Hand. Ob sie wirklich Auskunft geben können, bleibe dahingestellt. An persönlichen Zeugnissen von Lorenz Adlon, die man dagegenhalten könnte, ist kaum etwas überliefert.

Nur ein einziges Foto von ihm ist erhalten, es zeigt den etwa Sechzigjährigen, einen Mann mit klaren, ausgeglichenen Gesichtszügen und einem starken Charakter, eine Person, die sich auf eine ganz selbstverständliche Weise unaufdringlich und doch höchst wirksam in Szene zu setzen weiß. Der Porträtierte ist sich seines Wertes absolut bewußt, das wird hier signalisiert. Und der ikonographisch bedeutungsvoll in die Ferne gerichtete Blick einerseits, der gelassene Gesichtsausdruck andererseits – spielt um den Mund nicht sogar ein leichtes Lächeln? –, legt das nicht die Deutung nahe, dieser Mensch sei mit dem selbstgesetzten Anspruch versöhnt, er sei erfüllt und bestätigt durch das von ihm Geleistete? In dem für den 1916 geborenen Alexander Joachim Adlon angelegten Gästebuch des Hotels findet sich eine bemerkenswerte Eintragung von Lorenz Adlon zum Weihnachtsfest desselben Jahres: »Ein Mensch ist nicht mehr als ein anderer, wenn er nicht mehr als ein anderer tut.« Mit dem Hotel an prominenter Stelle, dem er wohl nicht zufällig seinen Namen gab, hatte Adlon gezeigt, was zu tun und zu leisten er fähig war.

Es waren freilich Widerstände zu überwinden, bis Lorenz Adlon darangehen konnte, sein Vorhaben zu realisieren. Sie betrafen zunächst den Bauplatz: Das Grundstück Unter den Linden 1 war Majoratsbesitz der Familie Redern und eigentlich unveräußerlich, es sei denn, sämtliche Familienmitglieder und der Kaiser stimmten einem Verkauf zu. Hinzu kam, daß das Palais Redern, der alte, zu den herausragenden Sehenswürdigkeiten Berlins gezählte Schinkel-Bau, unter Denkmalschutz stand. Als der Plan, hier ein Hotel entstehen zu lassen, bekannt wurde, löste dies erhebliche Unruhe und ernste Bedenken in der interessierten Öffentlichkeit aus. Die Traditionalisten wollten verhindern, daß man sich am Erbe Schinkels verging, andere fürchteten, ein Neubau könnte die ästhetische Gesamtwirkung des Pariser Platzes beeinträchtigen, und überhaupt sei der kommerzielle Zweck des geplanten Gebäudes der besonderen Würde des historischen Ambientes nicht angemessen. Auch die Konkurrenz blieb nicht untätig. Insbesondere die mächtige Hotelbetriebs-Aktiengesellschaft, zu deren Imperium unter anderen das Central-Hotel und das noble Hotel Bristol gehörten, war bemüht, den wagemutigen Einzelunternehmer in die Schranken zu weisen. Den Bau des Adlonschen Hotels konnte sie zwar nicht verhindern, wohl aber, mit dem schnell eingefädelten Erwerb des benachbarten Grundstücks Unter den Linden 2, eine Erweiterung der repräsentativen Frontseite, die für eine Hotelanlage durchaus wünschenswert gewesen wäre.

Lorenz Adlon hatte sich also auf eine Bühne begeben, auf der ihm öffentlicher Protest entgegenschallte, die Widersacher sich in manchem Ränkespiel übten und der Protagonist Standfestigkeit zu beweisen hatte. Das Hotelprojekt war zum Politikum geworden. Wie es trotz aller juristischen Klauseln doch

Annonce für das Hotel Adlon von 1909

Wilhelm II. in Hofjagdkleidung, um 1910

zum Verkauf des Grundstücks und des Palais kam, hat sich nie ganz klären lassen. Hohe, unter dubiosen Umständen angehäufte Spielschulden des letzten Besitzers, Innocenz Graf Redern, beim englischen König hätten, so heißt es, eine ausschlaggebende Rolle gespielt; das Stück, das gegeben wurde, besaß demnach auch possenhafte Züge. Die für Lorenz Adlon glückliche Wendung ist jedenfalls einem weiteren Akteur zu verdanken, der nur allzu gerne den klassischen Part des ›Deus ex machina‹ übernahm: Wilhelm II., der Deutsche Kaiser und König von Preußen. Er veranlaßte durch persönliche Intervention, daß das Redernsche Grundstück – am 3. April 1905 – an Adlon verkauft wurde, und er nahm den bereitstehenden Kritikern an der Gestaltung des Bauwerks zumindest den schärfsten Wind aus den Segeln, indem er alle Entwürfe der beauftragten Architekten Carl Gause und Robert Leibnitz höchstselbst begutachtete und dem letzten, dem sechsten Vorschlag, sein kaiserliches Placet erteilte. Die Protektion durch Wilhelm II. erleichterte schließlich die Suche nach Kreditgebern, auch das eine geradezu herkulische Aufgabe, bei einem damaligen Eigenvermögen Adlons von schätzungsweise zwei Millionen Mark und einer Gesamtsumme für den Hotelbau, die sich am Ende auf etwa siebzehn Millionen Mark belief, was nach heutigen Maßstäben einem stolzen Betrag von etwa siebenhundert Millionen D-Mark entspricht.

Auf welche Weise sich Lorenz Adlon das allerdurchlauchtigste Wohlwollen erworben hatte, wann er dem Kaiser zum ersten Male begegnet war, auch das ist nicht bekannt. Die Version, die Hedda Adlon in Umlauf gebracht hat, besagt, dieses erste Aufeinandertreffen habe sich vor dem brennenden Hotel Continental ereignet, an dem Lorenz Adlon beteiligt war. Als sich der Hohenzoller, damals noch Prinz, am Schauplatz der Katastrophe einfand, habe ihm Adlon inmitten lodernder Flammen von seinem großen neuen Hotelprojekt berichtet und Prinz Wilhelm für diese Idee nachhaltig begeistern können. Wie vieles, was Hedda Adlon in ihrem Buch über die Geschichte des Hotels schildert, hält auch dieser Bericht einer Überprüfung nicht stand: War Wilhelm bei dieser Begegnung noch Prinz, muß sie 1888 oder früher stattgefunden haben; Adlon aber übernahm erst zehn Jahre später, 1898, das Hotel Continental … Immerhin, die Kulisse, die Hedda Adlon in ihrer Erzählung aufgebaut hatte, war spektakulär. Man wird ihr, wenn schon nicht ein übermäßiges Bemühen um Wahrhaftigkeit der Darstellung, so doch zumindest einen ausgeprägten Sinn für Dramatik bescheinigen müssen.

Unbestritten ist, daß der vom Erfolg verwöhnte und bestens beleumundete Geschäftsmann Lorenz Adlon Mittel und Wege fand, den Kaiser für ein Projekt zu enthusiasmieren, das zweifellos auch in dessen eigenem Interesse lag, nämlich Berlin endlich mit einem Hotel auszustatten, das allerhöchsten Ansprüchen genügen konnte. So ließ es sich der Monarch nicht nehmen, noch vor der offiziellen Eröffnung das neue Luxusdomizil mit einem Inspektionsbesuch zu beehren.

Blick auf das Adlon vom Pariser Platz

Und Majestät staunte wahrlich nicht schlecht, als er am 23. Oktober 1907 mit Gattin und Gefolge den fertiggestellten Hotelpalast besichtigte. Schon die Ausstattung der weitläufigen Empfangshalle versetzte die hohen Herrschaften in Entzücken: Die Wände waren mit Palisanderholz aus Ostindien getäfelt, die Pfeiler mit gelbem Siena-Marmor verkleidet, kostbare Perserteppiche auf den Marmorfliesen verbreiteten Behaglichkeit und dämpften den forschen kaiserlichen Schritt. Aber nicht nur die prunkvollen Gesellschaftsräume, darunter die American Bar, der Wintergarten, der Bankettsaal, hatten es Wilhelm II. angetan, womöglich noch mehr imponierten ihm »die erstaunlichen Finessen der Bequemlichkeit«, die das Adlon seinen Gästen offerierte. Ein Anteil von hundertvierzig Privatbädern bei insgesamt dreihundertundfünf Zimmern war in jener Zeit tatsächlich ein unerhörter Luxus, und geradezu phänomenal war, daß in den Badezimmern auch der Zustrom des heißen Wassers tadellos funktionierte, wovon sich Majestät mehr als einmal eigenhändig überzeugt haben soll. Angesichts der Standardausstattung der Zimmer mit regulierbarer Heizung, Saugluftreinigung, elektrischer Uhr, Telefon und beheizbaren Handtuchhaltern ist nicht auszuschließen, daß sich sogar ein wenig Neid unter die ehrliche Bewunderung mischte: Denn was den Komfort betraf, nahm sich die eigene Behausung des Kaisers eher bescheiden aus. »Kinder, geht doch zu Lorenz Adlon!« lautete in den Jahren danach seine Empfehlung, wenn er selbst Gäste hatte. »Bei mir im Schloß ist es kalt, es zieht, und in den Badezimmern läuft das heiße Wasser nicht.«

Die erst so reservierte Öffentlichkeit, die am nächsten Tag eingeladen war, das neue Haus in Augenschein zu nehmen, zeigte sich überwältigt. Hatte sich zwei Jahre zuvor noch ein Sturm der Entrüstung über das Bauprojekt erhoben, rollte nun eine Woge der Begeisterung durch die Presse. Man rühmte die schlichte, vornehme, vom »Geist der Diskretion« geprägte Fassade des Gebäudes, das, wie ausdrücklich hervorgehoben wurde,

Innenansichten eines Grandhotels: der große Speisesaal (linke Seite oben), die Haupttreppe in der Empfangshalle (linke Seite unten), der Palmengarten (ganz oben), der Damen-Salon im Stil Louis XVI. (links oben), die Hotelküche (links unten) und die Vorhalle zum Restaurant am Pariser Platz (oben)

»durch seinen antiquierten Barockstil der historischen Vergangenheit der ganzen Gegend Rechnung« trage; man fühlte sich »bestrickt und bezaubert« durch den »Eindruck des festlichen Glanzes, der den Eintretenden sofort umfängt«; man registrierte beeindruckt die »Verwendung kostbarster Materialien und prächtigster Möbel«. Die vom Internationalen Verband der Köche herausgegebene Zeitschrift »Kochkunst und Tafelwesen« versorgte ihre Leser ausführlich mit Details über die technische Ausstattung und über die Wirtschaftsräume des neuen Hotels. Besondere Erwähnung fand »ein sinnreiches Signalwesen«: »Wenn man z. B. nach dem Diener oder dem Stubenmädchen läutet, ertönt in der Office ein kurzer Ton, es flammt ein farbiges Signallicht auf und außerdem leuchtet über der Zimmertür eine elektrische Birne.« Gewürdigt wurden ferner die Rohrpostanlagen, mit denen sich auf schnellstem Wege auch Bestellungen in die Küche vornehmen ließen, ein »System von Kühlrohren« in den Vorratsräumen, mit dessen Hilfe man in den gläsernen Vorratsschränken eine Temperatur von unter null Grad erzielen konnte, und, als besondere »Sehenswürdigkeit«, der weitverzweigte Weinkeller mit mehr als einer Million eingelagerter Flaschen. »Der Besucher, welcher diese Räume besichtigt«, so heißt es in dem Bericht, »meint eine kleine Stadt zu sehen, in deren Gassen er sich wohl verlaufen könnte.« Mit einem speziellen Lob wurde schließlich das Festmahl bei der Eröffnung bedacht, mit dem der Küchenbetrieb, in dem insgesamt zweiunddreißig Köche angestellt waren, seine Leistungsfähigkeit gleich eindrucksvoll unter Beweis stellte: Das in der Mitte des Speisesaals aufgebaute kalte Büfett hätte »einer großen Kochkunstausstellung zur Ehre gereicht« und trug sicher einen wesentlichen Teil dazu bei, daß die vollständig vertretene Berliner Presse sich so wohlwollend über das neue Hotel äußerte.

Es gab freilich auch kritische Stimmen, die sich aber zumeist nur gedämpft vernehmen ließen. So wurde in einem Beitrag der »Deutschen Bauzeitung« zwar erleichtert zur Kenntnis genommen, daß die Abmessungen des Neubaus und sein architektonischer Charakter »die künstlerische Harmonie des Pariser Platzes« unangetastet ließen, jedoch in recht geschraubten Formulierungen beklagt, daß die »Entsagung im Aeußeren« zu »einem Uebermaß im Inneren geführt« hätte, daß an manchen Stellen die »künstlerische Oekonomie der Material- und der Formenwerte« zu vermissen wäre. Schnörkelloser, wie es seiner Art entsprach, tat da Max Liebermann, der schräg gegenüber vom Hotel direkt neben dem Brandenburger Tor wohnte, seine Meinung kund: »Das mag sein, was es will, aber Berliner Kunst ist es nicht.«

Viel Gewicht hatten derlei ästhetische Bedenken ohnehin nicht. Entscheidend war etwas anderes; man war sich einig darüber, daß mit dem Hotel Adlon nun großstädtische Eleganz in Berlin eingezogen war, daß man endlich etwas vorzuweisen hatte, was die Reichshauptstadt gegenüber den großen Metropolen wie Paris, London und New York aufwertete. Und man empfand es durchaus nicht

Farbpostkarte, um 1910

als Widerspruch, eine Einrichtung, die internationales Publikum anziehen sollte und, ganz kosmopolitisch, eine American Bar und eine »Halle zum Five o'clock tea« offerierte, als eine Demonstration nationaler Stärke zu feiern. Von der »glänzenden Durchführung einer nationalen Idee«, von einer »deutschen Hotelschöpfung« ist in einem Kommentar zu lesen, in einem anderen stellt der Autor triumphierend fest, auf dem Gebiet der Luxushotels »scheuen wir das Ausland nicht mehr«.

Lorenz Adlon selbst wies zwar mit einem gewissen Stolz darauf hin, daß beim Bau und bei der Ausstattung seines Hauses ausschließlich deutsche Firmen beteiligt waren, er wußte aber nur zu gut, wieviel er ausländischen Vorbildern schuldete. Er hatte sogar eigens gemeinsam mit seinem für den Innenausbau zuständigen Architekten Wilhelm Kimbel Reisen nach Paris und London unternommen, um sich Anregungen von den dortigen Luxushotels zu holen. Sein Interesse galt dabei vornehmlich den Hotels von César Ritz, die zur Zeit der Jahrhundertwende, was Gestaltung und Ausstattung betraf, als beispielhaft angesehen wurden. Ein direkter Einfluß auf die architektonische Ausgestaltung der Räumlichkeiten des Adlon machte sich freilich nur an wenigen Stellen bemerkbar, bei der Auswahl der Tafelbestecke – von dem französischen Silberwarenhersteller Christofle – für sein Hotel aber lehnte sich Lorenz Adlon beispielsweise eng an das an, was er im Londoner Ritz vorgefunden hatte. Und mit der vergleichsweise großen Anzahl von Bädern orientierte sich das Adlon an Verhältnissen, die im amerikanischen Bereich Standard waren und sich in Europa erst langsam durchsetzten – noch bis weit ins zwanzigste Jahrhundert hinein, das sollte nicht vergessen werden, rümpften Reisende sowohl aus Nord- wie aus Südamerika die Nase über die rückständige Badekultur im alten Europa.

Das Adlon war in dieser Hinsicht, und mit seiner technischen Ausstattung überhaupt, zweifellos ein Vorreiter des Fortschritts. Dem bereits zitierten Max Rapsilber gelang es in seinem Hymnus auf das Hotel auch diesbezüglich, den höchsten Ton anzuschlagen: »Das Hotel als ein klassisch vollendetes Kunstwerk, als eine technische Wundertat und als idealer Wohn- und Gesellschaftspalast hat in Deutschland doch erst Adlon endgültig gestaltet.« In anderer Hinsicht jedoch, und das entbehrt nicht einer gewissen Ironie, erwies der Hotelier mit seinem großartigen Bauwerk einer Welt die Reverenz, deren Untergang bereits besiegelt war, der Welt der europäischen Aristokratie. Das Grandhotel, der Hotelpalast, ist als Bautyp am französischen Adelspalais ausgerichtet, und was die Betreuung der Gäste betraf, ließ man sich selbstverständlich von dem Ziel leiten, den Ansprüchen gerecht zu werden, die die luxusverwöhnte aristokratische Gesellschaft zu stellen pflegte. »Man fühlt sich Gast in einem fürstlichen Schloß«, lautete dementsprechend das einschlägige Lob, das auch dem Adlon gezollt wurde. Oftmals waren die Grandhotels, dank ihrer modernen Ausstattung, sogar in der Lage, größere Annehmlichkeiten zu bieten als die Originale, die Fürstenschlösser, wie selbst Wilhelm II. nachdrücklich bestätigt hatte. In der von bürgerlichen Hotelbesitzern herbeigeführten Steigerung von Luxus, Prunk und Komfort wurde die Gesellschaftsklasse, die darauf jahrhundertelang allein ein verbrieftes Anrecht hatte, noch einmal glanzvoll bestätigt, zugleich aber auch

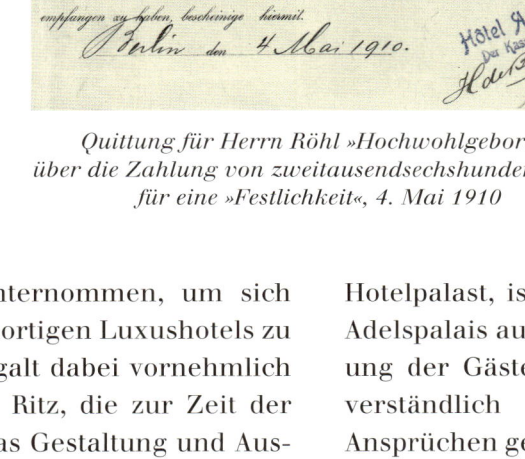

Quittung für Herrn Röhl »Hochwohlgeboren« über die Zahlung von zweitausendsechshundert Mark für eine »Festlichkeit«, 4. Mai 1910

Hugo von Hofmannsthal, Foto von 1914

schon als maßgebliche Instanz verabschiedet. Das Hotel Adlon zelebrierte insofern, ohne es freilich zu ahnen, das Präludium zur Zeitenwende, die dann mit dem Ersten Weltkrieg hereinbrach und die alten Ordnungen außer Kraft setzte.

Zuvor wurde allerdings noch ausgiebig getafelt, gefeiert, hofgehalten. Schon am Tag nach der Eröffnung erschien der Kronprinz mit seinen Brüdern zum Diner im Beethovensaal des Hotels, ihm folgten viele andere in- und ausländische Hochwohlgeborene, auf eigene Rechnung oder als Staatsgäste. Das eine oder andere Adelshaus soll sogar sein Winterpalais in Berlin verkauft und statt dessen in einer separierten Wohnung im Adlon während der winterlichen Gesellschaftssaison residiert haben. Hier wurde der Aristokratie ein würdiger Rahmen geboten, zugleich aber auch ein Freiraum, der in einer Zeit, in der das Hofzeremoniell noch in alter Strenge verharrte, von vielen geschätzt worden sein dürfte. Alfred Walterspiel erinnerte daran, daß Essen, die vom Kaiserlichen Hof gegeben wurden, damals noch vom Zeitplan diktiert wurden, der minutiös eingehalten werden mußte – auf die leiblichen Bedürfnisse der Nahrungssuchenden konnte da selbstverständlich keine Rücksicht genommen werden. Sieben Gänge mußten häufig »in einer Stunde herunterserviert werden«, und wenn »Seine Majestät die Gnade hatte, einen der Geladenen ins Gespräch zu ziehen, bekam dieser meist überhaupt nichts, weil sich die Lakaien an ihre vorgeschriebene Zeit halten mußten und sogar unberührte Speisen einfach wegräumten«. Da ließ man sich doch lieber dort nieder, wo es etwas kommoder zuging. Mehrere Geburtstage des Kaisers, von verschiedenen Ministerien veranstaltet, wurden im Kaisersaal des Hotels gefeiert, und als sich im Mai 1913 die Prinzessin Viktoria Luise mit dem Herzog von Braunschweig vermählte, diente das Adlon, zweifellos ein Höhepunkt in der Geschichte des Hauses, als durchaus standesgemäße Unterkunft für die in großer Zahl angereisten gekrönten Häupter Europas, unter ihnen Zar Nikolaus II. und der englische König Georg V.

Aber das Adlon war nicht nur das »ausgesprochene Fürstenhotel«, auch andere Gäste kamen, sofern sie es sich leisten konnten: Weltreisende, allen voran die Amerikaner, bei denen das Hotel am Pariser Platz schon kurze Zeit nach der Eröffnung den Ruf genoß, das vorzüglichste in ganz Europa zu sein; aber auch Diplomaten, Politiker, Industrielle, nicht zuletzt Künstler wie Gerhart Hauptmann, der, frisch zum Nobelpreisträger gekürt, hier im November 1912 seinen fünfzigsten Geburtstag feierte, Enrico Caruso, der mit eigenem Spaghettikoch anreiste, oder Hugo von Hofmannsthal, der Dichter des »Jedermann« und des »Rosenkavaliers«, der von 1912 bis 1917 bei seinen Aufenthalten in Berlin stets hier abstieg und gelegentlich

Titelblatt des Adlon-Buches von Max Rapsilber aus dem Jahre 1911

auch den Komponisten Richard Strauss, damals Generalmusikdirektor an der Berliner Oper, ins Hotel bestellte: »Also wir sehen uns morgen abends im Adlon ...« Kongresse wurden abgehalten, Konferenzen veranstaltet, politische Diners gegeben, offizielle und familiäre Feste gefeiert, Maskenbälle inszeniert. Es war die wohl unvergleichliche Atmosphäre jener Jahre vor dem Ersten Weltkrieg – ein Gemisch aus aristokratischem Glanz, gepflegter Internationalität, eleganter Geselligkeit und künstlerischem Esprit –, die das Adlon auszeichnete, die es zur Legende werden ließ, zu einer Legende, die auch schwierige Zeiten unbeschadet überstehen sollte.

Zu einer Legende aber auch, welche die Phantasie manchmal allzusehr beflügelte. Hedda Adlon, wir wissen es bereits, hat sich deren Verlockungen besonders bereitwillig ausgeliefert. Natürlich, erstklassig hatten nicht nur Ausstattung und Service im Hotel zu sein, sondern selbstredend auch die Küche. Und was lag da näher, als jemandem zum ersten Küchenchef zu ernennen, der, in seinem Metier, dem kaiserlichen Patron des Hotels ebenbürtig war. Wie Hedda Adlon erzählt, habe kein Geringerer als der von Wilhelm II. mit dem Ehrentitel »König der Köche« ausgezeichnete Georges Auguste Escoffier für kulinarische Spitzenqualität im Adlon gesorgt und einen besonderen Coup gelandet, als der englische König Eduard VII. im Februar 1909 auf Staatsbesuch in Berlin weilte. Wilhelm II. wollte dem versierten Feinschmecker etwas ganz Besonderes, noch nie Gekostetes vorsetzen und forderte, so Hedda Adlon, Escoffier ultimativ auf – »Zum Teufel, Monsieur Escoffier, was machen wir denn da?« –, binnen vierundzwanzig Stunden Exzeptionelles zu komponieren. Der Kochkünstler wurde natürlich seinem Ruf vollauf gerecht und überraschte mit einer Sauce aus Datteln, Mangofrüchten, Rosinen, Tomaten, Zucker, Essig, Tamarinden und verschiedenen Gewürzen, die zu Seezunge, Eduards Lieblingsspeise, gereicht wurde und allerhöchstes Lob erhielt.

Jules Bodart, erster Küchenchef im Adlon

Manches ist sogar wahr an dieser Geschichte: Die Sauce gibt es tatsächlich; sie ist sinnigerweise unter dem Namen »Sauce diable«, Teufelssauce, in die Geschichte der Kochkunst eingegangen, und der Titel »König der Köche« mag Escoffier auch wirklich vom deutschen Kaiser verliehen worden sein, vermutlich anläßlich des Festessens, das Escoffier bei der Einweihung des Luxusdampfers SS Imperator vorbereitet hatte. Die geschilderte Szene jedoch hat vermutlich so nie im Hotel Adlon stattgefunden. Die Frage, ob Escoffier, im Jahr der Eröffnung des Adlon immerhin schon einundsechzig Jahre alt, überhaupt jemals dort gekocht hat, ist wohl nicht abschließend zu beantworten: Es gibt keine Belege dafür, auszuschließen ist es andererseits aber auch nicht. Ganz sicher jedoch war er nicht der erste Küchenchef im Adlon. Das war vielmehr Jules Bodart, der für Lorenz Adlon schon in den »Zoo-Terrassen« gekocht hatte. Er wird in dem Artikel der Zeitschrift »Kochkunst und Tafelwesen«, der 1907 der Eröffnung des neuen Hotels gewidmet ist, als »Küchendirektor des Hotels Adlon« (und als Mitglied im Internationalen Verband der Köche) vorgestellt und als Schöpfer des kalten Büfetts genannt, das in so hohen Tönen gelobt wird. Auch in weiteren Jahrgängen dieser Zeitschrift finden sich Hinweise auf den »Küchenmeister« des Adlon, Jules Bodart, im Jahrgang 1909 sind sogar einige Rezepte von ihm abgedruckt, wahrscheinlich die einzigen, die aus der Anfangszeit des Adlon erhalten sind.

Andere Köche folgten, weitere Franzosen, darunter Léon Figenwald aus Colmar, auch Deutsche wie Hermann Reussner oder Aloys Borcke. Sie alle verstanden es, zuweilen unter schwierigen Bedingungen, den ausgezeichneten Ruf der Adlonschen Küche zu erhalten.

Im Verlauf des Ersten Weltkrieges ging, wie nicht anders zu erwarten, der Anteil der ausländischen Gäste stark zurück; nach dem Kriegsende aber strömten sie sofort wieder in das Hotel. In der in London herausgegebenen »Continental Times« vom 19. Mai 1919 war zu lesen: »In Berlin begeben sich alle Berichterstatter zuerst in das Hotel Adlon, Unter den Linden, das den Mittelpunkt der Überreste des Berliner Lebens bildet. Das Königliche Schloß, durch Artilleriefeuer ziemlich beschädigt, ist geschlossen, und so tut das Hotel Adlon das möglichste, um an die Herrlichkeit des dahingeschwundenen Kaiserreiches zu mahnen ...« Das Hotel sei auch bereits wie früher gut besucht, fährt der Bericht fort, Anlaß zu verstärkter Sorge, was die Zukunft des Adlon betraf, bestand offenbar auch nach dem für Deutschland verlorengegangenen Krieg nicht.

Anders stellte sich die Situation wohl für den Gründer des Hotels, für Lorenz Adlon dar: Alle Anzeichen sprechen dafür, daß der Untergang des Kaiserreiches seine persönliche Existenz in ihren Grundfesten erschüttert und das Orientierungssystem seines Lebens außer Kraft gesetzt hatte. Sein Festhalten am Gewohnten jedenfalls war so beharrlich, daß es ihn letztlich das Leben kostete. An einem Novembertag des Jahres 1918 – es soll just der 9. gewesen sein, an dem die Deutsche Republik ausgerufen wurde – wurde Lorenz Adlon bei der Überquerung der mittleren Durchfahrt des Brandenburger Tors, die seit alters einzig vom Kaiser benutzt werden durfte, von einem Lastwagen angefahren, dessen Insassen, heimkehrende Soldaten, sich um die alten Vorschriften nicht mehr scherten. Adlon wurde von der neuen Zeit regelrecht überrollt – und das, weil er sich partout den neuen Gepflogenheiten nicht

Die Küchenmannschaft des Hotel Adlon, 1925

Louis Adlon im eleganten Anzug

fügen wollte oder konnte: Eineinhalb Jahre später wurde er an derselben Stelle ein zweites Mal von einem Auto erfaßt. Der zweite Unfall hatte tödliche Folgen, am 7. April 1921 starb der »Aristokrat der Hoteliers«, wie er in einem Nachruf genannt wurde, im Alter von knapp zweiundsiebzig Jahren.

»Ein Mensch ist nicht mehr als ein anderer, wenn er nicht mehr als ein anderer tut«, hatte Lorenz Adlon geschrieben. Der Mensch zeigt sich in seinen Taten: Im Ernstnehmen dieser schlichten und doch so gewichtigen Maxime liegt wohl, diesseits aller Mystifizierung, zu einem großen Teil das Geheimnis seines Erfolgs. Sein Anspruch zielte hoch, er war ein ›sozialer Aufsteiger‹ im besten Sinne des Wortes, aber der Anspruch, das ist besonders und überaus selten, wurde in ehrlicher Weise erfüllt. »Adlon oblige« – ein Mann hatte sich durch sein Werk selbst geadelt, und das

mit einem geradezu extravaganten Sinn für Bescheidenheit. Das wurde nirgendwo deutlicher als an dem kleinen bronzenen Hotelschild mit der zierlichen Aufschrift »Hotel Adlon«, das sich neben dem Hauptportal eher verbarg als zur Schau stellte und – eine unübertreffliche Raffinesse an vornehmer Zurückhaltung – dadurch um so nachhaltiger Eindruck machte, selbst auf den sonst so prunkverliebten Wilhelm II.

Louis und Hedda

Das Hotel Adlon, so hatte es in der »Continental Times« geheißen, tue »das möglichste, um an die Herrlichkeit des dahingeschwundenen Kaiserreiches zu mahnen«. Die Situation war durchaus paradox. Das, was sich für Lorenz Adlon als Katastrophe dargestellt hatte, der Untergang einer, seiner Epoche, erwies sich für sein Hotel als Glücksfall. Anders formuliert: Zu der Zeit, als Louis Adlon und seine Schwester Anna das Erbe ihres toten Vaters antraten, hatte das Hotel bereits begonnen, von seinem Mythos zu zehren. Es hatte seinen Gästen, die selbstverständlich auch weiterhin allerbesten Komfort und Service erwarten durften, etwas zu bieten, das auch durch die eifrigsten Bemühungen von seiten des Personals und der Direktion nicht herzustellen ist, sondern sich allein durch glückliche Umstände und in einem langsamen Reifeprozeß fügt: historische Patina, die beharrliche Präsenz des unwiederbringlich Verlorenen.

Und es kamen alle, sowohl die, die den Verlust des Vergangenen beklagten und ein vertrautes Ambiente suchten, als auch jene, die die Neugierde trieb, die noch etwas von einer Ära erhaschen wollten, die ihnen bereits fern und fremd erschien. Das Adlon war, direkt nach dem Krieg, ›neutraler Boden‹, hier fanden sich die Vertreter der alten und die der neuen Ordnung ein und ebenso die Abgesandten der ausländischen Mächte, die zu Friedensverhandlungen in Berlin weilten. Besonders eilig, wieder ins

 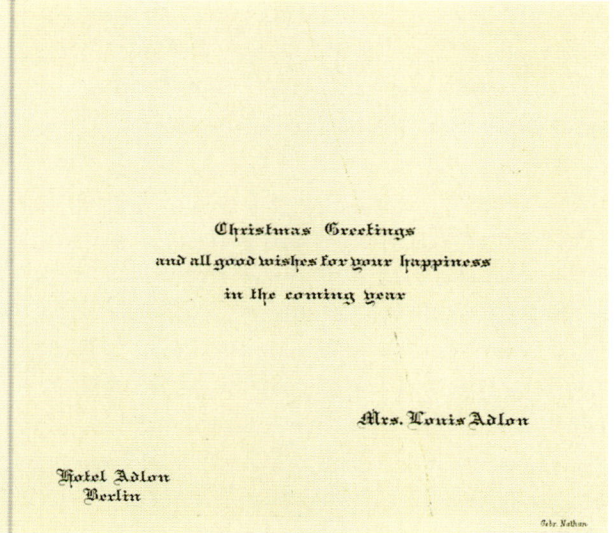

Hoch zu Roß: Weihnachtsgrußkarte von und mit Hedda Adlon

Adlon zu kommen, hatten es einmal mehr die Amerikaner. Als wäre es darum gegangen, den Sieg in einem landesweiten sportlichen Wettbewerb zu erringen, setzte ein Mitarbeiter der Nachrichtenagentur Associated Press im Gästebuch von Alexander Joachim Adlon voller Stolz unter seine Signatur die Worte: »Erster amerikanischer Besucher im Hotel Adlon nach Abschluß des Waffenstillstandes. 20/11/1918«.

Der Strom der in- und ausländischen Gäste, der danach stetig zunahm und vor allem in der zweiten Hälfte der zwanziger Jahre mächtig anschwoll, spülte endlich auch so viel und so regelmäßig Geld in die Hotelkasse, daß Louis Adlon der drückendsten wirtschaftlichen Sorgen enthoben war. Denn es soll nicht verschwiegen werden, daß Lorenz Adlon, als er starb, sein Haus zumindest in finanzieller Hinsicht keineswegs bestellt hatte. Von den Hypotheken, die er für den Bau seines Hotels hatte aufnehmen müssen, war erst etwa die Hälfte getilgt. Der Glanz der alten Zeit hatte so manches überstrahlt, was sich in den Geschäftsbüchern eher düster ausnahm. Anderes hingegen, was die Jahre im verborgenen überdauert hatte, trug nun zur Aufhellung der prekären ökonomischen Lage bei: Die immensen Weinvorräte, die der Hotelgründer angelegt hatte, erwiesen sich insbesondere in den Jahren der Inflation als stabile und gewinnbringende Wertanlage. Und Gläubiger wie Rudolf Hertzog, dessen Firma die gesamte Wäscheausstattung für das Adlon geliefert und noch immer Außenstände beim Hotel hatte, waren klug beraten, sich in einer Zeit immer rasanter steigenden Geldwertverlusts weiter in Geduld zu fassen. Dadurch profitierte Louis Adlon sogar von der Inflation und konnte, während die Geschäfte immer besser liefen, in Ruhe Verbindlichkeiten abtragen

Hedda Adlon, Foto von 1955

193

und Renovierungen und Erweiterungsmaßnahmen im Hotel vornehmen. Erst Ende 1931 war er gezwungen, wieder eine Hypothek (von über fünf Millionen Reichsmark) aufzunehmen, um seine Schwester Anna, die Miteigentümerin des Adlon war, auszubezahlen – ein Schritt, der seine Spielräume erheblich einschränken und ihn später sogar zu einem Teilverkauf seines Besitzes nötigen sollte. Aber noch war es nicht soweit, erst erlebte das Hotel eine Epoche, die voller Turbulenzen war und, bei aller Treue zur Tradition, die das Haus auszeichnete, auch neues Flair und neuen Glanz in seine Hallen brachte.

Es waren äußerst bewegte Zeiten. Die Berliner Luft, der bekanntlich ein ganz besonderes Odeur zugeschrieben wird, begann zu flirren und zu funkeln. Die alte Berolina legte all ihre Betulichkeit ab, raffte ihre Röcke und schlug auf dem Weg zur modernen Metropole ein solches Tempo an, daß nicht wenigen, die sich dabei mitreißen ließen, schwindlig wurde. In den sogenannten »goldenen«, besser wohl den ›wilden Zwanzigern‹, denn es war längst nicht alles Gold, was damals glänzte, entdeckten die Berliner nach den entbehrungsreichen Kriegs- und Nachkriegsjahren das Vergnügen, das intellektuelle und künstlerische genauso wie das handfeste: Sie drängten in die Bars und Kabaretts, in die Cafés und Tanzlokale, man fütterte die Sinne, strapazierte seine Nerven und übte sich in Twostep, Tango oder Charleston. Die Nächte waren lang, das Laster galt als chic, Verruchtheit als mondän, und wenn sich Angst und Depression in die überbordende Lust am Leben mischen wollten, standen Kokain und Morphium zur Anregung oder Betäubung bereit.

Die Vergnügungssucht tobte sich vor allem in der Friedrichstraße und am Kurfürstendamm aus; in der Prachtstraße der Kaiserzeit, am Boulevard Unter den Linden, ging es weniger laut und schrill zu, aber ganz verschont von dem, was das großstädtische Berlin skandalisierte, blieben auch die vornehmen Häuser wie das Adlon nicht. Ein Hotel, zumal eines, in dem die große Welt verkehrt, ist eben immer beides zugleich: Insel der Zurückgezogenheit, Hort der Diskretion und Ruhe einerseits und öffentliche Bühne und scharf geschliffener Spiegel der Gesellschaft andererseits. Und nicht immer ist vorauszusehen, wer diese Bühne für welche Aufführung nutzen will. Der Schauspieler und Kabarettist Hubert von Meyerinck, der nach Premieren hin und wieder gemeinsam mit seiner Mutter im Adlon ein kleines Diner gab – obwohl sie, wie er hinzufügt, gar nicht so viel Geld besaßen, wahrscheinlich habe seine Mutter jedesmal ein Aktie verkauft –, schildert in seinen ebenso schnurrigen wie wehmütigen Erinnerungen einen solchen Auftritt, den man wohl in jeder Hinsicht als frivol bezeichnen darf. Die berühmte Tänzerin und Schauspielerin Anita Berber, die nach den Worten Meyerincks »einen geradezu sensationellen Ruf der Verruchtheit« genoß, habe eines Abends in Begleitung zweier junger

Louis Adlon als Don Juan

Eine Sommernacht auf der Restaurant-Terrasse des Hotel Adlon, um 1925

Männer den Speisesaal des Hotels Adlon betreten:

»Die Berber rauschte also in diesen pompösen Speisesaal, wo ein illustrer Kreis dinierte, das heißt, sie rauschte eben nicht. Sie trug einen kostbaren Nerzmantel bis zum Hals geschlossen und Goldschuhe mit sehr hohen Hacken, aber keine Strümpfe, was damals ungewöhnlich war.

Sie setzte sich mit ihren Begleitern an einen Tisch. Ihre Haare leuchteten in höllischem Rot über ihrem grüngeschminkten Nixengesicht.

›Oberkellner‹, rief sie, ›bitte drei Flaschen Champagner, Veuve Cliquot.‹

Und dann geschah es.

Sie nestelte an ihrem Pelz … und dann fiel der Pelz. Ein allgemeiner leiser Aufschrei – da saß sie – und war splitterfasernackt.

Alle Gäste saßen wie erstarrt an ihren Tischen, nur die alte Fürstin Clothilde, eine humorvolle Frau, sagte sehr laut zu ihrem Gemahl: ›Täusche ich mich, Eberhard, ist diese Dame nackt, oder habe ich Halluzinationen?‹

›Du täuschst dich nicht, Clothilde, sie ist nackt‹, sagte er und klemmte schmunzelnd sein Monokel ein.

Die Direktion stürzte nicht herbei, die Polizei wurde nicht geholt, es geschah gar nichts Besonderes. Es kam nur der Oberkellner: Ganz zart legte er der nackten Dame den Pelz um, und ebenso behutsam rückte er ihren Sessel zurück, damit sie aufstehen konnte.

Sie ging hinaus, gefolgt von den zwei ephebenhaften Jünglingen. Eine Königin der Sünde …«

Der Oberkellner tat, was er zu tun hatte, nämlich Contenance zu bewahren, und die Direktion sah keinen Anlaß einzuschreiten. Man war geübt darin, souverän mit Skandalen umzugehen und nicht mehr Aufsehen zu erregen als unbedingt nötig – bei den verehrten Gästen, aber ebenso in eigener Sache. Denn es hatte sich auch einiges hinter den Kulissen des Betriebs abgespielt, was nicht unbedingt an die große Glocke gehängt werden sollte. Zu erwähnen wäre da insbesondere die Schwäche von Louis Adlon, seit 1904 verheiratet und 1920 immerhin zum fünften

Male Vater geworden, für jüngere Damen. Er gefiel sich offenbar ausnehmend gut in der Rolle des Verführers, einmal ließ er sich sogar, prächtig kostümiert, als Don Juan ablichten. Selbstverständlich wurde, wenn er – und die Auserwählte – dieser Schwäche nachgab, der Mantel der Diskretion über das Vorkommnis gebreitet, zu Mißstimmungen kam es nur intern. Als nicht mehr praktikabel erwies sich dieses Verfahren freilich, als eine Person die Bühne betrat, der an Diskretion nicht sonderlich gelegen war, die es vielmehr mit Macht ins Rampenlicht drängte: Hedwig von Seithen, kurz Hedda genannt. Sie kam Ende des Jahres 1920 als Gast ins Adlon, ihren späteren Mann lernte sie am Silvesterabend kennen. Ihre etwas melodramatische Version von der Begegnung in festlicher Atmosphäre – andere Versionen sind nicht überliefert – lautet wie folgt: »Ein unwahrscheinlich vornehm aussehender schlanker Herr mit grauen Schläfen und einem prächtigen edlen Kopf schien mich ganz besonders zu beobachten. Erst später am Abend erfuhr ich, daß es Herr Louis Adlon war. Obwohl wir nicht viel Worte wechselten, wurde an diesem Abend unser Schicksal besiegelt. Wir trennten uns nie mehr. Es schien alles wie selbstverständlich.«

Das wird den anderen Beteiligten, die Hedda schlicht unerwähnt läßt, wohl kaum so vorgekommen sein. Louis Adlons Frau Tilly und seine fünf Kinder hatten, möglichst schnell und unauffällig, das Feld zu räumen, die Scheidung wurde vollzogen, die Hochzeit folgte, und als die neue Frau Adlon konnte Hedda das Regiment im Hotel antreten. »Ich arbeitete sofort mit und war für alle Angestellten vom ersten Tage an die anerkannte Chefin und ›Patronesse‹.« Wieviel Wunschdenken in diesem so selbstsicher vorgetragenen Statement mitschwingt, läßt sich heute nicht mehr überprüfen. Der Herr mit den grauen Schläfen an ihrer Seite jedenfalls war, daran besteht kein Zweifel, ein vom Personal geachteter und verehrter Vorgesetzter, er war in der Tat der ›Patron‹. Ein ehemaliger Angestellter des Adlon, der aus einer niederländischen Hotellerie-Familie stammende Kees J. Roozen, schildert in einem Brief von 1998, wie er im August 1937, damals einundzwanzig Jahre alt, als Commis de rang im Hotelrestaurant angefangen habe. Er sei ganz erstaunt gewesen, nach einiger Zeit festzustellen, daß das Adlon einen Chef besitze, »der sich nicht nur um seine Gäste, sondern auch um seine Angestellten kümmerte«: Eines frühen Morgens, als er gerade Orangen auspreßte, sei Louis Adlon in die Küche gekommen und habe sich mit ihm über seine Arbeit und über das Hotel unterhalten – auf eine solch freundliche, völlig unübliche Geste seitens eines Vorgesetzten war der kleine Commis de rang nicht gefaßt. Selbstverständlich habe, setzt Kees J. Roozen hinzu, der Hoteldirektor damit auch erreicht, daß seine Angestellten allergrößten Einsatz bei ihrer Arbeit zeigten. Louis Adlon hatte offensichtlich in einer Zeit, als Untergebenen gegenüber der Ton mitunter noch ziemlich rauh war, modernste Motivationstechniken vorweggenommen.

Von teilweise recht rüden Umgangsformen unter den Angestellten in der Küche weiß hingegen Waldemar Stock, der Mitte der zwanziger Jahre Kochlehrling im Adlon war, zu berichten. Wenn eine Order wie zum Beispiel »Canard arroser« (»Ente begießen«) – Anweisungen an die Lehrlinge sowie grundsätzlich auch alle Bestellungen erfolgten auf französisch – nicht sogleich verstanden und befolgt wurde, konnte es schon mal Ohrfeigen hageln, und mitunter wurden Lehrlinge sogar mit der Kelle im Kühlraum, damit keiner die Schmerzensschreie mit anhören mußte, gezüchtigt.

Bei einem Arbeitstag, der morgens um zehn begann und abends um zehn endete, war bei den Köchen die Versuchung offenbar groß, der Stimmung im Berufsalltag etwas aufzuhelfen: In den Kochwein wurde daher vorsorglich ein bißchen Salz geschüttet, »damit die Köche ihn nicht heimlich trinken«. Die Maßnahme scheint sich nach der Schilderung des ehemaligen Lehrlings nur unzureichend bewährt zu haben.

Hedda, die ohne jede Erfahrung in der Hotellerie und Gastronomie, die von außen – und für manche gänzlich unverhofft – ins Adlon gekommen war, brachte die Distanz mit, die es ihr ermöglichte, die Vorgänge in ihrem neuen Wirkungskreis neugierig und aufmerksam zu verfolgen und später auch darüber zu berichten. Mit ihrem höchst erfolgreichen, Mitte der fünfziger Jahre erstmals erschienenen, später verfilmten Buch über »das Berliner Hotel, in dem die große Welt zu Gast war« – so der Untertitel –, hat Hedda Adlon ganz wesentlich zur Bildung der Adlon-Legende beigetragen. Auch wenn manches, wie wir schon wissen, den Tatsachen nicht entspricht, wenn an vielen Stellen Wahrheit und Erfindung eine nur schwer zu entwirrende Verbindung eingingen, sind ihr doch, neben vielen Geschichten und Anekdoten, auch Einblicke in interne Abläufe des Hotelbetriebs zu verdanken. Es kann nicht überraschen, daß sie gesteigerten Wert darauf gelegt hat, sich selbst und ihre Meriten in ein günstiges Licht zu setzen. Ihr Hauptanliegen galt, wie unschwer bei der Lektüre ihres Buches zu erkennen ist, der Inszenierung der gesellschaftlichen Ereignisse im Hotel, und sie sah sich selbst am liebsten in der Rolle der Zeremonienmeisterin. So schreibt sie sich das Verdienst zu, Anfang der zwanziger Jahre nach dem Pariser Vorbild in Berlin die »Mode der Fünfuhrtanztees« populär gemacht zu haben. Auch hier allerdings stellt sie den Sachverhalt wohl nicht ganz angemessen dar; schon 1909 unterrichteten beispielsweise »Velhagen & Klasings Monatshefte« ihre Leser über Berliner Veranstaltungen zum Fünfuhrtee mit Tanzmusik und schilderten die typische Atmosphäre: »Junge Frauen, junge Mädchen, junge Offiziere. Berlin W und Agrarierkinder, Hofgesellschaft und Tiergartenviertel. Ein leises Raunen, ein verstecktes Kichern – viel, viel, sehr viel Flirt.«

In den zwanziger Jahren, soviel ist jedenfalls richtig, wurde diese Art der Unterhaltung zum täglich geübten Ritual auch der gehobenen Gesellschaft, im Hotel Esplanade, auf dem Dachgarten des Hotel Eden, vor allem aber, nicht zuletzt dank der berühmten Kapelle von Marek Weber, im Adlon. Gesellschaftsfähig wurde zur gleichen Zeit – Hedda reklamiert auch in bezug darauf eine

Hochzeit im Adlon, 1938

Hochzeitsgesellschaft im Marmorsaal, März 1929. Das Brautpaar: Anita Boeddinghaus und Hans-Karl von Jena

Die Kapelle Marek Weber im Adlon

Vorreiterrolle für sich – ein Typus des Entertainers, der wie kein anderer in die vergnügungssüchtige, tanzversessene und eben auch verruchte Zeit der ›Roaring Twenties‹ paßt: der Gigolo oder Eintänzer, der, zum Teil sogar in den Hotels fest angestellt, den Besucherinnen der Tanzveranstaltungen als geübter Partner auf dem Parkett zur Verfügung stand.

Seine Aufgabe war alles andere als leicht, wie einem launigen, mit der Überschrift »Ich tanze ein« versehenen Artikel im »Querschnitt«, der bedeutenden Kulturzeitschrift der Weimarer Republik, zu entnehmen ist. Erforderlich sei, so konstatiert der Autor des Artikels, der sich als »Eintänzer in einem großen Berliner Hotel« vorstellt, neben allem anderen auch eine große Portion Psychologie, um sofort auszumachen, wie die Wünsche der tanzwilligen Dame aussehen: »Erste wichtige Erkundung: Will die Dame sprechen oder nicht? Zweite Erkundung: Will sie sachlich tanzen oder mit einem kleinen Stich ins – sagen wir mal – Vergnügte? Bei der Unaufrichtigkeit der meisten Frauen ist die Erforschung der Wahrheit in beiden Fällen schwer.« Eine weitere Komplikation ist unausbleiblich, wenn die Dame in Begleitung erschienen ist und ihren Tischherrn zur Eifersucht reizen oder einer anderen Dame imponieren will; das habe in jedem Fall der Eintänzer auszubaden, zumal wenn er nicht richtig »auf dieses Affentheater« einzugehen versteht. Es gebe allerdings auch, fährt der leidgeprüfte Kenner der Damenwelt fort, andere Frauen, die es gar nicht darauf anlegen, beim Tanzen gesehen zu werden, im Gegenteil: »Sobald sie in Sichtweite ihres Tisches sind, gebärden sie sich wie genotzüchtigte Stiftsdamen, wenden mit leisem

Ekel den Kopf vom Eintänzer weg«. Kaum aber ist der Tisch wieder außer Sehweite, seien »diese Mänaden kaum zu zähmen«. Man versteht, dieser Job verlangte nicht nur Takt und außerordentliches Einfühlungsvermögen, sondern auch ein ungewöhnlich hohes Maß an Duldsamkeit. Ausgeübt wurde er übrigens häufig, und da legt sich ein Hauch von Melancholie über die Szene, von ehemaligen Offizieren und Mitgliedern angesehener Familien, die sich, durch die unruhigen Zeitläufte um ihr Vermögen gebracht und aus der sicheren Bahn geworfen, veranlaßt sahen, auf diese Weise ihre Existenz zu fristen. Auch der Verfasser des zitierten Artikels weiß von einem Kollegen zu berichten, der zuvor als Oberleutnant beim Münchner Leibregiment diente und aus einer Familie stammte, »deren Namen man kaum mehr anderwärts als in Geschichtsbüchern vermutet«.

Der besondere Charme solcher Tristesse blieb auch den Vertretern der Unterhaltungsbranche nicht verborgen. In dem sehr populären Tangolied vom »Schönen Gigolo« wurde der auf Abruf bereitstehende Eintänzer zur gebrochenen, nostalgisch an den Glanz vergangener Zeiten erinnernden Figur stilisiert:

Schöner Gigolo, armer Gigolo,
Denke nicht mehr an die Zeiten,
Wo du als Husar,
Goldverschnürt sogar,
Konntest durch die Straßen reiten!
Uniform passé,
Liebchen sagt adieu!
Schöne Welt, du gingst in Fransen!
Wenn das Herz dir auch bricht,
Zeig ein lachendes Gesicht,
Man zahlt, und du mußt tanzen!

Nach Auskunft von Hedda war das Lied im Adlon entstanden, anläßlich eines Streites, bei dem ein gewisser Baron Lasotta, ehemaliger Rittmeister, guter Tänzer und sehr knapp bei Kasse, eine recht unglückliche, aber tragende Rolle gespielt hatte. Das Adlon als Kulisse bedeutender Ereignisse, als Wegbereiter künstlerischer Erfolge, das war ganz

Tanzveranstaltung auf der Restaurant-Terrasse des Adlon, um 1928

nach dem Geschmack der ›Patronesse‹. Noch besser, wenn sie selbst als Regisseurin die Fäden ziehen konnte. »Rein gefühlsmäßig ahnte ich immer«, schreibt sie, »wer es im Leben zu etwas bringen wird und inwiefern eine Verbindung des Adlon mit noch unbekannten Menschen eines Tages ihnen Ruhm und Erfolg einbringen würde.« Auch die Karriere von Marlene Dietrich habe sie schon sehr früh vorausgeahnt und sogar, wie sie in aller Bescheidenheit andeutet, befördert. Es wäre ihr und ihrem Mann damals in der Bar des Hotels gelungen, den Schauspieler Emil Jannings, der verzweifelt nach einer geeigneten Partnerin für seine neue Rolle als Professor Unrat suchte, »ganz unauffällig« auf die noch weitgehend unbekannte Marlene Dietrich aufmerksam zu machen, die zu jener Zeit in dem Stück »Zwei Krawatten« von Georg Kaiser spielte. Die Dietrich erhielt, wie man weiß, tatsächlich die Rolle in Josef von Sternbergs Film »Der blaue Engel«, und mit dieser Rolle kam der Erfolg. Der aber hat bekanntermaßen immer viele Väter und auch Mütter …

Es gibt viele weitere solcher Geschichten aus dem alten Adlon, von denen die meisten sogar wahr sein dürften, auch wenn sie märchenhaft klingen. Etwa jene vom Maharadscha von Patiala, der mit seinem Hofstaat eine ganze Etage im Hotel mietete, elegante Geschäfte in der Allee Unter den Linden komplett aufkaufen ließ, wenn ihm die präsentierten Artikel zusagten, und der sich, als er

Gerhart Hauptmann, Foto zu seinem 75. Geburtstag

abreiste, bei den Angestellten mit einem Trinkgeldsegen in Höhe von vierzigtausend Reichsmark in allerbester Erinnerung zu halten wußte. Oder von der berühmten Tänzerin Carolina Otéro, die mit achtunddreißig Koffern, einer Kammerzofe, einem Papagei, zwei Möpsen und weiterem Getier anreiste, einen Skandal verursachte, als sie sich mittags sparsamst bekleidet an einem Fenster sehen ließ, und danach in der festen Überzeugung, nicht delikat genug behandelt worden zu sein, vorzeitig ihren Aufenthalt im Adlon abbrach.

Seriöser und weniger aufregend ging es zu, als die Männer des Geistes und der Feder im Adlon logierten. Thomas Mann etwa, den seine Aufgaben als Senatsmitglied an der Akademie der Künste, Sektion Dichtkunst, häufig nach Berlin führten, stieg regelmäßig im prominentesten Grandhotel Berlins ab – von einem Dichter, der in mehreren seiner Werke mit intimen Kenntnissen des Hotellebens brillierte, dem wir, aus der Sicht des Pagen Felix Krull, »kostbare Gesellschaftsbilder der Halle zur Fünf-Uhr-Teezeit« verdanken, war auch nichts anderes zu erwarten. Als ihm 1929 der Nobelpreis verliehen wurde, residierte er sowohl auf der Hinreise zur Preisverleihung in Stockholm als auch auf der

Eine weißrussische Kapelle spielt im Hotel Adlon auf

Rückreise im Adlon, nun freilich im Mittelpunkt der allgemeinen Aufmerksamkeit und bestürmt von Presse und Publikum. Auch sein Nachfolger als Literaturnobelpreisträger, der amerikanische Erzähler Harry Sinclair Lewis, machte im Jahr darauf, aus Stockholm kommend, Station im Adlon. Etliche weitere Namen von Schriftstellern sind in der Gästeliste des Adlon verzeichnet: Edgar Wallace etwa, der Autor von Kriminalromanen, Anton Kuh natürlich, der aus Österreich stammende, notorisch zahlungsunfähige Kaffeehausliterat, der aufgrund einer gewonnenen Wette mit Louis Adlon mehrere Jahre kostenfrei in einem Zimmer im ersten Stock logieren durfte, und nicht zuletzt Gerhart Hauptmann, der regelmäßig zu den Premieren seiner Stücke aus Schlesien nach Berlin kam. Über ihn, von dem es hieß, er werde mit den Jahren dem alten Goethe immer ähnlicher, kursiert folgende Anekdote: »Oft ging er frühmorgens vom Adlon aus im nahegelegenen Tiergarten spazieren. Einmal überschritt er dabei eine Raseneinfassung. ›He, Sie da‹, rief der Parkwächter, ›bleiben Sie gefälligst auf dem Weg!‹ ›Aber wissen Sie denn nicht, wer ich bin?‹ Darauf der Ordnungshüter: ›Ja, ja, ick weeß: Joethe. Aber deshalb dürfen Sie noch lange nich den Rasen zertrampeln!‹«

Andere Gäste konnten sich nicht einmal unbehelligt vor dem Hotel aufhalten. Einen wahren Ansturm von begeisterten Verehrern erlebte beispielsweise Charles Chaplin, als er sich bei seinem Besuch in Berlin ins Adlon zurückziehen wollte, und ganz ohne Blessuren ging es nicht ab: Als er sich endlich durch die Drehtür in die Eingangshalle hatte retten können, mußte er feststellen, daß ihm Souvenirjäger draußen im Menschengewühl alle Knöpfe von Hose und Jacke abgeschnitten hatten und ihm nun, wie in einer der grotesken Situationen seiner Slapstick-Comedies, die Hose herunterrutschte.

Es gab viele weitere Stars aus der Filmwelt und andere Berühmtheiten, die in den zwanziger und dreißiger Jahren ihre Visitenkarten im Hotel am Pariser Platz abgaben, vom einzigartigen Ruf des Adlon angezogen und es ihrerseits mit immer neuem Glanz und Glamour erfüllend: Hollywood-Schauspieler

Charles Chaplin bei seinem Besuch 1931 in Berlin

wie Greta Garbo, Mary Pickford und Douglas Fairbanks, Größen des deutschen Films wie Heinrich George, Emil Jannings und Gustaf Gründgens, Pola Negri nicht zu vergessen, die den Vamp nicht nur im Film, sondern mit großer Überzeugungskraft auch auf der Bühne des Lebens spielte – eines ihrer Opfer: Louis Adlon junior –, die Tänzerin Josephine Baker, der Sänger Richard Tauber, der Flieger Charles Lindbergh, Wissenschaftler und Mediziner, darunter Albert Einstein und Ernst Ferdinand Sauerbruch, schließlich auch Politiker, Staatsmänner, Großindustrielle: Stresemann, Briand, Rathenau, Stinnes, Rockefeller, Ford, Astor, Vanderbilt ... Sie alle zusammen prägten die Atmosphäre des Hauses mit, sie standen für Weltläufigkeit und kosmopolitisches Flair, geistige Großzügigkeit und kulturelle Vielfalt, auch für einen Hauch von Libertinage – Haltungen und Einstellungen, die bald darauf nicht mehr gefragt waren.

Den Amtsantritt des ›deutschen Biedermanns‹, der nur wenige Jahre darauf ganz Europa in Brand stecken sollte, erlebte das Adlon hautnah mit: Die braunen Truppen der SA, die am 30. Januar 1933 ihren Führer mit Fackeln in der Hand feierten, zogen von der Charlottenburger Allee durch das Brandenburger Tor und am Adlon vorbei, um dann in die Wilhelmstraße einzubiegen, wo die Reichskanzlei stand. Unter den vielen Gästen, die sich im Hotel an der Ecke Pariser Platz/ Unter den Linden aufhielten – »dieser Fackelzug bedeutete für das Adlon eine Überbeanspruchung seiner Räume«, schreibt Hedda –, war auch eine kleine Gruppe ausländischer Schriftsteller und Journalisten, die sich in der Halle zusammengefunden hatten. Zu ihnen gehörte Stéphane Roussel, eine junge französische Auslandskorrespondentin; sie berichtet, wie einige aus der Gruppe, die diesen Aufmarsch mit Beklommenheit verfolgte, hellsichtig genug waren, um sofort zu begreifen, was diese Demonstration der Macht zu bedeuten hatte: »Berlin nous manquera«, lautete der spontane Kommentar des surrealistischen Dichters Philippe Soupault an jenem Abend im Adlon, »Berlin wird uns fehlen«. Stéphane Roussel, die fasziniert war von der »tausendfältig begabten Hauptstadt« der Weimarer Republik, hielt es als Berichterstatterin immerhin noch bis 1938 in dieser Stadt aus, dann war auch für sie die Zeit gekommen zu gehen.

Douglas Fairbanks und Mary Pickford vor dem Hotel Adlon

Was sich für die eine als »tausendfältig begabte« Stadt darstellte, war für den anderen – ein gewisser Joseph Goebbels gebrauchte diesen Vergleich – ein »Augiasstall«, den es so gründlich wie möglich auszumisten galt. Das richtete sich gegen Juden und Kommunisten, überhaupt gegen alles, was sich nicht auf völkisch zurechtgemachten Kleinbürgersinn trimmen ließ. Das Adlon, in dem nach wie vor die internationale Welt zu Gast war, blieb, soweit wir wissen, zumindest in den Anfangsjahren der NS-Herrschaft von diesem unseligen Zeitgeist weithin verschont. Die häufig doch recht provinziellen Größen der Partei fühlten sich zum einen vermutlich nicht sonderlich wohl in einem Ambiente, das weiterhin Eleganz und Weltläufigkeit ausstrahlte, da blieb man doch lieber unter seinesgleichen, vorzugsweise im Kaiserhof; zum anderen benötigte das Auswärtige Amt einen ›Empfangssalon‹ für ausländische Diplomaten, Journalisten und sonstige Besucher, und welches Hotel hätte sich da besser geeignet als das Adlon? Während der olympischen Sommerspiele 1936 trafen sich hier noch einmal Staatsgäste und viele gekrönte Häupter aus der ganzen Welt, und Reichsleiter Alfred Rosenberg, der Chef des Außenpolitischen Amtes der NSDAP, lud die ausländische Diplomatie und Presse regelmäßig zum Empfangsabend in den Terrassensaal des Adlon, bei dem allgemeine Kontaktpflege stattfand und Vorträge etwa über »Wesen und Aufgabe der SA« oder »Die Entwicklung der Deutschen Arbeitsfront« zu Gehör gebracht wurden. Nach außen hin war man im Hotel bemüht, den Erfordernissen der neuen Zeit Rechnung zu tragen – so flaggte man zur Siebenhundertjahrfeier Berlins 1937 selbstverständlich mit Hakenkreuzfahnen –, im inneren Betrieb blieb nach Aussage von Angestellten das meiste beim alten. Auf der Speisekarte machte sich der nationalistische Eifer kurioserweise dadurch bemerkbar, daß alle französischen Ausdrücke getilgt wurden; bei den Angestellten, von denen nur einige wenige Parteimitglieder waren, war von diesem Eifer hingegen nur wenig zu spüren, der Hitlergruß zum Beispiel konnte sich bei ihnen nicht durchsetzen. Auch Louis Adlon verzichtete auf ihn, wie ein ehemaliger Mitarbeiter berichtete. Das Adlon blieb, soweit es ging, der eigenen Tradition verpflichtet: ein weltoffenes Haus, in dem man bemüht war, den Gast in jeder Hinsicht zufriedenzustellen. Nicht immer freilich konnte man sich seine Gäste aussuchen. Derweil trafen sich in der American Bar weiter die ausländischen Korrespondenten, um sich über das, was sich auch über ihren Köpfen zusammenbraute, auszutauschen.

In den Kriegsjahren wurde es allerdings immer schwieriger, den Betrieb auf dem gewohnten Niveau aufrechtzuerhalten. Aber auch als die allgemeine Versorgungslage prekär zu werden begann, gelang es Louis Adlon und seinen Köchen noch lange Zeit, den Besuchern im Restaurant des Hotels eine Tafel zu bereiten, die die Erinnerung an friedliche Tage wachhielt. Außerdem gab es, für viele ein Trost in schwerer Zeit, den noch immer gut gefüllten Weinkeller. Das Adlon bewahrte sich, unbeeindruckt durch die zunehmend unwirtlich werdende Außenwelt, seinen Stil: Bei dem Empfang, den das Außenministerium Mittwoch abends für die Diplomatie gab, servierten die Ober, wie Hedda Adlon schreibt, »als ob die Welt sich nicht geändert hätte, in Frack und weißen Handschuhen«. Und als an die Kellner im Restaurant kleine Scheren verteilt wurden, mit denen sie die Abschnitte von den mittlerweile an alle Deutschen ausgegebenen Lebensmittelkarten abzutrennen hatten, handelte es sich bei diesen Scheren, den Werkzeugen der Mangelverwaltung, nicht um irgendwelche Geräte, sondern um versilberte und mit dem Adlon-Signet verzierte Scheren, die zuvor in den Gästezimmern für die Nagelpflege bereitlagen.

Die Besucher, unter denen immer weniger Ausländer waren, wußten nicht nur zu schätzen, daß man im Adlon noch immer gepflegt speisen konnte, sie genossen auch

Thomas Mann mit Ehefrau Katja vor dem Adlon, 1929

einen weiteren Vorteil, den das Hotel zu bieten hatte, einen Vorteil, der in jenen Zeiten noch weit höher zu veranschlagen war: einen Tiefbunker unter dem Pariser Platz, der den Hotelgästen, die nicht von Sirenengeheul, sondern von einem sanften Gongschlag auf die nahende Gefahr aufmerksam gemacht wurden, Schutz bot. Der traurige Abgesang eines Grandhotels: In den Bombennächten, die Berlin erlebte, gewährte das Hotel Adlon noch einmal, diesmal unterirdisch, vielen prominenten Gästen Unterkunft und Geborgenheit, soweit dieses Gefühl überhaupt aufkommen konnte. Emil Jannings saß zum Beispiel hier, das Ehepaar von Karajan, Wilhelm Furtwängler, der Chirurg Ernst Ferdinand Sauerbruch. Auch im Bunker, in dem einige Räume mit kostbarem Mobiliar ausgestattet und mit Teppichen ausgelegt waren, wurden übrigens – Adlon oblige – von Kellnern in Livree Getränke gereicht.

Die Ruinen des Hotel Adlon und der Akademie der Künste

Als die siegreiche Rote Armee auf Berlin vorrückte, waren auch die Tage des Hotels gezählt. Ende April 1945 wurde in den unteren Räumen ein Lazarett eingerichtet, Matratzen für die verwundeten Soldaten bedeckten den Boden, in der American Bar standen die Betten für die Offiziere. Kurz bevor der Krieg zu Ende war, hatte er sich doch noch Zutritt zum Adlon verschafft. Am 2. Mai schwiegen in Berlin die Waffen, die Reichshauptstadt hatte kapituliert. Das Adlon stand an diesem Tag noch, kaum beschädigt, dem monumentalen Zeugen einer glanzvollen Vergangenheit wurde aber nur noch eine kurze Frist gewährt. Unter Umständen, die nie restlos aufgeklärt wurden, brannte es nur wenige Tage darauf vollkommen aus. Es spricht alles dafür, daß das Feuer im Weinkeller ausbrach, wahrscheinlich entfacht von unachtsamen russischen Soldaten, die sich an den dort vorgefundenen Schätzen, die einer günstigeren Zukunft entgegenreifen sollten, berauscht hatten.

Von der Zerstörung seines Hotels, des Lebenswerks zweier Generationen, hat Louis Adlon keine Nachricht mehr erhalten. Er wurde Ende April in seinem Landhaus in Neufahrland im Westen Berlins von sowjetischen Soldaten festgenommen und in ein Lager transportiert, offenbar aufgrund eines Mißverständnisses: Als jemand aus dem Kreis der Angestellten das Wort »Generaldirektor« fallenließ und dabei auf Adlon deutete, mutmaßten die Soldaten, sie hätten einen General der Wehrmacht entdeckt, der sich hier versteckt hielt. Das Mißverständnis konnte aufgeklärt werden, aber das half Louis Adlon nicht mehr. Erschöpft brach der Siebzigjährige auf dem Fußmarsch zurück nach Potsdam zusammen, wenig später, vermutlich am 7. Mai 1945, starb er. Seine Frau Hedda fand ihn erst, als er bereits tot war. Sie überlebte ihren Gatten mehr als zwei Jahrzehnte, zuletzt selbst schon Teil der Legende, die sie in ihrem Buch beschworen hatte. Von der Öffentlichkeit kaum noch wahrgenommen, starb sie am 6. Januar 1967 in der Nähe des Kurfürstendamms, in der westlichen Hälfte des nunmehr geteilten Berlin.

Im Schatten der Geschichte

Das Adlon war untergegangen, das Adlon lebte weiter: als Mythos und auch als Hotel. Aber das eine hatte mit dem anderen nicht mehr allzuviel zu tun. Noch im Sommer 1945, wenige Monate nach dem katastrophalen Brand, wurde, zum Teil unter Beteiligung alter Angestellter, der Restaurant- und Hotelbetrieb wiederaufgenommen – im hinteren Querflügel, der nur von der Wilhelmstraße aus zugänglich war, und in sehr bescheidenem Rahmen, mit gerade mal sechzehn Zimmern. Der Haupteingang zum ehemals prächtigen Boulevard Unter den Linden blieb, bezeichnend genug, zugemauert. Die Zahl der verfügbaren Zimmer und Betten stieg in den kommenden Monaten und Jahren zwar wieder an, Ende 1945 waren es bereits sechsunddreißig Zimmer, 1954 dann, als die Trümmer des Hauptgebäudes schon längst beseitigt waren und sich an der Ecke Pariser Platz/Unter den Linden ein großer freier Platz erstreckte, achtzig Zimmer. Der Eindruck, daß es sich hier um einen Notbehelf handelte, verschwand aber wohl nie ganz. Für Hedda Adlon, die, nachdem ihre Bemühungen um eine in ihrem Sinne günstige Regelung der Erbschaftsfragen gescheitert waren

Der erhaltene Querflügel des Hotel Adlon um 1959

und im Dezember 1950 schließlich das Grundstück, das auf dem Gebiet der DDR lag, entschädigungslos enteignet worden war, einigen Grund hatte, mit Ingrimm zu verfolgen, was mit dem ehemaligen Besitz ihres Mannes geschah, war das weiter bestehende Hotel Adlon nichts anderes als »der notdürftig zusammengeflickte Rest einer Ruine, aus dem die Ostberliner Behörden eine Art von amtlichem Übernachtungsheim gemacht haben«.

Einen aufschlußreichen Blick in das Innere des Hotels, in die dort herrschende Atmosphäre vermittelt ein Artikel, den ein Redaktionsmitglied einer westdeutschen, vermutlich Hamburger Zeitung anläßlich eines Besuches in Berlin im Februar 1954 verfaßt hat. Der Autor, der achtzehn Jahre zuvor im alten Adlon logiert hatte und nun mit einem von einer »Sachbearbeiterin für Unterkunft« ausgestellten Zuweisungsschein das mittlerweile von der Handelsorganisation (HO) der DDR übernommene Hotel betritt, ist durchaus wohlmeinend und bemüht, seiner Unterkunft Gerechtigkeit widerfahren zu lassen – mit dem Ergebnis, daß die Unterschiede nur um so deutlicher werden. Von der einstmals das Haus prägenden Noblesse ist nichts mehr zu spüren, als Nachfolger von Louis Adlon verrichtet nun ein HO-Geschäftsführer seinen Dienst, »der auf den Namen Paul hört und zuweilen eine Schirmmütze trägt«. Und in der Empfangshalle spielen drei Männer Skat, die »ihre Mäntel und Schals anbehalten und nur ihre Handschuhe neben sich auf die Tischplatte gelegt« haben, wie der Verfasser nüchtern registriert. Unendlich fern ist die Eleganz und der Charme eines Grandhotels vergangener Zeiten, als in der Empfangshalle noch, wie Vicki Baum in ihrem Roman »Menschen im Hotel« ausmalt, »die Jazzmusik des Tea-Rooms mit dem Geigenschmachten des Wintergartens« zusammentraf, die Gläser auf den kleinen Tischen klirrten, Korbstühle knisterten und dazwischen »das zarte Sausen, mit dem Frauen in Pelzen und Seidenkleidern sich bewegen«, zu vernehmen war. Die triste Prosa der DDR-Wirklichkeit dagegen buchstabiert sich auf hellblauem Tuch im Treppenaufgang aus: »Friede mit allen Völkern« kann der aus Westdeutschland angereiste Journalist dort lesen, während ihm ein etwas zu penetranter Geruch nach Bohnerwachs in die Nase steigt. »Aber alles ist sauber, bequem und ordentlich«, fühlt er sich bemüßigt festzustellen und setzt noch hinzu: »In dem einfachen, aber gemütlichen Restaurant darf der Gast zwischen einem Gedeck zu 9,75

Ostmark und sechs einzelnen Gerichten wählen.« Drastischer, wenn in diesem Fall auch eher unfreiwillig, läßt sich kaum zum Ausdruck bringen, wie sehr Maßstäbe und Ansprüche dem Wandel der Zeiten unterliegen. Immerhin äußert der Verfasser des Artikels abschließend seine Hoffnung, vielleicht würden »Prof. Pauligks [sic!] Pläne schon bald aus dem Safe geholt«, so daß das Adlon »wieder in seiner alten Größe erstehen« könne ...

Gemeint ist offenbar der Bauhaus-Architekt Richard Paulick, der die Plattensiedlungen unter anderem von Hoyerswerda baute, sich aber auch Meriten bei der Restaurierung der Deutschen Oper und des Kronprinzenpalais erwarb. Es gab in der Tat seit 1950 Überlegungen im Politbüro der SED, das Hotel Adlon wiederzuerrichten und auch unter dem alten Namen zu betreiben, ausgeführt wurden sie jedoch nie. Ein solches Prachtobjekt hätte sich mit dem Image des Arbeiter-und-Bauern-Staates wohl doch nicht recht vertragen. Für die um die Unversehrtheit ihres Staatsterritoriums so sehr besorgte Regierung der DDR erhielten in den folgenden Jahren, wie man weiß, ganz andere Bauvorhaben Priorität. Mit dem Mauerbau im August 1961 geriet das Adlon vollends ins Abseits der Geschichte: Das Hotel, das einstmals wie kaum ein anderes in Deutschland Weltoffenheit symbolisiert hatte, stand jetzt nur wenige Schritte entfernt von dem Wall, der den Bürgern, die er angeblich beschützen sollte, in brutaler Deutlichkeit die Grenzen steckte. Und der historische ›Empfangssalon‹ Berlins, der Pariser Platz, hielt für die nächsten achtundzwanzig Jahre seine Pforten geschlossen.

Gastgeschenk in der Präsidentensuite – ein Brandenburger Tor aus Zucker

Neben diesem verödeten Areal wurde in dem übriggebliebenen Teil des Adlon, der 1964 sogar noch einmal renoviert wurde, der Hotelbetrieb einige weitere Jahre aufrechterhalten; seit Anfang der siebziger Jahre führte das Adlon dann nur noch ein Schattendasein als Lehrlingswohnheim, bis es 1984 aufgrund eines Beschlusses des Ministerrates der DDR endgültig abgerissen wurde. Im selben Jahr erteilte der damalige italienische Außenminister Giulio Andreotti jeglicher Form von »Pan-Germanismus« eine scharfe Absage und forderte unmißverständlich: »Es gibt zwei deutsche Staaten, und zwei müssen es bleiben.« Niemand, weder im Westen noch im Osten der geteilten Welt, ahnte zum damaligen Zeitpunkt, daß es nicht mehr lange dauern würde, bis der frische Wind der Geschichte wieder heftig über den Pariser Platz fegen und auch das Adlon eine erneute Chance bekommen sollte.

Ein Mythos kehrt heim

In »Allerseelen«, dem großen Berlin-Roman des niederländischen Schriftstellers Cees Nooteboom, trifft sich die Hauptfigur, ein »aufs Halbdunkel« spezialisierter, den Spuren einer entschwundenen Vergangenheit nachforschender Kameramann, an einem Winterabend mit seinen Berliner Freunden in einer Weinstube am Adenauerplatz. In einer entfernten Ecke des Lokals sitzt ein weiterer Stammgast, allein, »in endloses Grübeln versunken«, an seinem Tisch. Man weiß von ihm nicht mehr, als daß er weit über neunzig ist und »einst in einem Berlin, das keiner von ihnen mehr erlebt hatte, Stehgeiger gewesen« war, »Primas in einer Zigeunerkapelle, die im ›Adlon‹ spielte«. Der Geiger

stirbt an diesem Abend, ruhig und unbewegt an seinem Tisch sitzend, ohne Aufsehen zu erregen, ein wie immer »perfekter Gast«. Er ist, der ihn umgebenden Wirklichkeit entrückt, zur »Ikone« geworden. Der Stehgeiger aus dem Adlon als kurz aufscheinendes Kultbild in einem Roman, als stummer Zeuge einer fernen Zeit – das untergegangene Hotel lebt weiter in Erinnerungen und Erzählungen, in Geschichten und Anekdoten, als Mythos, der auch noch durch die Literatur der neunziger Jahre vagabundiert.

Diesem Mythos war mittlerweile in überraschender Weise die Wirklichkeit zu Hilfe – oder soll man sagen, in die Quere? – gekommen. Der Fall der Mauer im November 1989 hat die politische Topographie Deutschlands grundlegend verändert, er hat Berlin eine neue, alte Funktion, nämlich Hauptstadt des ganzen Landes zu sein, zugewiesen, er hat dem Pariser Platz seine Bedeutung als Zentrum urbanen Lebens wiedergegeben, und er hat auch dem Adlon-Mythos ermöglicht, an den Ort zurückzukehren, wo er entstanden ist. Der Plan, an alter Stelle gegenüber dem Brandenburger Tor einen Hotelneubau zu errichten, wurde, einmal gefaßt, relativ schnell realisiert. Es zeigte sich, daß Hedda Adlon den Blick nicht nur wehmutsvoll in die Vergangenheit, sondern auch nüchtern in die Zukunft gerichtet hatte. Ein mit der Kempinski-Gruppe, damals noch als Hotelbetriebs AG firmierend, Mitte der fünfziger Jahre geschlossener Vertrag hatte ihr die lebenslange finanzielle Absicherung gewährt, der Hotelgesellschaft ein Ankaufsrecht auf das alte Grundstück und den Namen Adlon eingebracht. Die Kempinski-Gruppe war entschlossen, dieses Recht wahrzunehmen. Es war zwar kein mächtiger Gönner mehr vorhanden wie Wilhelm II., der seinerzeit alle Hindernisse ausräumte, die sich Lorenz Adlon in den Weg gestellt hatten, aber da auch der Berliner Senat ein starkes Interesse an einem Luxushotel der Sonderklasse zeigte, konnte dank eines ›Investitionsvorrangbescheids‹ das enteignete Grundstück erworben werden; die Genehmigung des Bauantrags lag binnen drei Monaten vor. Auch der Verkauf des Gesamtprojekts an das Kölner Investment-Unternehmen Fundus im Jahre 1994 hielt die Ausführung des Hotelbaus nicht auf: Im Jahr darauf begannen die Bauarbeiten, am 23. August 1997 erlebte das neue Adlon im Beisein des Bundespräsidenten seine feierliche Eröffnung. Die Finanzierungsstrategie wurde, anders als bei Lorenz Adlon, der sich wohlweislich gehütet hatte, die Zahl seiner Gläubiger und die Höhe seiner Verbindlichkeiten bekanntzugeben,

Schokoladensiligraphie und Obstkorb als Gastgeschenk auf dem Zimmer

offengelegt: Die Bausumme von rund vierhundertfünfundzwanzig Millionen DM wurde zum überwiegenden Teil von mehr als dreitausendfünfhundert Investoren aufgebracht, die sich als Anleger an einem Immobilienfonds der Fundus-Gruppe beteiligten. Schuldenlast, Risiko, aber auch die Aussicht auf langfristige Rendite wurden damit auf viele Anteilseigner verteilt. Lorenz Adlon hatte dies alles noch alleine geschultert – schon das war eine gigantische, unter heutigen Bedingungen gar nicht mehr vorstellbare Leistung.

Natürlich gab es, wen will das wundern, wie schon beim Bau des alten Adlon erregte Diskussionen um die architektonische Gestaltung dieses prominenten Areals an der Ecke des Pariser Platzes. Auch in dieser

Der lichtdurchflutete Wintergarten des Adlon

Im Restaurant

Hotel-Lobby

Präsidentensuite

Hinsicht schließt sich ein Kreis, der fast das ganze Jahrhundert umspannt. Schon die Vorschriften des Berliner Bausenats für die Gestaltung des gesamten Platzes zielten darauf ab, den alten Berliner ›Salon‹ zumindest in den Grundzügen als einheitliches Ensemble zu rekonstruieren. Eine palaisartige Architektur war gefordert, die Höhe aller Gebäude sollte sich am Brandenburger Tor ausrichten, die Fassade sollte aus Naturstein sein, über einer Sockelzone war auf das ausgewogene Verhältnis von Mauerwerk und Fensteröffnungen zu achten. Die Architekten des neuen Adlon, Rüdiger Patzschke und Rainer-Michael Klotz, haben sich getreulich an diese Vorgaben gehalten und, weil das Adlon das erste fertiggestellte Haus am Platz war, wohl einige Kritik an den Senatsvorschriften gleich mit einstecken müssen. Die Presse äußerte sich oftmals pointiert – von einer »Fassadenkonserve«, in die der Mythos des Hotels eingesperrt wurde, war die Rede oder von einer »Kulisse für ein Historienstück, das nicht zur Aufführung kommt« –, aber nicht immer zutreffend. Vor allem der häufig erhobene Vorwurf, man habe es hier mit einer »Kopie« oder »Replik« des alten Adlon zu tun, geht schlicht an den Tatsachen vorbei. Keine Frage, die historische Perspektive ist dem Entwurf klar erkennbar mitgegeben, die Rundbögen im Erdgeschoß sind offensichtliche Zitate, die Sandsteinfassade und das hohe vorpatinierte Kupferdach erwecken den Eindruck von Traditionalismus. Übersehen aber wurde oft, daß schon allein durch die Ausweitung der Grundfläche bis zur Wilhelmstraße – die Erfüllung des alten, damals gescheiterten Plans von Lorenz Adlon – das Gebäude eine ganz andere Längenausdehnung Unter den Linden erhielt. Und die relativ dichtgedräng-

Küchendirektor Karlheinz Hauser

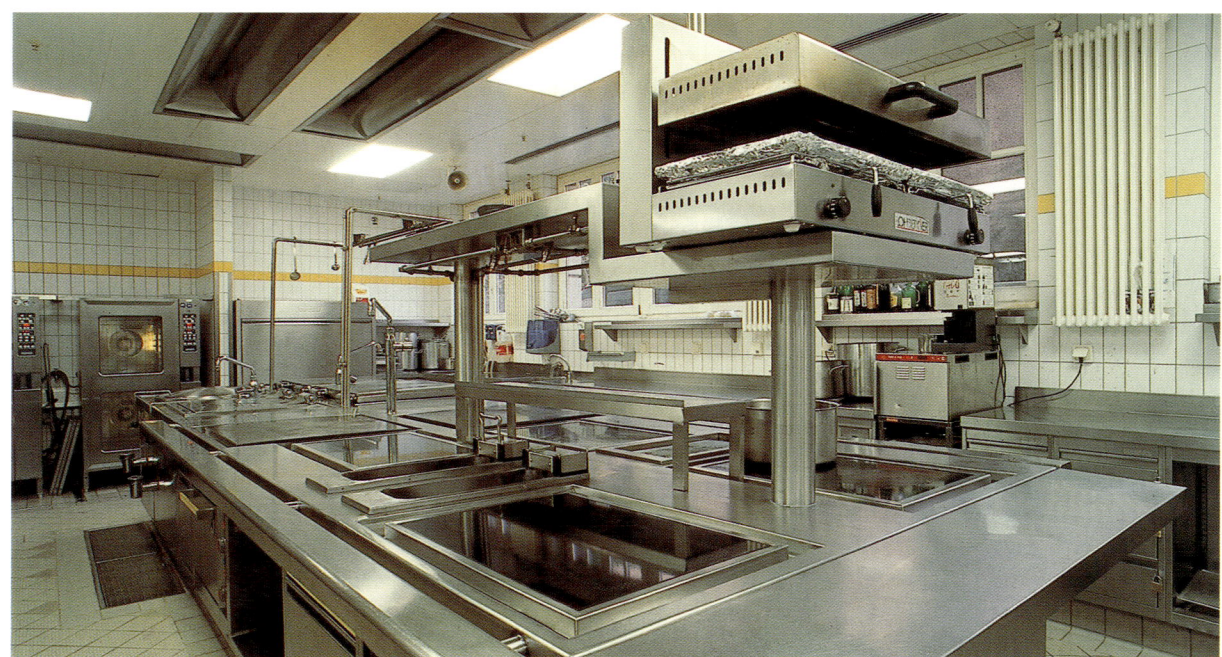

Die heutige, neue Adlon-Küche, ausgeführt in Vollhygiene, höchster Qualität und neuester Induktionstechnologie von der Firma Lohberger

ten Fensterreihen verraten, daß eine vom alten Hotel deutlich abweichende Raumgliederung im Innern, veranlaßt durch die Hinzufügung einer zusätzlichen Etage, vorliegt. Der gesamte Baukörper wirkt dadurch kompakter als das ›Vorbild‹, ein Eindruck, der noch dadurch unterstrichen wird, daß das traditionelle architektonische Vokabular der Fassadengestaltung wie die Fenster- und Dachgesimse oder die beiden Risalite an Vorder- und Seitenfront nur sehr zurückhaltend, fast verschämt eingesetzt wird. Es ist ein zurückgenommener, funktionaler Historismus, der in dieser Architektur zum Ausdruck kommt. Ob er, wie die Architekten es sich wünschen, tatsächlich eine ›Neue Tradition‹ begründen kann, bleibt abzuwarten.

Über den Erfolg und den Ruf eines Hotels entscheidet ohnehin nicht eine, wie kontrovers auch immer geführte Architekturdebatte, die in den meisten Fällen Überlegungen, was die Menschen eigentlich in ein Haus zieht und was ihnen darin Behaglichkeit verschafft, erst gar nicht anstellt. Hier zählt allein die ganz persönliche Entscheidung – die etwa bei einem amerikanischen Erfolgsregisseur (der in Berlin einmal eine hohe Auszeichnung entgegennehmen durfte) eindeutig ausfiel: Er war bei seinem Besuch im neu eröffneten Hotel so sehr von der Präsidentensuite beeindruckt, daß er beim nächsten Aufenthalt gleich zwei Innenarchitekten mitbrachte, die beauftragt waren, das Büro und das Wohnzimmer der Suite originalgetreu in seiner Yacht nachzubauen.

Und die Frage, wie man einem Mythos wieder Gestalt verleihen kann, läßt sich nicht,

Adlon-Eisbar am Pariser Platz, Silvester 1998/99

weder mit positivem noch negativem Bescheid, beantworten. Im Falle des Adlon ist diese Frage vielmehr anders zu stellen: Wie kann man an einen Mythos anknüpfen, dem man sowieso nicht entkommen kann? Für die Leitung des Hotels bedeutet dies die Herausforderung, eine Chance zu ergreifen, die, wie das alte Adlon, einzigartig ist. Jean van Daalen, der geschäftsführende Direktor, formuliert den Auftrag, der sich für ihn aus dieser Konstellation ergibt: »Unser neues Adlon soll keineswegs ein Hort der Nostalgie werden. Wir wissen den großen Glanz von einst hinter uns, den kann uns niemand nehmen oder verderben. Aber er ist uns Ansporn zu ähnlichen Spitzenleistungen in Gegenwart und Zukunft.« Auf der einen Seite das Bewußtsein, eine Legende fortzuschreiben, auf der anderen Seite der klare Wille, dabei den eigenen Stil zu pflegen und einen zeitgemäßen Ton anzuschlagen – die Erbauer und Betreiber des Adlon wissen um ihre Position im Spannungsfeld zwischen Tradition und Modernität, zwischen historischer Verpflichtung und den Ansprüchen der Gegenwart.

Das äußert sich schon in der Gestaltung und Ausstattung der Gästezimmer und Gesellschaftsräume, in denen sich historische Reminiszenzen – zwei Wintergärten, die American Bar, mit Blattgold verkleidete Kassettendecken, die bunte Glasmosaikkuppel über der Hotelhalle, darunter der restaurierte Brunnen, der einst im Goethegarten plätscherte – und erlesene Materialien wie weißer Marmor, schwarzer Schiefer, Jura-Naturstein, Kirsch- und Myrtenholz mit den fortschrittlichsten technischen Einrichtungen

bis hin zu Stereo-TV, Faxgerät und Mobiltelefon auf jedem Zimmer verbinden und in denen für den Gast das Wohnen, eine Selbstverständlichkeit, zum Erlebnis und der Luxus, das Außergewöhnliche, zur Selbstverständlichkeit wird. Das zeigt der unauffällig-effiziente Service des Hauses und die unerschütterliche Freundlichkeit der Mitarbeiter, die auf ganz und gar nicht antiquierte Weise dem Kunden das Gefühl vermitteln, ›König zu sein‹. Und das gilt nicht zuletzt für die Küche, deren Chef Karlheinz Hauser mit dem Anspruch, nur Produkte allererster Güte zu verwenden, an die alte Tradition anknüpft, die Lorenz Adlon begründet hatte. Heute wie damals sind Kompromisse hinsichtlich der Qualität undenkbar, führt das Bemühen, dem Gast stets das Außergewöhnliche, das Beste zu servieren, dazu, besonders strenge Auswahlkriterien aufzustellen. Ließ man etwa 1929 für das Essen, das Thomas Mann nach der Verleihung des Nobelpreises im Berliner Nobelhotel ausrichtete, eigens frischen Nordsee-Steinbutt aus Rotterdam einfliegen, werden heute beispielsweise beim Geflügel nur Bresse-Hühner verwendet, denen nach französischer Gesetzgebung mindestens vier Quadratmeter Auslauf zusteht, holt man sich die Langusten in speziell selektierten Größen direkt aus Neuseeland, schwört der Küchenchef auf die in einer limitierten Stückzahl von rund tausend Gläsern pro Jahr hergestellte Marillenmarmelade des Hauses Staud aus Wien, das das Obst von dreihundert Jahre alten Bäumen erntet.

Daß man wiederum auf erstklassigen Service bedacht ist und selbst ausgefallenen Wünschen mit Stil und Witz zu begegnen weiß, ließ man bereits kurz nach der Eröffnung erkennen: Als die Hotelleitung bei dem Maler und Bildhauer Arturo, der nebenan ganz standesgemäß im Gebäudetorso der alten Akademie der Künste wohnte, anfragte, ob man für große Bankettveranstaltungen seinen Garten mitbenützen dürfe, erklärte sich dieser sofort dazu bereit. Nur eine Bedingung stellte er – der Küchenchef des Adlon müsse ihm das jeweilige Menü des Abends in seinem Atelier servieren. So wurde Tag für Tag zur Abendstunde der gleiche Ablauf in Szene gesetzt: Eine kleine Delegation des Hotels setzte sich in Marsch, man trug einen Tisch in den baufälligen Malersaal in der Akademie, legte eine weiße Tischdecke und Silberbesteck auf, stellte einen Kerzenleuchter dazu, dann servierte Karlheinz Hauser dem Künstler auf edelstem Porzellan die gleichen Gänge, die die Gäste im Adlon erhielten. Und ein Kellner schenkte ihm nach Wunsch, also reichlich, Wein ein: Nachbarschaftshilfe auf kulinarische Art.

Hinsichtlich der Küchenausstattung wird heute noch das gleiche Prinzip beachtet, dem schon Lorenz Adlon und seine Küchenmeister gefolgt sind, nämlich auf die neuesten technischen Entwicklungen zu setzen, die einerseits die größtmögliche Qualität der zubereiteten Speisen sicherstellen und andererseits dem Personal die Arbeit erleichtern. Gerade hier sind freilich auch die Unterschiede besonders gravierend: Während man heute über innovative Spitzentechnologien wie zum Beispiel Induktionsöfen verfügt, die mit Magnetfeldern arbeiten und die Kochplatten kalt lassen, waren bei der Eröffnung des alten Adlon im Jahre 1907 elektrisch betriebene Bratspieße und Kühlschlangen in Vorratsschränken noch Apparaturen, die wohlgefälliges Erstaunen hervorriefen …

Die Position im Spannungsfeld von Vergangenheit und Zukunft – nirgendwo könnte sie besser ausgefüllt werden als hier am Pariser Platz, einem Ort, wo preußische und deutsche Geschichte gesammelt gegenwärtig sind und der lärmende Aufbruch in eine neue Zeit Gestalt gewinnt. Das Adlon befindet sich inmitten dieses Aufbruchs und bietet seinen Gästen doch, wie früher, Zurückgezogenheit und Stille – eine Stille, in der sich ein Geräusch besonders gut vernehmen läßt: das Schlagen des Herzens der wiedererwachten Metropole Berlin.

HOTEL ADLON

Unter den Linden 1  am Pariser Platz ::

Telegramm-Adresse: Adlonum Berlin | Telephon: Amt I, Hotel Adlon, Berlin

BERLIN   BERLIN

Herrlichste, schönste Lage Berlins, am historischen Pariser Platz, Brandenburger Tor und Unter den Linden, drei Minuten entfernt vom Tiergarten-Park mit seinem mächtigen alten Baumbestand, seinen vorzüglichen Reitwegen, hervorragenden Denkmälern und Reichstagsgebäude. Das Hotel Adlon bietet durch seine wunderbare Ausstattung und Einrichtung alles, was modernster Komfort vermag, selbstverständlich befinden sich in allen Zimmern Stadt- und Ferntelephon, kaltes und warmes Wasser, Privatbäder und elektrische Uhren. Von den Frontzimmern genießt man eine Aussicht, die ohnegleichen ist, und die Wohnungen nach dem Innern des Hauses, dem umfangreichen Goethe- und Akademiegarten, sind von beispielloser Ruhe. Die Preise sind anerkannt mässig und die Arrangements vorteilhaft.

Das Restaurant am Pariser Platz und Unter den Linden überrascht durch seine vornehme, kunstvolle Architektur und unvergleichliche Lage, seine vortreffliche Küche und berühmten Weine aus eigenen Kellereien neben bewährter Leitung bei soliden Preisen. Das Restaurant steht in direkter Verbindung mit der großen Marmorhalle und Palmengarten, woselbst bei täglichen Konzerten der Afternoon-Tee serviert wird. Daran schließen sich die American Bar, Konversationssäle, der Mozart- und der Beethoven-Musiksalon. Dann folgen Konferenzzimmer, das Internationale Reisebureau der Schlafwagen-Gesellschaft und die Festräume: der Raffaelsaal, Festsaal, Kaisersaal, Spiegelsaal und Empfangssalon, in welchen die Hochzeiten, Bälle, Bankette und Privatfestlichkeiten stattfinden. Jeder dieser Säle zeichnet sich durch stilvolle, künstlerische Ausstattung und vornehme Ruhe aus. Bedeutende Künstler und Meister, sowie erste Firmen Deutschlands haben in diesem Hause gewetteifert, ein Ensemble zu schaffen, das bewunderungswürdig genug erscheint, das Hotel Adlon zu den hervorragendsten Sehenswürdigkeiten zu zählen.

Die nachverzeichneten Namen dürften dafür die Bürgschaft übernehmen:

Kgl. Baurat Carl Gause† und **Reg.-Baumeister Robert Leibnitz, Berlin,** ausführende Architekten.

Professor Walter Schott, Berlin :: ::   Professor Johann Bossard, Hamburg
Professor Ludwig Noster, Berlin :: ::   Professor Woldemar Friedrich, Berlin
Professor G. Riegelmann, Berlin :: ::   Professor Richard Guhr, Dresden ::
Martin Schauß, Berlin :: Paul Herrmann, Berlin :: Valentin Casal, Berlin
Franz Stassen, Berlin :: Herrmann Feuerhahn, Berlin.

=== Königliche Porzellan-Manufaktur-Berlin ===

A. Bembé, Mainz	Innen-Architektur und Möbel	Rudolph Hertzog, Berlin	Wäsche, Bettausstattungen Gardinen und Dekorationen ∴
Kimbel & Friederichsen, Berlin	„ „ „	Christofle & Co., Berlin	Silber- und Tischbestecke :: ::
Heinrich Pallenberg, Köln a. Rh.	„ „ „	Aktien-Gesellschaft Mix & Genest, Berlin	Telephon u. elektrische Signalanlage :: ::
Anton Pössenbacher, München	„ „ „	Schulz & Holdefleiß, Berlin	Bronze-Architekturen Bettstellen
Schneider & Hanau, Frankfurt am Main	„ „ „	Thiergärtner u. Voltz & Wittmer G.m.b.H., Baden-Baden — Berlin — Köln a. Rh.	Toiletten- u. Bade-Einrichtungen
A. Borsig, Tegel bei Berlin	Gefrier-, Eiserzeugungs- und Entstäubungs-Anlagen ∴ ∴		
B. Ganz & Co., Mainz	Zimmer- und Salon-Teppiche, Korridor- und Treppenläufer	Saalburger Marmorwerke, G. m. b. H., Vertreten durch Hans Köstner, Berlin W 35	Marmorarbeiten ∴ ∴

Hotel u. Restaurant Adlon unter persönlicher Leitung des Eigentümers Lorenz Adlon

Hoflieferant Sr. Majestät des Kaisers und Königs.

Adressen der Adlon-Lieferanten

Kücheneinrichtung

Hugentobler & Partner
Kochsysteme HG 2000
Lohenstraße 11
82166 Gräfelfing

Lohberger
Heiz- und Kochgeräte GmbH
Postfach 90
5230 Mattighofen
Österreich

Paco Jet
Am Hammfeld 3
30965 Hemmingen

Elro GmbH
Spitalhofstraße 99
94032 Passau

Feinkost und Lebensmittel aus aller Welt

Rungis Express
Am Hambuch 2
53340 Meckenheim

Havelland Express
Sophie-Charlotten-Straße 15
14059 Berlin

Nideco Halles
1, rue de la Corderie
CENTRA 412
94616 Rungis Cedex
Frankreich

REWE-Wibu
Landsberger Allee 358
10365 Berlin

Wurst- und Schinkenspezialitäten

Westfälische
Wurstmanufaktur
Gut Alteneichen
Krögerweg 10
48155 Münster

Obere Metzgerei
Franz Winterhalter GmbH
Schwarzwaldstraße 4
79215 Elzach

Detlef Flick
Beusselstraße 44 n–q
10553 Berlin

Wildspezialitäten

Service Bund
Gebietszentrale Wurzen GmbH
Hauptstraße 29
04828 Altenbach

Fisch

Balmi Lachsräucherei
Albrot & Mirnik GmbH
Lahnstraße 56–78
12055 Berlin

Kagerer & Co.
Am Werbering 4
85551 Heimstetten

Essmann Hamburg
Fischgroßhandel
Große Elbstraße 212
22767 Hamburg

Lachshaus Kaplan
Geisenfelderstraße 12
Uttenhofen
85276 Pfaffenhofen

New Zealand Fish
P.O. Box 8
Stewart Island
New Zealand

Geflügel

Schlaraffenland
Geflügelhandel
Südwestersteile 12
21775 Steinau

Kaviar

Imperial Caviar
Rheinbabenallee 14
14199 Berlin

Trüffel

Fa. La Bilancia
Melanos Trüffel
Im- und Export
Schulstraße 9
80654 München

Käse

Tölzer Kasladen
Lenggrieser Straße 23
83646 Bad Tölz

Bernard Antony
5, rue de la Montagne
48480 Vieux-Ferrete
Frankreich

Backwaren

Sächsischer Feinbäcker
Heberer GmbH
Industriegelände, Straße B
02977 Hoyerswerda

Firma Dewi Back
Gewerbehof 1–9
13597 Berlin

Back & Snack Berlin
Backwaren KG
Attilastraße 52–58
12105 Berlin

Marmeladen und Honig

Staud's Wien
Hubergasse 3
1160 Wien
Österreich

Fa. Ostwald
Süderstraße 199
20507 Hamburg

*Selbst eingemachte
schwarze Perigord-Trüffel*

Patisserie

Pfersich Confis Express
Messerschmittstraße 23
89321 Neu Ulm

Milchprodukte

Albrecht & Neiss
Am Wall 2–6
15366 Neuenhagen

Eis

Schöller Lebensmittel GmbH
Bucher Straße 137
90419 Nürnberg

Obst und Gemüse

Dieter Fuhrmann
Frucht-Großhandel
Beusselstraße 44 n-q
10553 Berlin

Asiatische Spezialitäten

Bos Food Düsseldorf
Tußmannstraße 67
40477 Düsseldorf

Kaffee

Alois Dallmayr Kaffee
Postfach 10 04 61
80078 München

Illycaffé
Eversbuschstraße 200
80999 München

Tee

Ronnefeldt, J.T.
Kurfürstenplatz 38
60468 Frankfurt

Säfte

Niehoffs Vaihinger
Fruchtsäfte GmbH
Postfach 2147
48586 Gronau-Epe

Champagner und Cognac

Moët Hennessy
Deutschland GmbH
Max-Planck-Straße 8
85609 Aschheim

Sekt

Rotkäppchen-Sektkellerei GmbH
Sektkellereistraße 5
06632 Freyburg/Unstrut

Mineralwasser

Apollinaris & Schweppes
GmbH & Co
Fischertwiete 1
Chilehaus B
20095 Hamburg

Gerolsteiner Brunnen
GmbH & Co.
Vulkanring
54567 Gerolstein

Weine

Weinhaus Joachim Heger
Weingut Dr. Heger
Bachenstraße 19–21
79241 Ihringen i. Kaiserstuhl

Weingut Robert Weil
Mühlberg 5
65399 Kiedrich i. Rheingau

Georg Mauer's Wein & Glas
Compagnie
Prinzregentenstraße 2
10717 Berlin

Champa Vins Francais GmbH
Am Glasofen 9
52222 Stolberg

Wein Compagny
Priesterweg 1
14532 Güterfelde

Weinhandelshaus
Starosky & Sohn
Postfach 51 07 01
30637 Hannover

Weingut Schwarzer Adler
Badbergstraße 23
79235 Vogtsburg-Oberbergen

Biere

König-Brauerei
GmbH & Co. KG
Friedrich-Ebert-Straße 255–263
47139 Duisburg

Berliner Kindl Brauerei
Aktiengesellschaft
Postfach 44 06 03
12006 Berlin

Manfred Herzoff und Karlheinz Hauser bei der Auswahl von Langusten

Ice Carving

Funk International
Ice Carving
Am Wingertsberg 1
65614 Beselich

Glas

Kristallglasfabrik
Spiegelau GmbH
Hauptstraße 2–4
94518 Spiegelau

Porzellan

Königliche Porzellan-
Manufaktur Berlin GmbH
Wegelystraße 1
10623 Berlin

Herend
Im Hotel Adlon

Wedgwood
Barlaton Stoke-on Trent ST 12
9ES England

Rosenthal AG
Wittelsbacher Straße 43
95100 Selb

Silber

Pavillon Christofle
Fasanenstraße 71
10719 Berlin

Blumen

Art-Deko
Konstanzer Straße 8
10707 Berlin

Weinempfehlungen des Adlon

Weissweine
Deutschland

Riesling QbA, trocken
Weingut Robert Weil
Rheingau

Volkacher Karthäuser
Silvaner Spätlese, trocken
Weingut Rudolf Fürst
Franken

Weißburgunder & Chardonnay
Barrique, trocken
Weingut Karl H. Johner
Baden

Gaisböhl Ruppertsberg
Riesling Spätlese, trocken
Weingut Dr. Bürklin-Wolf
Pfalz

Wehlener Sonnenuhr
Riesling Spätlese, halbtrocken
Weingut S.A. Prüm
Mosel-Saar-Ruwer

Frankreich

Sancerre »Comte Lafond«
Grand Cuvée
Baron de Ladoucette
Loire

Chablis 1er Cru
»Montée de Tonnerre«
Jean Durup
Chablis

Château Suduiraut
1er Grand Cru Classé
Sauternes

Rotweine
Deutschland

Merdinger Bühl
Spätburgunder QbA, trocken
Weingut Dr. Heger
Baden

Assmannshäuser Höllenberg
Spätburgunder QbA, trocken
Weingut Krone
Rheingau

Spätburgunder
Selection S. QbA, trocken
Weingut Franz Keller
Baden

Frankreich

Château Lynch Bages
Grand Cru Classé
Pauillac

Château Haut Marbuzet
Cru Bourgeois
Saint-Estèphe

Château Jonqueyres
Bordeaux Supérieur

Châteauneuf-du-Pape AC
Château de Beaucastel
Rhône

Côtes du Rhône
E. Guigal
Rhône

Auslese von 1904 aus dem Weingut Robert Weil, noch heute Lieferant des Adlon

Rezeptregister

Müsli
Adlons Spezial-Bircher-
   müesli 24
Trockenfrüchte-Müsli-
   Mischung 24

Eierspeisen
Adlons Spezial-Omelett 30
Eier Bénédictine à la Adlon 31
Ei im Glas 31
Warme Trüffel-Quiche 18

Suppen
Kaltes Champagnersüppchen
   mit Kiwi und Erdbeeren 19
Aufgeschäumtes Krebssüpp-
   chen auf Erbsenroyale 48
Kalte Melonensuppe mit
   Ginger-Ale und Thunfisch-
   röllchen 46
Doppelter Tea vom Kalb
   mit Osietra-Kaviar 46
Weißer Tomatenschaum
   mit Krebsen und Lavendel-
   blüten 47
Essenz von Stubenküken
   mit Zitronengras und
   Koriander 49

Salate
Adlon Spezial-Dressing 40
Salat von bretonischem
   Hummer und Kartoffeln
   mit Tomaten-Öl 42
Salat von der Étouffé-Taube
   und Gänsestopfleber
   mit Pfifferlingen 42
Salat von marinierter Entenbrust mit Parmaschinken
   und Basilikum-Pesto 43

Gemüse
Gemüsestifte mit Dips 34
Provenzalische Gemüsetarte
   56

Nudelgerichte
Asia-Nudeln 54
Lasagne mit Wildlachs
   und Jakobsmuscheln
   auf Orangenbutter 50
Pappardelle mit Pfifferlingsgulasch 53
Gratinierte Steinpilz-Cannel-
   loni auf Rahmspinat 52

Fisch
Glasierter Aal mit Schnitt-
   lauch 74
Austern in Champagnergelee
   118
Bachsaibling mit Kartoffel-
   schuppen 77
Süßsauer eingelegte
   Bachsaiblinge 31
Törtchen von zweierlei
   Tomatenmousse mit Fluß-
   krebsen 119
Gebackene Spargelköpfe
   mit Hummer-Ragout 108
Hummerschere im Kartoffel-
   mantel 118
Jakobsmuschel-Terrine 118
Gebeizter Lachs mit Ingwer
   74
Lachs-Kaviar-Terrine
   mit Thaispargel und feiner
   Kräutersauce 44
Adlons Lachs-Suprême 32
Croustillons von Langostinos
   118
Langusten und Bärenkrebs-
   salat 111
Mille-feuille vom Neusee-
   land-Thunfisch mit Korian-
   der und Senfkörnern 116
Adlon-Räucherlachs 45
Gefüllte Rotbarbe mit
   provenzalischem Gemüse,
   Olivenrelish und Pesto 62

Sankt-Petersfisch und
   Pétoncles mit gebratenem
   Blumenkohl, Trauben und
   Karpern 147
Seezunge mit geschmortem
   Chicorée und Sauvignon-
   blanc-Sauce 60
Steinbutt auf Safran-
   Muschel-Ragout mit Auber-
   ginenröllchen 65
Atlantik-Steinbuttfilet unter
   der Spinatkruste mit Tortel-
   lini vom gelbem Kürbis und
   schwarzer Trüffel 149
Sushi 74
Sushireis 74
Tamago 74

Geflügel
Adlon-Ente in drei Gängen
   126
Brioche mit Gänsestopfleber
   18
Caneton à la presse façon
   Eckart Witzigmann 125
Foie gras, gegrillt 120
Gebratene Foie gras
   mit Kirschen 121
Foie gras, roh mariniert 120
Foie-gras-Torte mit
   schwarzer Trüffel 120
Gelee von Foie gras
   mit schwarzen Trüffeln
   und Walnüssen 121
Gänseleber-Pastete 124
Pot-au-Feu von der Bresse-
   Poularde 66

Fleisch
Eisbeinsülzchen auf Spreewälder Kohlsalat 72
Entenbuletten auf Grünkohl
   mit Nudeltäschchen 73
Gefülltes Carpaccio und Tatar
   vom Kalb 108

Galantine vom Kalbskopf und Bries auf getrüffeltem Wurzelgemüse 110
Gebratene Blutwurst auf Kartoffelsalat 72
Gefülltes Kalbskotelett auf Steinpilzsalat und Rucola 112
Kalbsleber im Kräuternetz mit geschmorten Perlzwiebeln 68
Kaninchenrouladen und Crépinetten mit Nierenspießchen à la Gremolata 122
Kasselerröllchen mit Beelitzer Spargel 72
Linsenvelouté mit Wachtel, Kaninchen und Kalbskopfkrokette 143
Marinierte Kalbszunge 72
Pauillac Lammkoteletts und Sattel in der Artischocke mit Poweraden 132
Französische Milchkalbskrone mit Aromaten gebraten und flambiert à la Adlon 134
Gefüllter Ochsenschwanz mit Schalotten 130
Rehrücken im Pfifferling-Crêpe-Mantel auf karamelisierter Gänseleber und Essigkirschen 145
Rinderfilet im Kartoffelring mit Cabernet-Sauvignon-Sauce und Bohnen im Parmaschinken-Mantel 128

Desserts
Dukatenbuchteln 138
Mit Champagnermousse gefüllter Gascogne-Pfirsich auf Baumkuchen 152
Gratin von marinierten Nektarinen mit Basilikum 114
Kaffee-Sesam-Pyramiden 114
Mandelmousse mit Himbeercreme 136
Marmorierte Brownies 138
Schweizer Fours 139
Vanille-Polenta mit Erdbeeren und Mandeleis 79
Walderdbeer-Charlotte 78
Gratinierte Zitronencreme mit Orangenbutter und Honigeis 80

Torten, Gebäck und Brot
Apricosen-Crème-fraîche-Torte 90
Cookies 97
Croissants 23
Honig-Pinien-Brot 22
Johannisbeer-Baiser-Torte 90
Osterfladen 28
Osterlamm 29
Pariser Platz-Torte 98
Scones 97
Schwarzwälder Kirschtorte 91
Stollen 92
Gefüllte Berliner Streuselschnecken 94
Walnußbrötchen 22

Drinks
Adlon Kaiser Cup 104
Bananen-Guave-Cocktail 32
Bodhi 105
Evergreen 104
Cocktails 104
Kombucha-Cocktail 32
Orangina 105
Orientalischer Saft – Orient-Express 32
Revolution 104
Summer Feeling 105
Titanic 104

Quellenverzeichnis

Allgemeine Darstellungen und Aufsätze in Sammelwerken

Adlon, Hedda, Hotel Adlon. Das Berliner Hotel, in dem die große Welt zu Gast war, München ²⁰1998.

Auer, Peter, Adlon, Berlin 1997.

Buddensieg, Tilmann, Das Gesicht der Erinnerung. Die alte als die neue Mitte Berlins, in: Berlin: offene Stadt. Die Erneuerung seit 1989, hg. von den Berliner Festspielen und der Architektenkammer Berlin, Berlin 1999, S. 18-37.

Demps, Laurenz und Carl-Ludwig Paeschke, Das Hotel Adlon, Berlin ²1997.

Jansen-Fleig, Claudia, Das Hotel Adlon, Weimar 1997.

Korff, Gottfried und Reinhard Rürup (Hgg.), Berlin, Berlin. Die Ausstellung zur Geschichte der Stadt (Ausst.Kat.), Berlin 1987.

Meyerinck, Hubert von, Meine berühmten Freundinnen. Erinnerungen, Düsseldorf/Wien 1967.

Nowel, Ingrid, Berlin. Vom preußischen Zentrum zur neuen Hauptstadt. Architektur und Kunst, Geschichte und Literatur, Köln ²1998.

Rapsilber, Max, Hotel Adlon Berlin, o.O., o.J. [um 1911].

Schebera, Jürgen, Damals im romanischen Café ... Künstler und ihre Lokale im Berlin der zwanziger Jahre, Braunschweig 1988.

Täubrich, Hans-Christian, Zu Gast im alten Berlin. Erinnerungen an die Alt-Berliner Gastlichkeit mit Hotelpalästen, Vergnügungslokalen und Destillen, München 1990.

Voß, Karl, Reiseführer für Literaturfreunde. Berlin. Vom Alex bis zum Kudamm, o.O. [Berlin], o.J.

Walterspiel, Alfred, Meine Kunst in Küche und Restaurant. Erfahrungen und kulinarische Anschauungen eines internationalen Kochs. Mit über hundert eigenen Rezepten, München ⁵1963.

Zohlen, Gerwin, Patzschke & Klotz. Das Hotel Adlon – Geschichte als Ornament, in: Haberlik, Christina und Gerwin Zohlen, Die Baumeister des neuen Berlin. Porträts, Gebäude, Konzepte, Berlin ³1998, S. 134-137.

Artikel in Zeitungen und Zeitschriften

Anonymus, Berlins neuestes Prunkhotel, in: Kochkunst und Tafelwesen. Moderne illustrierte Halbmonatschrift für Hotels, Restaurationen und herrschaftliche Haushaltungen 9 (1907), H. 22, S. 425-427.

Anonymus, Der zweite »Kulinarische Salon« in Berlin, in: Kochkunst und Tafelwesen. Moderne illustrierte Halbmonatschrift für Hotels, Restaurationen und herrschaftliche Haushaltungen 10 (1908), H. 1, S. 10-12.

Anonymus, Das Hotel Adlon in Berlin, in: Kochkunst und Tafelwesen. Moderne illustrierte Halbmonatschrift für Hotels, Restaurationen und herrschaftliche Haushaltungen 10 (1908), H. 5, S. 71-73.

Anonymus, Service im Hotel Adlon, Berlin, in: Kochkunst und Tafelwesen. Moderne illustrierte Halbmonatschrift für Hotels, Restaurationen und herrschaftliche Haushaltungen 10 (1908), H. 15, S. 233.

Anonymus, Das Hotel Adlon am Pariser Platz in Berlin, in: Deutsche Bauzeitung XLI (1907), S. 693-695, S. 713-715, S. 726.

Anonymus, Schluß mit dem selbsterklärten Berlin-Optimismus, in: Neue bildende Kunst. Zeitschrift für Kunst und Kritik 4 (1997), S. 104.

Bodart, Jules, Einige Rezepte, in: Kochkunst und Tafelwesen. Moderne illustrierte Halbmonatschrift für Hotels, Restaurationen und herrschaftliche Haushaltungen 11 (1909), H. 16, S. 260f.

Burchard, A., Die Angst des Lehrlings vor der Kelle, in: Der Tagesspiegel, 24. Juli 1999, S. 15.

Koch, Thilo, [Bar] Gespräch mit Jean K. van Daalen, in: Diners Club Magazin 8 (1977), S. 73.

Malten, Heinz, »Ich tanze ein«! In: Der Querschnitt VII, März 1927, S. 212-216.

Roussel, Stéphane, Kleine Stadt, großes Glück. Bonn bleibt unvergessen, Berlin muß werden, was es einmal war: Eine »Neue Welt« im Herzen Europas, in: Die Zeit, 6. Mai 1999, S. 18.

Sartorius, Peter, Verblaßte Mythen: Das Adlon, in: Süddeutsche Zeitung, 23. August 1997.

Schewe, Heinz, So sieht Hotel »Adlon« 1954 aus, 13. Februar 1954 [Publikationsorgan unbekannt].

Literarische Quellen

Baum, Vicki, Menschen im Hotel, Berlin 1998.

Fontane, Theodor, Von vor und nach der Reise. Plaudereien und kleine Geschichten, Berlin 1894.

Immermann, Karl, Zwischen Poesie und Wirklichkeit. Tagebücher 1831–1840. Nach den Handschriften hg. von Peter Hasubek, München 1984.

Mann, Thomas, Die Bekenntnisse des Hochstaplers Felix Krull, Frankfurt am Main 1974.

Nooteboom, Cees, Allerseelen, Frankfurt am Main 1999.

Strauss, Richard; Hofmannsthal, Hugo von: Briefwechsel, hg. von Franz und Alice Strauss, Zürich 1952.

Sonstiges

Adlon, Percy, In der glanzvollen Welt des Hotel Adlon (Film), 1996.

Gästebuch des Hotel Adlon, angelegt für den 1916 geborenen Alexander Joachim Adlon [mit etwa 400 Eintragungen aus dem Zeitraum von 1916 bis 1942].

Rapsilber, Max, Aus der Chronik des Hotel Adlon, in: Hotel Adlon. Führer durch Berlin 1920/21, S. 41-77.

Roozen, Kees J. (Windsor/Kanada), Brief vom 17. Juli 1998 an das Hotel Adlon.

Bildnachweis

Soweit nicht anders vermerkt, stammen die Fotografien von Gregor M. Schmid, Gilching.

Pierre Adenis, G.A.F.F.: S. 157, 158
Vom Hotel Adlon zur Verfügung gestellt: S. 14, 38, 53, 102, 160, 162 (aus: »Das Adlon 1997/98«), 166, 187, 188 unten, 191, 193 oben, 197, 210 unten, 211 unten, 216
AKG Berlin: S. 157, 186, 192, 193 unten, 195, 201, 205, 207

Klemens Beitlich, Berlin: S. 162 rechts
Bildarchiv Preußischer Kulturbesitz: S. 84, 175, 176, 181, 182, 188, 200, 202 (2), 203, 204
Familie Giller, Berlin: S. 124, 164
Sven H. Grüß: 165 (4)
Michael Haddenhorst, Berlin: S. 1, Rücksatzblatt
INA AGENCY PRESS, Stockholm: S. 8/9, 21, 41
Familie von Jena: S. 198/199

KaDeWe Berlin: 157 unten
»Kochkunst und Tafelwesen« 9 (1907): 156, 190
Landesarchiv Berlin: S. 183, 206
Partner für Berlin GmbH: S. 98
Pressebüro Kempinski Hotels & Resorts: S. 6, 10
M. Rapsilber, »Hotel Adlon Berlin« [1911]: Vorsatzblatt, S. 180, 184, 185, 189
Stadtarchiv Mainz: S. 177
Ullstein Bild, Berlin: S. 125, 194

Der Dank des Hotels gilt:
Percy Adlon, Kathleen von Alvensleben, Evelin Bender, Diana Born, Hilla Feinberg, Christian Funk, Christian Haas, Barbara Handke, Han Sang Oh, Marcus Hobuß, Christian Hollweck, Barbara Ischinger, Stefan Kastner, André Mattuschka, Martin Pelz, Rico Püsche, Gunnar Richert, Ute Roessinger, Walter Schwarz, Museum für Kochkunst und Tafelwesen, Windmühlstraße 3, Frankfurt am Main, Andrea Stelljes, Karin Tauber und der gesamten Mannschaft des Hotel Adlon sowie den zahlreichen Leihgebern von Bildmaterial.